AF549769

Martin Mittelmeier

Freiheit und Finsternis

Martin Mittelmeier

Freiheit und Finsternis

Wie die »Dialektik der Aufklärung« zum Jahrhundertbuch wurde

Siedler

Penguin Random House Verlagsgruppe FSC® N001967

Die Arbeit an diesem Buch wurde mit einem Stipendium
des Ministeriums für Kultur und Wissenschaft
des Landes Nordrhein-Westfalen gefördert.

1. Auflage

in der Penguin Random House Verlagsgruppe GmbH,
Neumarkter Straße 28, 81673 München
Dieses Buch wurde vermittelt durch die Literarische Agentur Michael Gaeb.
Lektorat: Antje Korsmeier
Umschlaggestaltung: FAVORITBUERO München
Umschlagabbildung: © Luc Perrot/Novapix/Bridgeman Images
Reproduktion: Lorenz & Lechner, Inning a. A.
Satz: KompetenzCenter, Mönchengladbach
Druck und Bindung: GGP Media GmbH, Pößneck
Printed in Germany
ISBN 978-3-8275-0139-4

Inhalt

Der Engel der Geschichte

Hannah Arendt hat einen unliebsamen Auftrag zu erledigen

Es war kein angenehmer Gang für sie. An einem frühen Junitag im Jahr 1941 hatte Hannah Arendt in New York einen wichtigen Auftrag zu erledigen. Das war in diesen Tagen wahrlich nichts Besonderes. Am 22. Mai war sie auf einem Schiff von Lissabon aus in New York angekommen und damit erst einmal in Sicherheit vor den Nationalsozialisten. Außerdem erhielt sie ein monatliches Stipendium der Zionist Organization of America, mit dem sie sich und ihren Mann Heinrich Blücher für den Anfang über die Runden bringen würde; ja, sie konnten sich zwei kleine halb möblierte Zimmer in der 95. Straße, 317 West mieten: »unser Zimmer ist für Pariser Verhältnisse, vor allem für die Verhältnisse, in denen wir seit einem Jahr[...] gelebt haben, einfach der Gipfel des Luxus.«[1] Und dennoch musste die 34-Jährige völlig neu anfangen, erst einmal Englisch lernen und sich in das Beziehungs- und Rettungsnetz der Emigranten hineinweben. Ruhige Momente waren rar gesät. Arendt hatte die Public Library als geeigneten Ort für konzentrierte Arbeit zwar rasch aufgespürt, aber viel zu selten waren ihr die Augenblicke dort gegönnt, zu zahlreich waren die Erledigungen, Verabredungen und Treffen, die sie in den ersten Wochen zu absolvieren hatte. Und doch war dieser Gang in der ersten Juniwoche ein besonderer. Sie hatte einen Auftrag, sie hatte ein Versprechen einzulösen. Sie hatte etwas abzugeben.

Hannah Arendt war Mitte der 1930er-Jahre im Pariser Exil jemandem begegnet, dessen Eigenwilligkeit sie sofort angezogen hatte: »Sein Gestus und die Kopfhaltung beim Hören und Sprechen, seine Art sich zu bewegen, seine Manieren, vor allem seine Sprechweise bis in die Wahl der Worte und den Duktus der Syntax, schließlich das ausgesprochen Idiosynkratische seines Geschmacks – all das wirkte so altmodisch, als sei er aus dem neunzehnten in das zwanzigste Jahrhundert wie an die Küste eines fremden Landes verschlagen«,[2] schrieb Arendt in der Rückschau über den 14 Jahre älteren Walter Benjamin. Doch Arendt verstand schnell, dass Benjamin vielleicht aus der Zeit gefallen sein mochte, aber in keinerlei Hinsicht altmodisch war. Was ihn für die, die ihn kannten, so besonders machte, war genau dies: quer zu den Anforderungen des Zeitgemäßen zu stehen und im Beharren auf abseitige, seltsame, vergessene oder übersehene Phänomene eine zwingende Charakteristik der Gegenwart zu erreichen. Eine Strategie, die auf ungeahnte Erkenntnisse hoffen darf, dem persönlichen Vorankommen in äußerlichen Dingen aber meist eher hinderlich ist. In der Rückschau skizziert Arendt Benjamins Lebenslauf als Folge von Missgeschicken, unglücklichen Entscheidungen und Pech. Sein Essay zu Goethes *Wahlverwandtschaften* hätte ihn ihr zufolge als einen der wichtigsten Publizisten deutscher Zunge etablieren müssen, wenn »es damals in Deutschland mit rechten Dingen zugegangen« wäre. Die Universität stand seiner Habilitation zum *Ursprung des deutschen Trauerspiels* fassungs- und verständnislos gegenüber und verweigerte die akademische Karriere. Und im Lebenspraktischen war Benjamin laut Arendt mit untrüglichem Instinkt am falschen Ort. »So beschloß er z. B. im Winter 1939/40 wegen der Bombengefahr sich aus Paris in Sicherheit zu bringen. Nun ist bekanntlich auf Paris nie eine Bombe gefallen; aber Meaux, der Ort, an den er sich begab, war ein Truppensammelplatz und wohl einer der sehr wenigen Plätze in Frankreich, die in jenen Monaten des ›drôle de guerre‹ ernsthaft gefährdet waren«,[3] schreibt Arendt. Vor dem »drôle de guerre«, diesem ereignislosen Ausharren zweier militärischer Gegner, richteten sich Arendt und Benjamin, so gut es eben möglich war, im Exil ein, begannen ein beständiges Gespräch, gründeten Diskussionskreise, spielten Schach, schlugen die Zeit tot.

Nach Benjamins endgültiger Flucht aus Paris im Juni 1940 trafen sie sich in Lourdes zufällig wieder. Als sie im September in Marseille ihre jeweiligen USA-Visa abholen wollten, war Benjamins spanisches Transitvisum nur noch wenige Tage gültig. Verlängerungen wurden zu diesem Zeitpunkt nicht mehr vorgenommen. Da Arendt und ihr Mann auf ihre Transitvisa noch warten mussten, beschlossen sie, getrennt über die Grenze zu gehen. Und Benjamin übergab ihr einen Text, für den Fall, dass er es nicht überleben würde. Es war dieser Text, den Arendt im Juni 1941 auf ihrem Gang zur Columbia University bei sich trug. Ein Text, den Benjamin mit winziger Schrift auf neun dünne Blätter geschrieben hatte, ein paar davon Streifbänder der *Schweizer Zeitung am Sonntag*, daneben die Rückseite eines Briefes oder Rückseiten der Zeitschrift *Les Cahiers du Sud*. Es sind die Thesen *Über den Begriff der Geschichte*, die geschichtsphilosophische Summe seines Denkens, einer der dichtesten, faszinierendsten und irritierendsten Texte, die die Philosophie des letzten Jahrhunderts hervorgebracht hat.

Die USA waren, als Arendt in New York auf dem Weg zur 117. Straße war, kein einwandererfreundliches Land. Das waren sie schon seit den 1920er-Jahren nicht mehr, als mehrere Quotierungsregelungen die Zahl der legalen Einwanderer auf rund 160.000 pro Jahr begrenzten. 1930 erreichte die Arbeitslosigkeit nach der Großen Depression einen nie gekannten Höchststand. Um die Konkurrenz auf dem Arbeitsmarkt nicht größer werden zu lassen, führte die Regierung unter Herbert Hoover eine Klausel ein, die von Immigranten den Nachweis finanzieller Absicherung forderte. Auch für Franklin D. Roosevelt hatte die Überwindung der Folgen der wirtschaftlichen Depression Priorität. Nach dem »Anschluss« Österreichs an das Deutsche Reich im Frühjahr 1938 berief er eine Konferenz im französischen Évian-les-Bains ein, um die Weltgemeinschaft auf eine fair verteilte Aufnahme der flüchtenden österreichischen und deutschen Juden zu verpflichten. Aber die 32 teilnehmenden Staaten konnten sich keine substanzielle Zusage abringen. Auch Roosevelt reagierte nur zaghaft, mit minimalen administrativen Verbesserungen unterhalb der offiziellen Politik. Nach den Novemberpogromen im selben Jahr wurden zumindest die Besuchervisen verlängert, sodass niemand aus den USA wieder zurück nach Deutschland oder Österreich musste.

So waren alle, die Hitlers Regime entfliehen wollten, auf ein engmaschiges Netz von freundschaftlichen und verwandtschaftlichen Beziehungen und die Unterstützung durch private Initiativen angewiesen. Affidavits – also eidesstattliche Erklärungen, im Notfall für den Unterhalt des Einreisenden aufzukommen – mussten ausgesprochen werden, Geldsendungen für das Überleben in den vielen Zwischenetappen und Warteräumen des Exils transferiert und notwendige oder auch nur Chancen erhöhende Dokumente für das Visum beschafft werden. Bei Arendt hatte Ex-Mann Günther Anders, der spätere Autor der *Antiquiertheit des Menschen*, interveniert, Beziehungen spielen lassen, Geld aufgetrieben und geschickt. Ein Visum und die Tickets für die Überfahrt von Lissabon nach New York bekam sie über das Emergency Rescue Committee (ERC), einer Hilfsorganisation, die von Emigranten in den USA gegründet wurde, als Deutschland im Juni 1940 Frankreich besetzte, wodurch alle, die dorthin emigriert waren, in der Falle saßen. Ein Visum für die USA aber reichte nicht aus, da Frankreich die Ausreise nicht erlaubte. Deshalb organisierte ein junger Amerikaner, Varian Fry, für das ERC in den Jahren 1940 bis 1941 in Marseille nicht nur die Beschaffung von Visa und Devisen, sondern eruierte auch Möglichkeiten, wie Fluchtwillige illegal über die Grenze gelangen konnten.

Im September 1940 beispielsweise schickte Fry Franz und Alma Werfel, Heinrich und Nelly Mann sowie Manns Neffen Golo vom Grenzort Cerbère auf den Weg über die Pyrenäen ins spanische Portbou, von wo aus die Reise legal fortgesetzt werden konnte. Kurze Zeit später schloss die Gestapo diese Route. Die Gruppe, in der Ende des Monats Walter Benjamin war, musste einen neuen, beschwerlicheren Weg wählen. Aber genau an dem Tag, an dem die Gruppe aufbrach, machten die Spanier die Grenze dicht. In der Nacht, die die Grenzer der Gruppe gewährten, bevor sie sie nach Frankreich zurückschicken wollten, nahm Benjamin sich das Leben.[4] »Einen Tag früher wäre er anstandslos durchgekommen, einen Tag später hätte man in Marseille gewußt, daß man zur Zeit nicht durch Spanien konnte. Nur an diesem Tag war die Katastrophe möglich«,[5] schrieb Arendt in ihrem großen Essay zu Benjamin im *Merkur* in den 1960ern.

Arendt und Blücher schafften es kurze Zeit später nach

Spanien und Portugal und mussten anschließend zermürbende Monate in Lissabon ausharren, bis die Passage möglich wurde. Sie nahmen sich immer wieder Benjamins geschichtsphilosophische Thesen zur Lektüre vor, denn trotz des geringen Umfangs lassen die sich nicht so schnell erschöpfen. Auf minimalem Raum traten ihnen die Facetten des Autors Walter Benjamin in ihrer ganzen Widersprüchlichkeit entgegen. Der Text ist kämpferisch, will die Geschichte gegen den Strich bürsten, den die bisherigen Sieger ihr verpasst haben. Er polemisiert gegen den naiven Fortschrittsenthusiasmus der Arbeiterbewegung und der Sozialdemokratie. Wenn man den Text aber nach einer Alternative durchsucht, nach Anweisungen, wie stattdessen der »revolutionäre Ausnahmezustand«, von dem dort die Rede ist, herbeizuführen wäre, dann verheddert man sich in Bildern, die vor theologischer Dringlichkeit vibrieren. Jeder Gegenwart sei eine schwache messianische Kraft mitgegeben, heißt es einmal, und am Ende wird das jüdische Zeitbewusstsein als eines beschrieben, in dem jede Sekunde eine kleine Pforte sei, »durch die der Messias treten konnte«.[6] Doch wird diese kämpferische Heilsperspektive im selben Atemzug wieder ganz irreal gemacht, ganz in die Ferne gerückt. Berühmt geworden ist das mächtigste Bild in diesem an mächtigen Bildern nicht armen Text, die Fantasie über Paul Klees Bild »Angelus Novus«, deren Bildmächtigkeit gerade darin besteht, jeglichen Eingriff in die diagnostizierte Düsternis unwahrscheinlich zu machen:

»Seine Augen sind aufgerissen, sein Mund steht offen und seine Flügel sind ausgespannt. Der Engel der Geschichte muß so aussehen. Er hat das Antlitz der Vergangenheit zugewendet. Wo eine Kette von Begebenheiten vor uns erscheint, da sieht er eine einzige Katastrophe, die unablässig Trümmer auf Trümmer häuft und sie ihm vor die Füße schleudert. Er möchte wohl verweilen, die Toten wecken und das Zerschlagne zusammenfügen. Aber ein Sturm weht vom Paradiese her, der sich in seinen Flügeln verfangen hat und so stark ist, daß der Engel sie nicht mehr schließen kann. Dieser Sturm treibt ihn unaufhaltsam in die Zukunft, der er den Rücken kehrt, während der Trümmerhaufen vor ihm zum Himmel wächst. Das, was wir den Fortschritt nennen, ist dieser Sturm.«[7]

Der Engel der Geschichte weiß genau, was zu tun wäre: verweilen, die Toten wecken, das Zerschlagne zusammenfügen. Wenn es denn möglich wäre. Und selbst wenn: Dann wäre wohl das Ende der Geschichte gekommen, wie Hannah Arendt in ihrem Benjamin-Essay lakonisch bemerken wird. Der kurze Text mag unter den Emigranten in Lissabon also einiges an Diskussion ausgelöst haben. Dunkel und verworren sei der Text, gab Günther Anders im Jahr darauf Bertolt Brecht mit auf die Lektüre – Brecht sollte es im Juli 1941 von der anderen Seite her, über die Sowjetunion, nach Amerika schaffen. Der sah das zwar ganz anders, er fand die »kleine Arbeit [...] klar und entwirrend«, sie wende sich »gegen die Vorstellungen von der Geschichte als eines Ablaufs, vom Fortschritt als einer kraftvollen Unternehmung ausgeruhter Köpfe«. Aber über die Wirkkraft des Textes machte er sich dennoch keine Illusionen: »man denkt mit Schrecken daran, wie klein die Anzahl derer ist, die bereit sind, so was wenigstens mißzuverstehen«.[8]

Es war kein angenehmer Gang für Hannah Arendt in New York im Juni 1941, denn Benjamin hatte ihr das Manuskript mit dem Auftrag übergeben, es im Falle seines Todes Theodor W. Adorno zukommen zu lassen. Adorno arbeitete am Institut für Sozialforschung, das 1934, nach einer Station in Genf, nach

Amerika emigriert und an die Columbia University angebunden war. Natürlich kam sie diesem Auftrag nach. Aber nur mit dem größten Widerwillen. Während ihrer Zeit mit Benjamin in Frankreich hatte sie miterlebt, wie sehr an ihm von allen Seiten gezerrt wurde, welch starken Begehrlichkeiten die Eigensinnigkeit Benjamins ausgesetzt war. Auf der einen Seite Gershom Scholem, der Kabbala-Forscher, in dem Benjamin das »Judentum in lebendiger Gestalt«[9] begegnete, der ihn dazu ermunterte, die politische und erkenntnistheoretische »Sprengkraft« der Gedankenfiguren der jüdischen Mystik und Metaphysik weiterzuentwickeln. Auf der anderen Seite Bertolt Brecht, dessen dichterische Aneignung des historischen Materialismus auf ihn einen großen Reiz ausübte. Arendt hätte Benjamin, wenn überhaupt auf einer Seite, dann lieber auf der Seite Brechts gesehen – für sie führte dieses Aufeinandertreffen des größten deutschen Dichters mit dem größten deutschen Kritiker zu einer vielversprechenden Akzentverschiebung in der Arbeit Benjamins: »Seine Produktion hat sich für mein Gefühl bis in stilistische Einzelheiten hinein gewandelt. Es kommt alles viel bestimmter, viel weniger zögernd heraus. Es scheint mir oft, als käme er erst jetzt an die für ihn entscheidenden Dinge heran.«[10]

Aber hatte Benjamin den Konflikt nicht bereits auf seine eigensinnige Weise entschieden? Die erste der geschichtsphilosophischen Thesen entwirft das Bild eines Schachautomaten: »eine Puppe in türkischer Tracht, eine Wasserpfeife im Mund, saß vor dem Brett, das auf einem geräumigen Tisch aufruhte.«[11] Die Puppe gewinnt immer, weil im Tisch ein Schachmeister versteckt ist, der die Züge der Puppe lenkt. Die Puppe, das ist laut Benjamin der historische Materialismus; der Schachmeister, der ein »buckliger Zwerg« sein muss, weil er ansonsten nicht in den Tisch passt, ist dagegen die Theologie, die »heute bekannt-

»Die Freundschaft Benjamin-Brecht ist einzigartig, weil in ihr der größte lebende Dichter mit dem bedeutendsten Kritiker der Zeit zusammentraf.« (Hannah Arendt). Walter Benjamin besucht Bertolt Brecht in dessen dänischer Exilstation Skovsbostrand.

lich klein und häßlich ist und sich ohnehin nicht darf blicken lassen«.[12] Aber der Materialismus ist auf die messianische Kraft der Theologie angewiesen, um Partien zu gewinnen. Ein für beide Seiten ärgerliches Bild. Die Thesen selbst beziehen ihre Dichte, ihre Irritation und ihre Faszination aber aus ebendiesem Zusammenspiel.

Doch es gab für Arendt ohnehin einen viel größeren Quälgeist, der an Benjamin zerrte. Arendt konnte Adorno, denn alle immer nur »Teddie« nannten, nicht ausstehen, von Anfang an nicht, seit er sich gegen die Habilitation ihres damaligen Mannes Günther Anders ausgesprochen hatte. »Der kommt uns nicht ins Haus«[13] ist als Ausspruch überliefert. Und jetzt, im Exil, glaubte sie, erlebt zu haben, wie Adorno als Agent des Instituts, von dem Benjamin finanziell abhängig war, die Essays kritisiert hat, ihre Veröffentlichung verhindert, sich gleichermaßen gegen den Einfluss von Brecht wie Scholem verwehrt hat, mit Scholem aber eine Allianz in dem Vorwurf bildete, Benjamin habe aufgehört, »tief« zu denken. Hatte Adorno damit nicht wesentlich zu Benjamins existenzieller Verunsicherung beigetragen? Für die schlimmste Erschütterung hatte das Institut ja bereits gesorgt, als es Benjamin dazu aufforderte, sich für den Fall zu wappnen, dass es – möglicherweise bald – dessen Stipendium nicht mehr weiterzahlen könnte.

Solchermaßen gestimmt ging Arendt nur ein paar Blöcke weiter nördlich von ihrer Wohnung in die Nähe der Columbia University, wo das Institut für Sozialforschung ein Büro hatte. Sie ließ sich von der Institutssekretärin Alice Maier, die später eine gute Freundin werden sollte, bei Theodor W. Adorno melden und übergab ihm eine Abschrift der geschichtsphilosophischen Thesen. Dass sie ihm die Originale geben musste, davon war ja nicht die Rede gewesen![14]

Adorno muss verblüfft gewesen sein, als er von Arendt die geschichtsphilosophischen Thesen bekam. Er hatte sich sofort nach der Nachricht von Benjamins Tod um die Sicherung des Nachlasses bemüht,[15] im Mai hatte das Institut Nachricht erhalten, dass der mit Benjamin befreundete Anwalt Martin Domke mit zwei Koffern voll Manuskripten und Büchern, die Benjamin seiner Schwester 1940 in Lourdes übergeben hatte, auf dem Weg sei.[16] Aber die Thesen waren das Erste, was er von Benjamin nach dessen Tod in der Hand hielt.

Benjamins Tod hatte Adorno erschüttert. Von den vielen bitteren Abschieden von der alten europäischen Welt war der Verlust des Freundes der katastrophalste. Denn dass Adorno Benjamin aus einer Position der Überlegenheit heraus kritisiert und gequält hätte, damit hatte Arendt immens unrecht. Adorno glaubte, alles, was er philosophisch zu leisten imstande wäre, Benjamin zu verdanken. Von den ersten eigenständigen theoretischen Gehversuchen jenseits der Schulphilosophie an hatte Adorno wesentliche Gedankenfiguren seiner Theorie aus den Werken von und den Diskussionen mit Benjamin entwickelt. Das Ausmaß der Tortur, die die Diskussionen mit Adorno für Benjamin bedeuten konnten, kam daher, dass Adorno Benjamin mit aller Härte gegen Benjamin selbst verteidigen zu müssen glaubte. In dieser Hinsicht hatte Arendt vollkommen recht: Adorno unternahm alles in seiner Macht Stehende, um Benjamins Werk für sich zu vereinnahmen. Aber nur deswegen, weil dieses »für sich« seiner Ansicht nach aus kaum etwas anderem als dem idealen Benjamin bestand. Genauer gesagt, aus dem, was Adorno für den »idealen« Benjamin hielt.

1925 hatte sich Adorno mit Benjamin, Siegfried Kracauer und Alfred Sohn-Rethel in Neapel getroffen, eine übliche Diskussionsrunde, eine »philosophische Schlacht«, wie sie in wechselnder Besetzung in Berlin oder Frankfurt immer mal wieder stattgefunden hatte. Das Kaffeehaus war das natürliche Institut dieser unkonventionellen Denker; einer strengeren Einrichtung wäre es kaum möglich gewesen, so unterschiedliche intellektuelle Temperamente unter einem Dach zu halten. 1925 versuchte Sohn-Rethel, Kant und Marx zusammenzudenken, Kracauer entzifferte in der *Frankfurter Zeitung* die großen und kleinen Kuriositäten der Weimarer Republik als zarte Regungen einer gesellschaftlichen Emanzipation, und Benjamin bereitete seine Habilitation über das deutsche Barock vor.

Adorno war der Jüngste von ihnen, aber beileibe nicht der Schüchternste. Er glaubte, in der »philosophischen Schlacht« 1925 in Neapel das Feld gegen Benjamin behauptet zu haben, aber bald darauf begann ein strategisches Umgruppieren seiner Theorie. Als 1928 Benjamins gescheiterte Habilitationsschrift zum Ursprung des deutschen Trauerspiels als Buch erschien, entwickelte Adorno aus dessen erkenntnistheoretischer Vorrede die entscheidenden Bausteine seiner entstehenden Philosophie. »Ich an meiner Stelle hätte hier den Hinweis auf das Barockbuch nicht unterlassen können. Muß ich nun nicht hinzufügen: ich an Ihrer Stelle noch weniger«,[17] mahnte Benjamin anlässlich der geplanten Veröffentlichung eines Vortrags von Adorno 1931. Aber Adorno ging es mitnichten darum, irgendetwas zu klauen oder sich auf Fragen des Urheberrechts an theoretischen Ideen einzulassen. Ihm ging es schlicht um die Formulierung einer Theorie, die es vermag, die Misere, die Ideologien und Möglichkeiten der Gesellschaft zu entschlüsseln. Und wenn Benjamin als Erster die Schlüssel dazu gefunden hatte, dann wollte er nichts lieber, als bei der Weiterentwicklung dienend zur Verfügung zu stehen. »Sie wissen, daß ich in dieser Arbeit wahrhaft das uns aufgegebene Stück prima philosophia sehe und nichts wünsche ich mehr als daß Sie der Ausführung […] so mächtig sind wie der ungeheure Gegenstand es notwendig macht«,[18] schrieb er an Benjamin.

Der »ungeheure Gegenstand« ist das Projekt, an dem Benjamin bis zuletzt gearbeitet und mit Adorno gerungen hat: das Projekt über die Pariser Passagen, aus dem eine »Urgeschichte des 19. Jahrhunderts« gewonnen werden sollte. Die Baustoffe, die Menschenmassen, die plüschigen Interieurs, die Sozialcharaktere, die Straßenbaupolitik, die Mode, die Lyrik Baudelaires – aus all diesem Material sollte sich ein Panorama des Paris des 19. Jahrhunderts ergeben, durch das sich der gesellschaftliche Zustand dieser Zeit gleichsam »selbst darstellt«,[19] wie Adorno es ausdrückte. Die Erkenntnis einer gesellschaftlichen Formation zu einer bestimmten Zeit – in diesem Fall das 19. Jahrhundert – sollte nicht durch große historische oder philosophische Kategorien erreicht werden, sondern anhand des konkreten Materials dieser Zeit.

Damit Benjamin dieses Ziel erreichte, warf Adorno alles in die Waagschale, was er aufzubieten imstande war. Wahrscheinlich war es doch deutlich mehr, als Hannah Arendt sich vorzustellen vermochte. Er setzte Verwandte moralisch unter Druck, um Benjamin eine zusätzliche monatliche Unterstützung zu ermöglichen, er und seine Frau Gretel zahlten selbst in diesen Privatfonds ein. Er zog alle Überzeugungsregister, um Max Horkheimer, den Direktor des Instituts, dazu zu bringen, die monatliche Unterstützung seitens des Instituts zu erhöhen, und damit Benjamins Arbeitskraft möglichst auf dieses eine Projekt zu konzentrieren. Adorno setzte sich bei Horkheimer für alle Teilnehmer der neapolitanischen »Schlacht« ein. Er kämpfte für Kracauer, seinen ältesten Freund und ersten Mentor in lustvoll subversiver Lektüre philosophischer Grundlagenwerke und den Auswüchsen alltäglicher Gegenwart, obwohl er sich mit ihm auf unschöne Weise überworfen hatte. Er kämpfte um Sohn-Rethel, obwohl Horkheimer mehr als einmal signalisierte, dass er dessen Texte, in denen Adorno Hebelpunkte für die Erkenntnis der Gesellschaft vermutete, für unrettbares Geschwurbel hielt.

Am meisten aber kämpfte Adorno für Benjamin – so sehr, dass, wenn er zwischen der Loyalität zum Institut und zum Passagen-Werk hätte wählen müssen, die Entscheidung völlig klar gewesen wäre. Derart wichtig war ihm das Projekt, das er unbedingt von allen äußerlichen Einflüssen freihalten wollte, dass es ihm zeitweise ratsam erschien, es nicht den Publikationszwängen der Institutszeitschrift auszusetzen.

Adorno hätte nichts lieber gehabt, als Benjamin in seiner ständigen Nähe zu wissen, um an den Fortschritten dieses so gewichtigen Projekts beteiligt sein und mögliche Fehlentwicklungen sofort korrigieren zu können. Adornos Frau Gretel sandte einen brieflichen Lockruf aus New York, der so tat, als könnte die US-amerikanische Metropole für Benjamin eine leicht zu ertragende Fortsetzung europäischer Kultur sein, als falle man mit jedem Schritt über »sürrealistische Dinge«: »Am frühen Abend sind die Turmhäuser imposant, später aber, wenn die Büros geschlossen sind, und die Lichter spärlicher werden, erinnern sie an europäische Hinterhäuser, die nicht genügend beleuchtet sind.«[20] Aber das war ein halbherziges, leicht zu durchschauendes Manöver: Nichts zog Benjamin nach Amerika. Die Kuriositäten und Preziosen, wie sie nur die alte europäische Kultur aus sich zu erzeugen vermochte, waren das Habitat, in dem er sich wohlfühlte, weil er es zu seinem Forschungsgebiet machen konnte. Mit der französischen und deutschen Sprache wären ihm die Hauptinstrumente für seine materialistischen Tiefenbohrungen abhandengekommen, und nur widerwillig begann er, Englisch zu lernen, als sich abzeichnete, dass Frankreich den Nazis in die Hände fallen würde. Arendt erinnerte sich: »Keiner von uns nahm die Sache sehr ernst, aber Benji hatte nur einen Wunsch, so viel zu lernen, um sagen zu können, dass er die Sprache absolut nicht möge. Das gelang ihm auch. Sein horror vor Amerika war unbeschreiblich, und er soll bereits damals zu Freunden gesagt haben, dass er ein kürzeres Leben in Frankreich einem längeren in Amerika vorzöge.«[21]

Den Institutsbrief mit der Aufforderung, sich nach alternativen Einnahmequellen umzusehen, hatte Benjamin nicht als Einziger erhalten. Als der Börsencrash und unglückliche Investments das Stiftungsvermögen des Instituts schrumpfen ließen, begann Horkheimer eine Art Rückbau des Instituts und versuchte, Kosten zu minimieren, bis hin zu den Gehältern der Mitarbeiter. Dem niederländischen Soziologen Andries Sternheim zum Beispiel, der in Genf die erste Exilstation des Instituts weiterbetrieb, nachdem es in die USA emigriert war, wurde nahegelegt, nach Amsterdam zurückzukehren, wo ihm, der mit der Besetzung der Nazis keine Chance mehr hatte, eine andere Arbeit zu finden, nochmals das Gehalt gekürzt wurde. 1944 wurden er und seine Frau nach Auschwitz verschleppt und ermordet. Wahrscheinlich gibt es mehrere solcher Geschichten, die unerzählt geblieben sind,[22] weil es die Person, die sich vom Institut zu Recht im Stich gelassen fühlte, nicht postum zu Ruhm gebracht hat wie zum Beispiel Walter Benjamin. Und dennoch: Das Institut unterstützte über 200 emigrierte Wissenschaftler[23] in unterschiedlichster Art und Weise. Und um Benjamin aus Europa zu retten, unternahm Horkheimer alles in seiner Macht Stehende. Er hatte ein Affidavit ausgestellt, das beim National Refugee Service beantragte Visum wurde bewilligt und konnte von Benjamin in Marseille abgeholt werden. »Wir waren schon dabei, Wohnung für ihn zu suchen. Er war auch zum dauernden Mitglied des Institutes gemacht worden und wußte es. Nach menschlichem Ermessen wäre materiell für ihn gesorgt gewesen«, schrieb Adorno im November 1940 an Scholem. Und: »Das Ende ist so grauenvoll und sinnlos, daß jeder Trost und jede Erklärung gleich vergeblich sind.«[24]

Adorno hatte gehofft, dass Benjamin das Manuskript des Passagen-Werks während des Marschs über die Pyrenäen bei sich getragen hatte und dass es ihn nach Benjamins Tod auf welchen Wegen auch immer erreichen würde. Stattdessen erreichte ihn eine Abschrift von neun Seiten. Adorno überführte diese

Enttäuschung in einen Arbeitsauftrag. »Benjamins Tod macht die Veröffentlichung zur Pflicht. Der Text ist zum Vermächtnis geworden. Seine fragmentarische Gestalt schließt in sich den Auftrag, der Wahrheit dieser Gedanken die Treue zu halten durch Denken«,[25] diese Sätze entwarf Adorno als Begleittext zu einer eventuellen Veröffentlichung der Thesen. Adorno und Horkheimer würden die *prima philosophia*, die ihnen laut Adorno aufgegeben war, ohne Benjamins Beitrag erarbeiten müssen. Aber dann umso mehr in seinem Sinne. Was Benjamin mit dem Passagen-Werk nicht mehr geschafft hatte, sollte für die eigene Zeit geleistet werden: aus den konkreten Phänomenen der eigenen Gegenwart diese zur Darstellung ihrer selbst zwingen. Die Urgeschichte einer Gesellschaft, die den Faschismus möglich gemacht hat. Damit verstehbar wird, wie es sein kann, dass »die Menschheit, anstatt in einen wahrhaft menschlichen Zustand einzutreten, in eine neue Art von Barbarei versinkt.«[26] Das Buch, das zur *Dialektik der Aufklärung* werden würde.

Gib's auf! Halte stand!

Statt einer Einleitung

In den 1990ern schlich ich als durchschnittlich orientierungsloser Student durch die Gänge der Philosophischen Fakultät der Münchner Ludwig-Maximilians-Universität. Ich hatte eine ungefähre Ahnung, was ich mir von der Philosophie erhoffte: eine umfassende Deutung meiner Welt, ihrer Gefährdungen und ihrer Möglichkeiten. Aber dieser Wunsch an die Philosophie stand in einem Missverhältnis zu meinem Fassungsvermögen, und so verdichtete sich der ehrwürdige Muff der Bibliothek zwischen Aristoteles, Spinoza und Wittgenstein immer wieder zu einem deutlichen »Gib's auf!«

Irgendwann verschlug es mich in ein Seminar zur *Dialektik der Aufklärung.* Davon hatte ich, der ich eigentlich viel lieber Theaterregie studiert hätte, schon einmal in diesen beeindruckenden Begleitheften zu den Inszenierungen der Berliner Schaubühne unter Peter Stein gelesen. Die erste Lektüre war eine der nun schon öfter an philosophischen Texten erfahrenen Quälereien: mühsames Entziffern von fremden Terminologien, Hoffnungslosigkeit angesichts der philosophischen Tradition von den Vorsokratikern bis zum Positivismus, die hier aufgerufen wurde und die man sich ja eigentlich erst einmal erarbeiten müsste.

Aber dann stellte sich etwas ein, was ich von den bisherigen Lektüren noch nicht kannte: Auch wenn ich zunächst nichts verstanden hatte, so viel hatte ich doch verstanden – dass es um nichts weniger als die Gewaltgeschichte der menschlichen Zivilisation zu gehen schien. Dass die Verbrechen der Nationalsozialisten nicht nur keine von außen über Deutschland und Europa hereingebrochene Katastrophe waren, sondern irgendwie in den ersten zivilisatorischen Regungen der Menschen schon angelegt. Das schien in den 1990er-Jahren aktuell und dringlich. Die Anschläge auf Asylbewerberheime, die Wahlerfolge der rechtsextremen »Republikaner«, ein nach der Wiedervereinigung aufflammender Antisemitismus schien der Verankerung von Hass und Gewalt in einen größer ausgreifenden Zusammenhang recht zu geben.

Und dann gibt es in der *Dialektik der Aufklärung* das berüchtigte Kapitel zur Kulturindustrie, wo die Alltagskultur der USA der 1940er-Jahre mit dieser Gewaltgeschichte kurzgeschlossen wird. Davon hatte ich hin und wieder mal gehört: dass unsere oberflächliche Kultur gerade in ihrer vermeintlichen Harmlosigkeit immer noch oder wieder »faschistisch« sei. Dieses Kapitel versprach also eine Art Initiation, versprach, mich auszurüsten mit einer Entzifferungstechnik, mit der ich die ideologischen Abgründe jeglicher Phänomene um mich herum entlarven könnte.

Aber das Bezwingende dieses Buches lag nicht nur in seinem Inhalt. Ich kapitulierte vielmehr vor seinem Stil, vor der Mächtigkeit der Sätze. Jeder zweite ist wie in Stein gemeißelt, strahlt unerbittliche Autorität aus. Doch als ich versuchte, wohlmeinende, aber noch nicht initiierte Mitmenschen von den Thesen des Buches zu überzeugen, geriet ich dauernd ins Stottern, weil die funkelnden Sätze im eigenen Mund zu faden Parolen wurden. Wie konnte das sein, woher kam diese bezwingende Plausibilität, wenn doch eigentlich kaum argumentiert wird, sondern meist nur konstatiert und behauptet?

Irgendwann war ich dem Buch ausgeliefert. Denn auch das gehört zu den Fetzen des Verstehens nach den ersten Lektüren: Man selbst scheint gemeint zu sein. Furchtbares hat die Menschheit sich antun müssen, und etwas davon wird in jeder Kindheit wiederholt, las ich und fühlte mich verstanden. Und hatte ich nicht ohnehin das Gefühl, an die eigentliche Welt hinter den medialen Oberflächlichkeiten noch nicht herangekommen zu sein?

Deswegen las ich es immer wieder, ich wollte Handreichungen dafür bekommen, wie das Furchtbare in mir selbst und in der Welt abzustellen wäre oder wie ein »echter« Weltbezug jenseits der Kulturindustrie aussehen könnte. Aber immer wieder hatte ich gerade diese eine Stelle verpasst, die sich doch anzukündigen schien, war gerade dann wieder unaufmerksam, als Rettung versprochen wurde. Hatte mich zu sehr von den mächtigen rhetorischen Volten des Buches ablenken lassen, von Odysseus als frühem Fabrikherren oder den bestialischen Exzessen der Romane des Marquis de Sade als Konsequenzen von Kants philosophischem System. Also noch einmal von vorn, diesmal mit noch geschärfteren Sinnen, aber wieder: verpasst. Irgendwann gab ich auf, zu umfassend und zu konsequent schien die Kritik an der modernen Gesellschaft, als dass sie irgendwelche Schlupflöcher der Hoffnung böte.

Ein tiefschwarzes Buch also, ein Hausbuch für den Weltverneiner, ein dunkler treuer Begleiter für die Phase des Heranwachsens, in der Hesses *Steppenwolf* zu kitschig geworden ist?

Aber dafür ist zu viel Zartheit zwischen den Trommelfeuern der Unerbittlichkeit versteckt, gibt es zu viele Stellen, in denen rätselhaft, aber verheißungsvoll vom Standhalten die Rede ist. Oder von einem irgendwie versöhnlichen Eingedenken der Natur. Also noch einmal von vorne.

Dieses Buch lässt einen nicht frei. Wenn man es nicht entrüstet von sich weist, entkommt man ihm nicht. So wie ich in den 1990ern, kann jeder und jede zu jedem Zeitpunkt den Moment wiederholen, als Ende der 1960er-Jahre ein Buch aus den 1940ern entdeckt, bestaunt, verworfen, zu Parolen verkleinert, als Treibstoff für besinnungslose Schwermut oder revolutionäre Energie benutzt wurde. Wie ist das möglich? Was an diesem Buch lässt es mehr sein als einen ehrwürdigen Klassiker der Philosophie des 20. Jahrhunderts?

Die Erzählung davon, wie dieses Buch geschrieben wurde, ist eine Einladung, sich von der Maßlosigkeit eines philosophischen Entwurfs faszinieren zu lassen, dessen Diagnosen uns heute, in den 2020ern augenscheinlich immer noch betreffen. Aber dabei auch zu verstehen, wie es zu dieser Maßlosigkeit kam. Und wie Zeitnot und andere Zufälligkeiten, wie stilistische und strukturelle Entscheidungen es zu einem Sprachkunstwerk werden ließen, das seinen Inhalt weit über den Entstehungskontext hinaus dringlich macht.

Verbissene Kleinrentner

Max Horkheimer feiert housewarming an der Riviera von Pacific Palisades

»Mit Ihnen bin ich glücklich darüber, daß wir Benjamins Geschichtsthesen besitzen«, schrieb Horkheimer an Adorno. »Sie werden uns noch viel beschäftigen und er wird bei uns sein.«[1] Adorno hatte Benjamins Thesen im Juni 1941 in den Westen Amerikas geschickt, wo Horkheimer bereits alles für die Errichtung eines geschrumpften Kern-Instituts vorbereitete. Horkheimers Adresse befand sich in einem seltsamen Niemandsland. Denn eine Mischung aus Marketing und mentalem Kolonialismus ließ die Geografie der amerikanischen Straßennamen am westlichen Rand von Los Angeles gehörig verrutschen. Wenn man sich das Straßennetz ansieht, dann liegt die Adresse irgendwo an der Riviera zwischen Monaco und San Remo – diese amerikanische Variante der Riviera ist aber eingefasst von Fetzen des Golfs von Neapel: Westlich wird sie vom Capri, vom Sorrent und vom Amalfi Drive gerahmt.

In Wirklichkeit liegt das Grundstück, auf das Horkheimer für sich und seine Frau Maidon ein Haus bauen ließ, ein gutes Stück westlich von Downtown Los Angeles. Wenn man in

Hollywood mit dem Auto auf dem Sunset Boulevard startet, dann erreicht man in gut 20 Minuten das Riviera genannte Areal. Von hier aus ist es nicht mehr weit zum Pazifik, und doch befindet man sich noch in souveräner Höhenlage, von der aus sich der Vorort Pacific Palisades bis zum Strand erstreckt. »Die Schönheit der Gegend ist so unvergleichlich, daß selbst ein so hartgesottener Europäer wie ich davor kapituliert«, schrieb Adorno an seine Eltern, als Horkheimer ihn am Ende des Jahres zu sich holte. »Das Großartigste aber sind die ungeheuer intensiven, durch nichts wiederzugebenden Farben, eine Fahrt am Ozean entlang um die Stunde des Sonnenuntergangs zählt zu den außerordentlichsten Eindrücken, die meine ja keineswegs besonders stark reagierenden Augen jemals gehabt haben. Was sich da alles an Rot, Blau und Violett abspielt, würde auf jeder Abbildung lächerlich erscheinen, ist aber überwältigend, wenn man es leibhaftig sieht.«[2]

Diese Landschaft diente Anfang des 20. Jahrhunderts als Kulisse der kommerziellen Fantasieproduktion, als Thomas H. Ince dort eines der ersten Filmstudiogelände errichtete und auf über 70 Quadratkilometer eine bunte Statistenbevölkerung ansiedelte: »Neben den Zelten der Indianer und den Hütten der Cowboys gab es in Inceville auch ein Schweizer Bergdorf sowie eine bunte Ansammlung japanischer Häuser, dazu noch diverse Ställe, Werkstätten, Büros und eine große Kantine sowie unten, am Meer, Platz für Schiffe und Seeschlachten aller Art«[3], schreibt der Autor Francis Nenik.

Ab den 1920er-Jahren kauften die Methodisten einige Quadratkilometer von Pacific Palisades, bauten Straßen, legten Strom- und Telefonleitungen. 1927 erwarb der ehemalige Schaufensterdekorateur und Architekt Frank Meline das nordöstlichste Stück von Pacific Palisades, schenkte ihm mit dem

Namen »Riviera« das Flair einer europäischen Sehnsuchtslandschaft und verschaffte damit mindestens den deutschen Emigranten emotionale Orientierung. Thomas und Katia Mann und Lion und Marta Feuchtwanger, die im südfranzösischen Sanary-sur-Mer eine Exilstation gemeinsam verbracht hatten, kamen beispielsweise in den 1940er-Jahren zunächst unter anderem am Amalfi Drive unter, bevor sie in ihre heute zu Stipendiatenhäusern umfunktionierten Villen zogen.

Dass Horkheimer überhaupt an die Westküste übersiedelte, war das Ergebnis eines beständigen Lavierens, eines andauernden Ausbalancierens widersprüchlicher Strategien. Seitdem Horkheimer 1930 (kommissarisch, ab 1932 offiziell) die Leitung des Instituts übernommen hatte, übte er das Amt mit pragmatischem Geschick aus. Als die Nazis an die Macht kamen, verlegte er das Institut rasch in die Schweiz und organisierte mit seinem Freund und Institutsgeschäftsführer Friedrich Pollock und dem Stiftungsgeber Felix Weil das Stiftungsvermögen derart, dass die Nazis keinen Zugriff darauf hatten. Aber Horkheimer fühlte sich zum Direktor nicht berufen, als »simply grauenvoll« beschrieb er seine administrativen Fähigkeiten, die ihm viel zu viel Zeit von der eigenen Arbeit an der Gesellschaftstheorie wegnahmen. Und so geriet er in eine zunehmend selbstquälerische Haltung zum Institutsmanagement. Schon die Möglichkeit, in die USA zu gehen, betrieb er nicht selbst, sie wurde ihm von den Institutsmitarbeitern Erich Fromm und Julian Gumperz angetragen. Die Anbindung des Instituts an die Columbia University in New York verkomplizierte Horkheimers Zwiespalt. Er wollte sowohl die Wirkmöglichkeiten als auch das Renommee, die diese Verbindung ermöglichte – den »Glamour als Direktor eines mit der Columbia University verbundenen Instituts«[4] –, so stark nutzen wie nur irgend möglich.

Und immer wieder blitzte in den Kooperationsmöglichkeiten mit amerikanischen Institutionen und Forschern die Innovationskraft eines Zusammenkommens verschiedener Forschungsansätze auf, die er zu Beginn dem Institut verordnet hatte. Denn neben pragmatischem Geschick verfügte Horkheimer auch über programmatische Souveränität. Er überführte den konventionellen, historisch ausgerichteten Marxismus seines Vorgängers Carl Grünberg in Interdisziplinarität: Spezialisten sollten im Zusammenspiel ihrer Fachgebiete – Ökonomie, Psychologie, Soziologie, Geschichtswissenschaft – eine »Theorie der gegenwärtigen Gesellschaft« leisten, immer entlang der Idee einer vernünftig gestalteten Gesellschaft, einer Gemeinschaft »freier Menschen, bei der jeder die gleiche Möglichkeit zur Entfaltung hat«.[5] Horkheimer löste dieses Programm in den 1930ern auf beeindruckende Weise ein und versammelte in der institutseigenen *Zeitschrift für Sozialforschung* und den Forschungsprojekten eine Vielzahl von talentierten Theoretikern aus den unterschiedlichsten Gebieten. Aber auch diese programmatische Vielfalt wurde von Horkheimer ambivalent gemacht. Denn er übernahm die diktatorengleiche Stellung des Institutsdirektors von seinem Vorgänger: Der Direktor legte fest, wie genau das Verhältnis zwischen der Theorie der Gesellschaft und den empirischen Einzeluntersuchungen auszusehen hatte. Und die Sorge, bei zu großer Offenheit für Kooperationen diese Gestaltungsmacht zu verlieren, führte zu ständigen Pendelbewegungen zwischen dem Initiieren groß angelegter Projekte und dem Rückzug auf die argwöhnisch verteidigte eigene Ausprägung kritischer Gesellschaftstheorie. Horkheimer war Gastgeber einer Gelehrtenrepublik und Theoriediktator zugleich, und der eine fuhr dem anderen immer wieder in die Parade.

Als das Institutsvermögen schrumpfte, erhöhte sich mit der

Gefahr, in Zukunft noch stärker auf Geldgeber von außen angewiesen zu sein, der Selbstdarstellungs- und Anpassungsdruck. Zwar war das Einwerben von *grants* für Forschungsprojekte nicht automatisch ein negativer Posten, Horkheimer konnte auch hier die Zusammenarbeit mit amerikanischen Forschern als produktive goutieren. Und die Aussicht darauf, mit Forschungsprojekten etwa zum Zustand der deutschen Nation nützlich im Kampf gegen den Faschismus zu sein, entsprach dem Ethos des Instituts. Als aber Anfang 1941 ein entsprechender Antrag von der Rockefeller Foundation abgelehnt wurde, schlug das Pendel ins andere Extrem, und der angesammelte Argwohn und Pessimismus Horkheimers brach sich derart Bahn, dass er in einem Brief an Adorno eine ganze Seite lang Feindsprache simulierte und die Rede hielt, von der er sich vorstellte, dass sie zum Zwecke der Ablehnung gehalten wurde: Bei ihrem Institut handele es sich um eine Gruppe von Freunden, »die keinen anderen in ihre Karten sehen lassen wollen und mit echter Wissenschaft wenig zu tun haben. Sie haben weder Beweise dafür gegeben, daß sie wirklich social research betreiben, noch daß sie sich sonst in das hiesige Leben ordentlich eingliedern wollen. Was wir über ihre anrüchige Gesinnung gehört haben, wird durch ihren organisatorischen setup bestätigt. Sie haben sich den hiesigen Gepflogenheiten keineswegs angepaßt, nach denen in jeder wissenschaftlichen Anstalt – aber auch in jeder! – der Direktor und mit ihm die sonstigen Mitglieder von einem board wohl bekannter businessmen – nicht bloß nominell, sondern – faktisch abhängig sind. Wie und für welche Zwecke da Geld ausgegeben wird, weiß man nicht, man kann es bloß – der Gesinnung der Herren entsprechend – vermuten.«[6]

Wenn in der eigenen Imagination die entscheidenden Instanzen so über einen reden und die Alternative nur darin zu bestehen scheint, sich in die Abhängigkeit »wohl bekannter businessmen« zu begeben – dann ist es folgerichtig, sich das Institut nur mehr als kleine, unabhängige, isolierte Gruppe vorstellen zu wollen, sozusagen als Guerillagruppe zur Durchsetzung der wahren Theorie gegen deren Bürokratisierung und Ausverkauf.

Horkheimer forcierte den Rückbau des Instituts auf eine Kernmannschaft, ein Ortswechsel konnte dabei nur hilfreich sein. Für den Westen sprach das Klima, das Horkheimers Gesundheit förderlicher war als das in New York. Er war bereits in den Sommern 1938 und 1940 auf Erkundungsreise gegangen, hatte sich Kansas, Colorado Springs und Albuquerque angesehen und Kontakte geknüpft. Margot »Motte« Weil, eine der Ex-Frauen von Felix Weil, lebte in der Nähe von Los Angeles und wurde von Horkheimer beauftragt, Orte auszukundschaften, wo man gut leben und drei nicht zu weit voneinander entfernte Häuser mieten, kaufen oder bauen könnte. Motte nahm die Aufgabe sehr ernst, sie wusste, »dass die Männer bei Euch die wichtigeren sind, bezw. Eure Arbeit«, aber gerade dafür sei es wichtig, dass die Frauen bei Laune gehalten werden, »z. B. die Möglichkeit haben, sich viel im Freien aufzuhalten oder sich mit einem Garten zu beschäftigen oder sowas«.[7] Motte fuhr nach Carmel-by-the-Sea, aber wenn es nicht San Francisco sein sollte, dann durfte es nicht nördlicher als Santa Barbara sein, sonst wäre die Anbindung an Los Angeles nicht mehr gewährleistet. Der Süden von Los Angeles enttäuschte Motte nach einer ersten Sichtung, und Ojai ging vom Klima her nicht.

Am Ende fiel die Entscheidung für die amerikanische Riviera. Nicht zuletzt deswegen, weil dort durch die zahlreichen Emigranten bereits eine ordentliche mentale Infrastruktur vorhanden war. Horkheimers Balanceakt zwischen größtmöglicher Unabhängigkeit und institutionellem Eingebundensein, zwi-

Das Gebiet von Pacific Palisades, wo Max Horkheimer und Thomas Mann ihre Häuser bauen ließen. Gut sichtbar: die »zwei Reihen schöner Palmen« des horizontal verlaufenden D'Este Drive, an dem Horkheimers Haus stehen wird.

schen Isolation und Netzwerk, zwischen Konzentration und Außenwirkung, kam auch hier zum Tragen. Und machte vor dem Alltag nicht Halt. Eine *housewarming*-Party, die Horkheimer knapp einen Monat nach dem Empfang von Adornos Post ausrichtete, wurde dann natürlich zu einer gesellschaftlichen Verpflichtung, die genutzt werden wollte. Im »Hinblick auf unsere Zukunftsinteressen«,[8] wie er an Adorno schrieb, lud er »manches vom Guten und Teuren« ein: Werfel und Feuchtwanger zum Beispiel. Und natürlich seinen zukünftigen Nachbarn Thomas Mann, der ein paar Tage zuvor die Grundsteinlegung seiner Villa am San Remo Drive feiern konnte, gleichsam ums Eck. Horkheimers Party habe sich »zu einem bis in den Abend dauernden Buffett-Dinner und einer historisch-politisch-philosophischen Gesprächsorgie recht quälender Art«[9] ausgewachsen, schrieb Mann in sein Tagebuch: »Diese Juden haben einen Sinn für die Größe Hitlers, den ich nicht ertrage.«

Das Haus der Horkheimers war im Schutz der »zwei Reihen schöner Palmen«[10] des D'Este Drive gebaut, »mitten unter Zitronenbäumen«, alle Zimmer hufeisenförmig zum Garten hin, nur die laut Horkheimers Ehefrau »riesengroße« und hellblau getäfelte Küche ging zur Straße.[11] Nachdem es gebührend eingeweiht worden war, galt es, für die anderen Mitarbeiter, die Horkheimer im Sinn hatte, zu sich zu holen, angemessene Unterkünfte zu finden. Adorno teilte Horkheimer brieflich mit, was dabei aus seiner Sicht zu beachten sei: »worauf es uns bei einem Häuschen besonders ankommt: 2 Schlafzimmer, Zugang zum Bad möglichst so, daß man nicht durch eines der Schlafzimmer hindurch muß; große Badewanne zum Ausstrecken; Livingroom groß genug für den Flügel (lieber eventuell keinen abgetrennten diningroom, aber nicht dinette in der Küche); Gasherd, nicht elektrisch; Küche nicht zu klein«,[12] und so weiter. An die Größe der Räumlichkeiten waren schon deswegen gewisse Grundanforderungen zu stellen, weil neben dem Flügel einiges an Hausstand unterzubringen war. Selbst wenn die Adornos, um die Transportkosten im Zaum zu halten, Biedermeiergarnitur, Kommode, Glasvitrine und ein paar Stühle in New York einlagern würden, kämen laut einer Aufstellung von Gretel immer noch mit: Flügel, Esstisch, Bett, Großvaterstuhl, Kommode, Grammofon, Tischchen, zwei Rollschränkchen, Couch, Sekretär, Teppiche, Silber, Wäsche, Kleider, zwei Sessel, zwei Bauernstühle, diverse weitere Stühle. Adorno war der Meinung, dass die Wohnung auch ein »social asset« sei, und überhaupt könne »der Schutz einer gewissen bürgerlichen Gediegenheit gar nicht ernst genug genommen werden«.[13]

Im Vergleich zu Horkheimers Haus war das bescheiden. In

einer Zeit, in der viele Menschen auf Bürgschaften, Schiffsbilletts oder Schmiergelder angewiesen waren und oft genug vor dem existenziellen Nichts standen, sofern sie überlebt hatten, war diese Anspruchshaltung an bürgerliche Gediegenheit aber ein starkes Stück. »Sie haben immer noch Geld, aber sie sind mehr und mehr der Meinung, dass sie sich damit einen ruhigen Lebensabend sichern muessen«,[14] schimpfte Arendt aus New York gegenüber Scholem; »Wiesengrund und Horkheimer leben in Californien in grossem Stil. Das Institut hier ist rein administrativ. Was administriert wird, ausser Geldern weiss kein Mensch.« Bis heute hat sich Georg Lukács' Beschreibung der Institutsmitglieder als Gäste des »Grand Hotel Abgrund« im allgemeinen Bewusstsein gehalten. Der Vorwurf: Sie bewohnten ein »schönes, mit allem Komfort ausgestattetes Hotel am Rande des Abgrunds, des Nichts, der Sinnlosigkeit. Und der tägliche Anblick des Abgrunds, zwischen behaglich genossenen Mahlzeiten oder Kunstproduktionen, kann die Freude an diesem raffinierten Komfort nur erhöhen«.[15]

Horkheimer wusste um diesen Widerspruch, er litt an ihm, seitdem er die Diskrepanz wahrnahm zwischen der gesellschaftlichen Realität und seiner privilegierten Stellung darin als Sohn eines Kunstbaumwollfabrikanten. In seinen Aufsätzen für die *Zeitschrift für Sozialforschung* sprach er zwar dem Intellektuellen und dessen Theoriebildung die gewichtige Rolle zu, die für den Klassenkampf notwendigen Kategorien zu entwickeln. In den Notizen, die aus dem Umkreis seiner Aphorismensammlung *Dämmerung* stammen, wo er unter Pseudonym ohne strategische Verpflichtung und Vorsicht schreiben konnte, zog er aber eine weitaus nüchternere Konsequenz. Der bürgerliche Intellektuelle sei, seinem ganzen Habitus nach, für den Klassenkampf unbrauchbar geworden. Horkheimer lieferte ein Selbstporträt, wenn er schrieb: »In der Art, wie diese Bürger lieben, wie sie sich an einem Gemälde freuen und Musik hören, wie sie über den Tod nachdenken, wie sie überhaupt erkennen, wirkt, auch wenn sie mit den Mitteln einer unbeirrbaren marxistischen Dialektik denken, eine glückliche und behütete Jugend nach.«[16]

Horkheimer war, als er dies schrieb, für die möglichst bald zu installierende Diktatur des Proletariats. In der ist der Bürger, wie sehr er auch marxistisch ausgebildet sein und qua dieser Ausbildung diese Diktatur gutheißen mag, aber nicht zu gebrauchen. Horkheimer gab sich alle Mühe, um doch noch einen Nutzen für ihn aufzuspüren, zum Beispiel als Statthalter des guten Lebens, solange es noch nicht für alle möglich ist. »Diese letzten Bürger sind genußfähig, ihr Materialismus ist ganz ehrlich, sie schmähen das gute Leben nicht. Sie verstehen etwas vom Feuer guten Weins und vom Reiz einer gepflegten Frau, sie lieben die italienische Landschaft und die Küsten Frankreichs.«[17] Doch das führte nur zur »Trauer dessen, der [das] genossen hat und die andern davon ausgeschlossen sieht«.

Was folgte nun aber daraus, was machte Horkheimer für sein eigenes Leben aus dieser Diagnose? War das die Perspektive, mit der er an die Westküste gegangen war und ein paar Vertraute nachholen wollte: als verbissene Kleinrentner, wie er es nannte, den Faschismus überwintern und dann die eigene Genussfähigkeit den hoffentlich proletarischen Gewinnern der Geschichte zur Verfügung stellen?

Adorno stammte als Sohn eines Frankfurter Weinhändlers ebenfalls aus einer wohlsituierten Familie. Gegen einen hemdsärmeligen Materialismus und gegen Horkheimers Zurückhaltung war er ganz entschieden der Meinung, dass das gute Leben, solange es noch nicht für alle durchgesetzt ist, im Luxus einiger Privilegierter Asyl finden durfte. Die Ambivalenz dieser Haltung war ihm nicht nur vollkommen klar, er verleibte sie am Beispiel luxuriöser Inneneinrichtungen von Privaträumen sogar seiner Theorie ein. In seiner Habilitationsschrift über Kierkegaard nimmt er sich Anfang der 1930er-Jahre den Sozialtypus des »verbissenen Kleinrentners«, des unnützen Privatiers, der es sich in seinen privaten Räumen behaglich eingerichtet hat, vor und zeigt, welche Funken man aus dessen Exorzismus für die Theorie schlagen kann. Womit er zum ersten Mal in Buchstärke ausprobierte, was er von Walter Benjamin gelernt zu haben glaubte.

Im Kierkegaard-Buch macht Adorno einen Wohnraum, das bürgerliche Interieur, zur Spielstätte einer umfassenden Inszenierung bürgerlicher Innerlichkeit. Es ist ein Stück von maximal möglicher Langeweile. Denn es tritt nur eine einzige Person auf. Und die wird nichts weiter unternehmen, als schwermütig und stumm in ihrem Zimmer zu sitzen. Der Bewohner des Interieurs, der Privatier, ist ökonomisch weitgehend unabhängig, aber dadurch auch ausgeschlossen vom Produktionsprozess. Sein Leiden an der für ihn fremd gewordenen Welt missversteht er als existenzielle Grundbefindlichkeit des Menschen. Er hält sich für autonom – ein Wesenszug, den er mit der idealistischen Philosophie teilt: »die polemisch-retrospektive Stellung zur übermächtigen kapitalistischen Außenwelt ist dem Gehalt nach privat«.[18]

Für einen gewöhnlichen, engagierten Gesellschaftskritiker wäre das der Anknüpfungspunkt, um dieses Leiden des Privatiers als Ideologie zu enthüllen und dessen Herkunft aus der ökonomischen Verfasstheit der Gesellschaft zu erklären. Aber als Schüler Benjamins konzentriert Adorno alle kritische Kraft auf ein vermeintliches Detail, in diesem Fall eben das Interieur, aus dem er dann diese Ideologie herausliest. Denn der Wohnraum ist das letzte Refugium des Privatiers, hier wenigstens soll die Welt noch lebenswert, hier soll das Leben ein sinnvolles sein. Aber alles, mit dem er sein Zimmer vollstellen könnte, kann ja nun mal nur aus der Außenwelt kommen, in der es bloß noch gleichförmige Dinge gibt, kapitalistisch gefertigte Standardwaren. Also hängt alles an der Art und Weise, auf die er seine Wohnung dekoriert, um sich der Illusion von Welthaltigkeit hingeben zu können. Adorno schreibt: »Die ›Lampe in Form einer Blume‹; der Traumorient, gruppiert aus dem Lampenschleier über der Krone und dem Schilfteppich; das Zimmer als Schiffskajüte voll kostbar zusammengerafften Zierates überm Ozean – die vollständige Fata Morgana verfallener Ornamente empfängt ihre Bedeutung nicht durch den Stoff, aus welchem sie gefertigt ist, sondern aus dem Intérieur, das den Trug der Dinge als Stilleben vereint. Hier werden verlorene Objekte im Bild beschworen.«[19]

Diese Art von Bilder nennt Adorno, Benjamin folgend, »dialektische Bilder«.[20] Das ist zunächst einmal ein Widerspruch, denn das Stillleben hält jegliches Fortschreiten, das von der Dialektik gefordert wird, an. Deswegen verschanzt sich der Privatier ja in seinem Interieur, um der gesellschaftlichen Entwicklung zu entfliehen. Aber indem sich der Kritiker auf dieses Stillleben konzentriert, gelingt ihm eine mächtige dialektische Bewegung. Er zerstört das Bild und damit die Ideologie, die zu dessen Entstehung führte. Adorno überprüft nacheinander die Bestandteile des Interieurs und zeigt deren gesellschaftliche Herkunft.

Damit praktiziert er eine eigenwillige gesellschaftskritische Technik, die er aus Benjamins Trauerspielbuch destilliert hat

»Hier werden verlorene Objekte im Bild beschworen« – Theodor W. Adornos Interieur in Brentwood, 1943.

und die ihm in den geschichtsphilosophischen Thesen wiederbegegnen wird: »Zum Denken gehört nicht nur die Bewegung der Gedanken sondern ebenso ihre Stillstellung«, heißt es dort. Und in dieser Stillstellung erkennt der historische Materialist »das Zeichen einer messianischen Stillstellung des Geschehens, anders gesagt, einer revolutionären Chance im Kampfe um die unterdrückte Vergangenheit. Er nimmt sie wahr, um eine bestimmte Epoche aus dem homogenen Verlauf der Geschichte herauszusprengen; so sprengt er ein bestimmtes Leben aus der

Epoche, so ein bestimmtes Werk aus dem Lebenswerk.« Adorno sprengt im Kierkegaard-Buch das dialektische Bild des Interieurs.[21] Er versucht, dieses Bild zu »entziffern«, den Privatier aus seiner künstlichen Welt herauszureißen und aufzuzeigen, wie dessen gesellschaftliche Situation beschaffen ist, die ihn dazu verleitet, diese Situation zu verleugnen und solche Bilder erst herzustellen.

Diese Entzifferungsarbeit wird auch im ersten Essay der *Dialektik der Aufklärung* am Werk sein: »Dialektik offenbart [...] jedes Bild als Schrift. Sie lehrt aus seinen Zügen das Eingeständnis seiner Falschheit lesen, das ihm seine Macht entreißt und sie der Wahrheit zueignet.«[22] Das Zitat gibt einen Hinweis darauf, dass diese Technik ehrgeiziger ist, als nur die Scheinhaftigkeit als das »wahre Wesen« dieser Bilder ans Licht zu bringen. Sie will deren Macht nicht einfach auslöschen, sondern der Wahrheit zueignen. Die »revolutionäre Chance« besteht also darin, die Macht der Ideologie nicht abzuschaffen, sondern auszunutzen. Schmeichelhaft für den Ideologen, in diesem Fall den verbissenen Kleinrentner. Die Welt besitze längst den Traum von einer Sache, schrieb Marx, »von der sie nur das Bewußtsein besitzen muß, um sie wirklich zu besitzen«.[23] Die Entzifferung von Traumbildern als Schrift ist eine Reformulierung dieser Bewusstmachung. Dann aber ist mit der Erkenntnis – zum Beispiel der Ideologie des Kierkegaard'schen Privatiers – auch die gesellschaftliche Umwälzung verknüpft: dass es die Privatiers nicht mehr geben muss, weil der Luxus nun allen zugänglich ist. Während der Arbeit an der Abschaffung des Luxus darf aber in ihm geträumt werden.

Adorno bietet damit dem Horkheimer'schen Dilemma vom traurig privilegierten Bürger einen bildstarken Selbstexorzismus an: Der Bürger kämpft sich durch die von ihm selbst verantworteten Bilder in die Realität, vom plüschigen Interieur ins Freie. »Es fließt freilich Blut bei der Arbeit«,[24] schrieb Adorno Kracauer während der kritischen Arbeit an Kierkegaard. Es war auch das eigene.

Zeitenwende

Aufregung im Institut: Adorno versucht, einen Artikel von Horkheimers Freund Pollock zu verhindern

»Lieber Freund!« Das sollten einmal die ersten Worte der *Dialektik der Aufklärung* sein, so begann in einem frühen Entwurf die Vorrede. »Lieber Freund! Als Teddie und ich vor zwei Jahren die Arbeit begannen, von der Du hier die ersten Proben empfängst, hatten wir gehofft, Dir zu Deinem fünfzigsten Geburtstag das fertige Werk widmen zu können.«[1]

Max Horkheimer ist das »ich«, das in dieser Fassung noch aus der Vorrede spricht, und der »liebe Freund« ist Friedrich Pollock, der weit mehr war als nur ein gewöhnlicher lieber Freund. Pollock und Horkheimer, Jahrgänge 1894 und 1895, waren 16 und 15 Jahre alt, als sie sich begegneten und bald darauf ein Bündnis fürs Leben schlossen. Sie setzten einen Vertrag auf, in dem die Eckpunkte ihres zukünftigen gemeinsamen Lebens skizziert wurden. Ihre Freundschaftsbeziehung sollte beispielhaft sein, sollte Keimzelle sein für das Zusammenleben der Menschen insgesamt und der »Schaffung der Solidarität aller Menschen« dienen.[2]

Mit diesem im Anspruch hehren und in der juristischen Ausführung pedantischen Vertragswerk gelang ihnen eine ungewöhnliche, nie angezweifelte Zusammengehörigkeit. Der sieben bis acht Jahre jüngere Adorno zum Beispiel hatte die beiden nicht anders denn im Doppelpack erlebt, als er sie 1924 in dem Haus in Kronberg, das sich die Fabrikantensöhne (Pollocks Vater war Teilhaber einer Leder- und Reisewarenfabrik) schon in jungen Jahren leisten konnten,[3] besuchte, um sich für Studiumsprüfungen coachen zu lassen. Kronberg ist von Frankfurt ungefähr so weit entfernt wie Pacific Palisades von Los Angeles, auch im neu gebauten Haus an der amerikanischen Riviera war immer ein Zimmer für Pollock bereit. »Beide sind übrigens Kommunisten und wir hatten langwierige und leidenschaftliche Gespräche über materialistische Geschichtsauffassungen, in denen wir uns gegenseitig viel zugestanden«,[4] schrieb Adorno anschließend an seinen Freund Leo Löwenthal.

»In dem Begriff der Freundschaft ist ihre Dauer bis zum Tode eingeschlossen«, heißt es in dem gemeinsamen Vertrag. Horkheimer und Pollock blieben tatsächlich ihr Leben lang zusammen, ihre letzte Lebensstation waren zwei benachbarte Häuser im schweizerischen Montagnola im Tessin. Sie haben allerdings auch hart an der Beständigkeit ihrer Freundschaft gearbeitet. Sie haben ihren Vertrag immer wieder erneuert, haben den Status quo und ihre jeweilige Entwicklung im Hinblick auf die gemeinsamen Ziele immer wieder überprüft. Dabei verfuhren sie gnadenlos. Die Protokolle dieser Beziehungsarbeit rauben einem den Atem, vor allem Horkheimer schien seinem Freund desaströse Diagnosen zu stellen: »Über die *Ursachen* der ›Zwangsneurose‹ haben wir ausreichende Klarheit. Sie äußert sich in Zerstreutheit, Unansprechbarkeit, Willenslähmung, Mangel an Enthusiasmus und Liebe, destruktiven Tendenzen, Konformismus [...] Die Erfahrungen vieler Jahre haben uns gezeigt, daß diese funeste Triebstruktur unser schlauester und heimtückischster Gegner ist. Einer der vielen Konsequenzen ist die Herabsetzung, ja Lahmlegung von [Freds] theoretischen und praktischen Fähigkeiten (Phantasie).«[5]

Der Befund wurde so schonungslos ausgesprochen, damit möglichst intensiv an den Defiziten gearbeitet werden konnte. Horkheimer und Pollock hielten im Protokoll fest, dass Pollock »systematisch seinen eigenen Instinkten und Urteilen mißtrauen, und mit allem ihm möglichen Enthusiasmus und aller Konzentration sich mit den erfahrungsgemäß zuverlässigeren und uns adäquateren Urteilen und Instinkten von [Horkheimer] identifizieren«[6] sollte.

Das war natürlich alles andere als ideal. Denn um seinem Freund, dem Institutsdirektor, den Rücken freizuhalten, wurde Pollock zum Manager des Instituts, behielt dessen vielfältige Investments und sonstigen Außenweltbelange im Blick. Dass Horkheimer in der Lage wäre, einen entscheidenden Beitrag zur Theorie der Gesellschaft zu leisten, daran hatte Pollock nicht den geringsten Zweifel, und so war es ein persönliches Anliegen, alles ihm Mögliche zu tun, um Horkheimer die Formulierung dieser Theorie zu ermöglichen. Wenn das bedeutete, dass er das »ganze Dreckszeug« der Institutsangelegenheiten zu verwalten hatte, dann war das eben so. Allerdings eine überaus vertrackte Aufgabe, wenn man dazu angehalten wurde, den Instinkten dessen, dem man die Leitungsaufgaben abnehmen wollte, mehr zu vertrauen als den eigenen.

Aber schwerer wog das fehlende Zutrauen in die eigene theoretische Arbeit. Denn Horkheimers Konzept der vielfältigen Zugangsweisen auf die Phänomene der Gesellschaft bedurfte Spezialisten, auf deren Kompetenz man sich verlassen können

»Unser Leben soll ein Zeugnis sein; die Utopie im Kleinsten verwirklichen. Wir wollen das Andere, das Neue, das Unbedingte. Unser Leben ist ernst.« Friedrich Pollock und Max Horkheimer (mit Hut).

musste, und Pollock oblag das so wichtige Fachgebiet der Ökonomie. Als Horkheimer in der Einleitung zu dem groß angelegten Forschungsprojekt zu »Autorität und Familie« 1935 das Kernteam vorstellte, nannte er den *Psychologen* Erich Fromm, den *Pädagogen* Leo Löwenthal und den *Philosophen* Herbert Marcuse. Den Ökonom Pollock musste er gleichsam entschuldigen: »Friedrich Pollock hat für die erste Abteilung [der Studie] einen prinzipiellen ökonomischen Aufsatz entworfen. Die verantwortliche Leitung der Verwaltungsgeschäfte des Instituts und nicht zuletzt die aktive Teilnahme an den wissenschaftlichen Vorarbeiten zu diesem Band haben es mit sich gebracht, dass dieser Aufsatz noch nicht vollendet ist.«[7]

1932 hatte Pollock mit einem ökonomischen Aufsatz das erste Heft der mit Horkheimers Amtsantritt neu ausgerichteten *Zeitschrift für Sozialforschung* des Instituts eröffnet – nach Horkheimers einleitendem programmatischem Essay. Und auch jetzt, im Herbst 1941, sollte Pollock für das wichtige, weil erste grundlegend theoretische Heft in englischer Sprache[8] den ersten Aufsatz beisteuern – nachdem lange Zeit schon nichts mehr von ihm in der Zeitschrift zu lesen gewesen war. Es war also auch für Pollock ganz persönlich von einiger Bedeutung, dass dieser Aufsatz gelang. Um sich selbst zu beweisen, dass er auf einem derart guten Wege war, der Lahmlegung seiner theoretischen Fähigkeiten zu begegnen, dass ihm nicht einmal die ungeliebte Institutsadministration dabei etwas anhaben konnte.

Doch es gab Probleme. Adorno wusste sich nicht anders zu helfen, als Horkheimer »unter äußerster Diskretion« von seiner »wirklich sehr ernsten Sorge«[9] zu berichten. Pollock hatte ihm in New York die ersten Seiten des Aufsatzes gegeben, um sie in bewährter Manier durchzusprechen. Aber Adorno war entsetzt, rang um Vorschläge und Alternativen, um zu verhindern, dass damit das so wichtige Heft eröffnet wurde. Was war passiert?

Die ökonomische Verfasstheit als Grundlage für die Analyse der Gesellschaft: Diesen Materialismus bezog Pollock – und mit ihm Horkheimer – aus Marx' Kritik der politischen Ökonomie. Horkheimers frühe Aufsätze für die Institutszeitschrift führen in klaren und präzisen argumentativen Schritten von der Wirtschaftsweise der Gesellschaft zu ihrer Gesamtkonstitution.

Jeder ist in der idealtypischen kapitalistischen Wirtschaft frei, das zu produzieren, von dem er sich den größten Ertrag verspricht. Aber ob das Produkt tatsächlich ein gesellschaftliches Bedürfnis zu befriedigen imstande ist, zeigt sich erst, wenn er es auf den Markt trägt. Der Reichtum der Gesellschaft ergibt sich durch das Ineinanderwirken von Einzelinteressen, die jeweils den größtmöglichen Vorteil für sich zu erzielen suchen. Dies war für Horkheimer der Kern der bürgerlichen Produktionsweise und der damit verbundenen Ideologie des Liberalismus: die Vorstellung, »dass die emsige Tätigkeit der einzelnen auf allen Gebieten des Lebens zu einem harmonischen Ganzen zusammenstimmen müsse.«[10] Die bürgerliche Revolution hat mit der Befreiung aus feudalen Zwangszusammenhängen überhaupt dazu geführt, dass es so etwas wie eine emsige Tätigkeit, ein eigenverantwortliches Produzieren gibt, und damit die Produktivkräfte der auf Eigentum basierten Ökonomie erst entfesselt. Die historische Erfahrung widerspricht allerdings der Vorstellung von dem »harmonischen Ganzen«, zu dem sich die vielfältigen emsigen Tätigkeiten zusammenstimmen sollen. Dass die Harmonie nur Wunschdenken ist, ist laut Horkheimer »der Mangel der bürgerlichen Wirtschaftsform: Zwischen dem freien Wettbewerb der Individuen als dem Mittel und der Existenz der Gesamtgesellschaft als dem Vermittelten besteht keine vernünftige Beziehung. Der Prozess vollzieht sich nicht unter der Kontrolle eines bewussten Willens, sondern als Naturvorgang. Das Leben der Allgemeinheit ergibt sich blind, zufällig und schlecht aus der chaotischen Betriebsamkeit der Individuen, der Industrien und der Staaten. Diese Irrationalität drückt sich in dem Leiden der Mehrzahl der Menschen aus.«[11]

Diesen letzten Satz derart nüchtern hinzuschreiben, verlangte Horkheimer einiges ab. In der *Dämmerung* hatte er seine

Empörung angesichts dieses Leidens ungeschützt zum Ausdruck bringen und dessen mannigfaltigen Facetten nachspüren können, die oftmals ausgelagert oder unsichtbar sind. Denn nicht nur die offensichtliche Not machte Horkheimer fassungslos – wenn Menschen Hunger leiden, obdachlos sind in Zeiten, in denen die Ressourcen doch eigentlich vorhanden, aber ungerecht verteilt sind. Sondern auch die bloße Angst vor dem gesellschaftlichen Abstieg, die innere Verhärtung angesichts von vermeintlich naturwüchsigen wirtschaftlichen Exzessen, auf die der Einzelne keinen Einfluss hat, die ihn aber die Existenz kosten können. Und selbst wenn in ganz Europa die Lage erträglich gewesen wäre, hätte sich Horkheimer nicht beruhigen lassen, denn die Ausbeutung war dann lediglich exportiert: »Weite Gebiete des Balkans sind ein Folterhaus, das Massenelend in Indien, China, Afrika übersteigt alle Begriffe.« Damit aber des Auslagerns nicht genug. Wollte man die Gegenwart als ein Haus beschreiben, dann wehe dem, der in den Keller blickt: »Unterhalb der Räume, in denen millionenweise die Kulis der Erde krepieren, wäre dann das unbeschreibliche, unausdenkliche Leiden der Tiere, die Tierhölle in der menschlichen Gesellschaft darzustellen, der Schweiß, das Blut, die Verzweiflung der Tiere.«[12]

Doch schon 1932, mit Pollocks erstem Aufsatz für das erste Heft der neuen Zeitschrift des Instituts, war der Kapitalismus dieser frühen Phase nicht mehr das Problem. »Die gegenwärtige Lage des Kapitalismus und die Aussichten einer planwirtschaftlichen Neuordnung« heißt der Aufsatz, und die Stoßrichtung der benannten Komplexe ist eindeutig. Die gegenwärtige Lage des Kapitalismus: genauso desaströs, wie es unter marxistischen Gesichtspunkten zu erwarten war. Seine Krise ist keine mehr, die dem Kapitalismus als Abschwung innerhalb der üblichen

Zyklen inhärent wäre. Denn Konzentrationsprozesse führen dazu, dass zu viel Wirtschaftsgewicht auf zu wenigen Marktteilnehmern – »Großbetrieben und den Riesenunternehmungen in der Industrie, im Handel und im Bankenwesen«[13] – verteilt ist. Damit aber werden diese Unternehmen so mächtig, dass ihr Scheitern einen zu großen gesellschaftlichen Schaden anrichten würde. »Heute sind viele Unternehmungen in der Industrie und im Bankwesen so riesenhaft angewachsen, daß keine Staatsgewalt, möge sie sich noch so liberalistisch gebärden, ihren Untergang untätig mit ansehen kann«,[14] schreibt Pollock. Es ist das spätestens nach der Finanzkrise 2008 auch für uns wieder omnipräsente Too-big-to-fail-Argument. Dass mit dem rettenden Eingreifen des Staates in den Markt die reine Lehre von dessen freien Kräften außer Kraft gesetzt wird, ist laut materialistischer Logik nur ein weiterer Schritt hin zur Abschaffung des Kapitalismus. Mit der zunehmenden Ausbildung von Monopolen steuert dieser zwangsläufig von der Irrationalität des Spiels der freien Kräfte zu immer größerer Planbarkeit. Die Konzentration von immer mehr Wirtschaftsleistung auf einzelne Betriebe standardisiert die Prozesse zunehmend[15] und bereitet damit technisch den Moment vor, in dem nur noch *ein* Monopol übrig bleiben kann: der Staat. Damit wäre dann das sozialistische Ziel der Vergesellschaftung der Produktionsmittel erreicht. Friedrich Engels schreibt: »Der erste Akt, worin der Staat wirklich als Repräsentant der ganzen Gesellschaft auftritt – die Besitzergreifung der Produktionsmittel im Namen der Gesellschaft – ist zugleich sein letzter selbständiger Akt als Staat. Das Eingreifen einer Staatsgewalt in die gesellschaftlichen Verhältnisse wird auf einem Gebiet nach dem anderen überflüssig und schläft dann von selbst ein.«[16]

Dies wäre der Moment, auf den Horkheimer in all seinen

Essays in der Institutszeitschrift der frühen 1930er-Jahre hinsteuerte: die Ersetzung des gesellschaftlichen Wildwuchses durch einen Plan, der der Mehrzahl der Menschen Zugang zum gesellschaftlichen Reichtum eröffnete, den der technische Fortschritt geschaffen hatte. Damit einher ginge die Ersetzung der im liberalen Wirtschaftssystem notwendigen Haltung der Konkurrenz durch die dann möglich gewordene Solidarität.

Auch die Texte Adornos arbeiteten auf diesen Moment hin, wenn auch viel verklausulierter und viel weniger gesellschaftlich konkret. Das Entziffern der dialektischen Bilder würde einen Zustand herstellen, in dem alle gesellschaftlichen Verhältnisse transparent wären. Und das Sprengen der Träume der spätkapitalistischen Individualisten würde zu einer Gesellschaft führen, die solche Träume nicht mehr nötig hätte. Denn sie wären für alle verwirklicht.

Aber genau dieser Moment, der Übergang von der größten Zuspitzung des Kapitalismus in Gestalt starker Monopole hin zu deren Auflösung in einer Gesellschaft, die ihre Wirtschaftsweise einer vernünftigen Planung unterwirft statt einem Marktautomatismus, war 1932 ja schon längst fragwürdig geworden. Die Theorie musste aus diesem Ausbleiben des gesellschaftlichen Umschwungs Konsequenzen ziehen. Die Arbeiten des Instituts zielten denn auch genau darauf: festzustellen, warum dieser Übergang, warum die Revolution in Deutschland und Europa nicht stattgefunden hatte, an welcher Stelle der Mechanismus der orthodoxen marxistischen Lehre hakte. 1930 begann das Institut beispielsweise unter der Federführung von Erich Fromm eine sozialpsychologische Untersuchung unter Arbeitern und Angestellten, um herauszufinden, warum die traditionell linken Wählerschaften zu den autoritären Parteien übergelaufen waren.[17]

In dem Maße, in dem sich die Herrschaft der Nationalsozialisten etablierte und die Sowjetunion unter Stalin sich mit den Moskauer Schauprozessen als Terrorregime anstatt als vernünftige Einrichtung der Gesellschaft entpuppte – in dem Maße, in dem die Hoffnung auf eine nachgeholte Revolution in Deutschland schwand, wurde es für die vom Marxismus kommende Theorie immer enger. Horkheimer versuchte, mit dem Institut eine Gesellschaftstheorie zu entwickeln, die dieser neuen Situation gewachsen wäre, und fand für sie den Begriff »Kritische Theorie«.[18] Zunächst musste diese Theorie versuchen, die Zeitenwende auf den Begriff zu bringen. Der liberale Kapitalismus war Vergangenheit, aber wie ließ sich die gesellschaftliche Phase beschreiben, die an seine Stelle getreten war?

Im Sommer 1941 entwarf Pollock eine solche Beschreibung. Aus dem Stocken der marxistischen Konstruktion des Übergangs zum Sozialismus zog er eine beunruhigende Konsequenz. Sein Befund: Der Übergang hat längst stattgefunden. Aber anstatt sich aufzulösen, hat sich der Staat als alleinige Herrschaftsinstanz etabliert. In diesem Szenario ist der Staat in der Lage, die Monopole zu steuern oder selbst ein Monopol zu errichten – allerdings in *seinem* Sinne und nicht in dem der vernunftgesteuerten Planwirtschaft einer klassenlosen Gesellschaft. Womit jegliche Hoffnung auf den zwangsläufigen Zusammenbruch des Kapitalismus verabschiedet ist. »Planwirtschaft und Staatsinterventionismus, die zunächst ein Versprechen auf den Sozialismus zu enthalten schienen, änderten ihren Stellenwert und standen am Ende für das Gegenteil der ursprünglichen Hoffnungen«,[19] schreibt einer der Biografen der Frankfurter Schule, Rolf Wiggershaus.

Damit entwarf Pollock die Blaupause für die begriffliche Bestimmung einer Epochenwende. Wenn eine autoritäre Planwirtschaft den Kapitalismus nicht ablöst, sondern zu dessen Befriedung benutzt wird, dann reproduziert sich die Gesellschaft nicht mehr durch das immer wieder neu zu beginnende Spiel der freien Marktkräfte. Das Primat der Ökonomie wird ersetzt durch das der Politik. Die Machtstrukturen, die sich im liberalen Kapitalismus implizit durch die verschiedensten Vermittlungen der sozialen Akteure etablierten, liegen nun offen zutage und werden von der herrschenden Instanz mittels Bürokratie und Verwaltung direkt durchgesetzt: »Unter der totalitären Form des Staatskapitalismus ist der Staat das Machtmittel einer neuen Gruppe, die aus der Verschmelzung der mächtigsten Kapitale, der obersten Ränge in der Leitung von Industrie und Geschäft, der oberen Schichten der staatlichen Bürokratie (einschließlich des Militärs) und der Bürokratie der herrschenden Partei entstanden ist. Jeder, der nicht zu dieser Gruppe gehört, ist nur Objekt der Herrschaft.«[20]

Franz Neumann, den Horkheimer eigentlich eher als Spezialisten für juristische Belange ans Institut geholt hatte,[21] arbeitete zu dieser Zeit an einer groß angelegten Analyse des Dritten Reichs. Seine empirischen Befunde widersprachen Pollocks Theorie. Schwerer aber wog für den Gewerkschaftsarbeiter Neumann, dass mit dieser Theorie die Aussicht auf den Zusammenbruch des Systems an seinen inneren Widersprüchen dementiert wurde. »Zusammenfassend möchte ich sagen, daß der Aufsatz den Abschied an den Marxismus eindeutig enthält. Der Aufsatz dokumentiert weiterhin eine vollkommene Hoffnungslosigkeit. Der Staatskapitalismus, wie ihn Pollock konzipiert, kann das Millenium werden. Die Ausbeuter von heute können die Erlöser von morgen werden«,[22] schrieb er an Horkheimer.

Das scheint die Hoffnungslosigkeit zu sein, die man mit den

finsteren Diagnosen der Kritischen Theorie und vor allem der *Dialektik der Aufklärung* gemeinhin verbindet: das Millenium einer Verwaltungsherrschaft, die, wenn sie den zu ihrer Durchsetzung notwendigen Terror beendet hat, die Massengesellschaft auf einem erträglichen Lebensstandardniveau vor sich hin vegetieren lassen kann. »Hier erst beginnt im strengen Sinne die ›Kritische Theorie‹«,[23] schreibt Manfred Gangl zu Pollocks Konzept des Staatskapitalismus als Bezeichnung für die postliberale Phase.

Aber das ist nicht ganz exakt. Denn für Horkheimer und Adorno war Pollocks These kein Schock, der ihnen plötzlich die Hinfälligkeit ihrer bisherigen theoretischen Konzeptionen vor Augen geführt hätte. Beide hatten 1941 schon längst ihre eigenen »Staatskapitalismus«-Essays geschrieben.

Adorno hatte nach dem Machtantritt der Nationalsozialisten seine Theorie gleichsam umgestellt und Pollocks spätere Diagnose schon 1937 in extrem zugespitzter Form vorweggenommen. Die Möglichkeit des Umbruchs wurde – in Adornos Konstruktion – nicht einfach nur vom Faschismus erfolgreich bekämpft oder von den Arbeitern als »Subjekt der Revolution« nicht konsequent genug genutzt. Das wäre schlimm genug, und in Adornos Werk ist oft von der versäumten »Rettung« oder der versäumten Verwirklichung der marxistischen Theorie zu lesen. Doch ein guter Teil des Furors rührt bei ihm daher, dass der Umbruch vom Faschismus gleichsam geklaut wird. In seinem ersten größeren Essay, den er »nach der Erstarrung der ersten Jahre unterm Faschismus, zustande brachte«,[24] dem Essay über Jazz, ist diese gedankliche Figur bereits entfaltet. Die historische Möglichkeit des Umbruchs, die revolutionäre Chance, die die »Sprengung« des dialektischen Bildes wie zum Beispiel im Kierkegaard-Buch bot, wird gekapert. Anstelle einer emanzipierten Gesellschaft entsteht deren Zerrbild. Dem Einzelnen wird suggeriert, ein selbstständiges, zu spontanen Regungen fähiges und damit gesellschaftlich vernünftiges Individuum zu sein. In Wahrheit aber zappelt es am Haken der staatlichen Bürokratie. Dementsprechend verändert sich der Status der dialektischen Bilder. Sie werden nicht mehr durch die – ideologischen – Träume von Individuen erzeugt, sondern vom Staat, von der herrschenden Macht, vom Monopol befohlen. Und die Individuen sind dann nur noch das Material für diese Bilder. Der Mensch selbst ist zu der Standardware verkommen, die der Privatier so mühsam zu einem scheinhaften Leben zusammengebastelt hat. Das macht Adornos Jazz-Aufsatz so berüchtigt, denn der Jazz war in jenem historischen Moment für Adorno das ideale Medium, die Erbärmlichkeit dieses Zappelns in all seinen Facetten aufzuzeigen.

Und das war es denn auch, was Adorno in der Hauptsache gegen Pollocks Artikel im Juni 1941 aufbrachte: dass die Haltung zu dem beschriebenen Phänomen nicht deutlich genug zum Vorschein komme. Das redliche Aufsammeln ökonomischer Daten führte zu unfreiwilliger Trostlosigkeit statt zu einem eindringlichen Porträt des Schreckens, das der Staatskapitalismus oder der angehaltene Monopolismus für Adorno und Horkheimer war. In Adornos Augen war das keine beabsichtigte Nüchternheit, sondern schriftstellerische Unfähigkeit. »Kafka hat die Hierarchie der Büros als Hölle dargestellt. Hier verwandelt sich die Hölle in eine Hierarchie von Büros«,[25] schrieb Adorno an Horkheimer. Es ist also seinem Empfinden nach zu wenig Hölle in Pollocks bürokratischer Schreibe. Was sich Adorno in etwa unter einer adäquat höllischen Schreibweise vorstellte, kann man an seinem Jazz-Aufsatz bestaunen. Gegen Ende imaginiert er dort das Jazzorchester als monströsen

Apparat, als Kastrations- und Koitiermaschine zugleich.[26] Nur wenn sich das Individuum ins große Ganze einfügt (Kastration), darf es mitmachen (Koitus). Eine Drastik, die Horkheimer aus dem Aufsatz wieder herausstrich.

Aber auch Horkheimers Essays verschärften ihren Ton ab dem Moment, da die Möglichkeit einer nachgeholten proletarischen Revolution aus dem Sichtfeld geriet. Und zwar immens. Denn dass die Monopole sich nicht zugunsten einer klassenlosen Gesellschaft auflösen, zeigt, dass die marxistische Orthodoxie falschlag mit der Konstruktion einer gleichsam mechanischen Zwangsläufigkeit. Es war ohnehin Horkheimers Credo, dass sich der Kampf um eine bessere Gesellschaft nicht auf irgendwelche Zwangsläufigkeiten verlassen darf. Wenn dieser Kampf zu schwach ist oder ausbleibt, dann greift laut Horkheimer ein anderer Mechanismus des Weltlaufes, dann bringt der gesellschaftliche Umbruch das Wesen des vorangegangenen Zustandes zum Vorschein. In Horkheimers Konstruktion enthüllt somit der Faschismus, was an Menschenverachtendem bereits in der liberalen Phase schlummerte: Sein Wahnsinn ist nur die Konsequenz der Irrationalität des liberalen Kapitalismus. Wenn man nichts gegen die Ungerechtigkeiten des liberalen Kapitalismus tut, dann entlarvt sich im Faschismus das Wesen dieses Liberalismus als der Horror, als den ihn die Arbeiten des Instituts oft genug zu präsentieren versucht haben. Horkheimer macht dieses Konzept gleichsam zum Strafgericht für alle, die diesen Arbeiten nicht glauben wollten und sich im liberalen Kapitalismus eingerichtet haben. Den Sozialreformern, den Gewerkschaften, die laut Horkheimer auch nur ihren Anteil am Machtkuchen haben wollten, den Juden, die gehofft haben, mit hastiger Assimilation im Liberalismus mitmischen zu können, rufen Horkheimers Essays zu: Das habt ihr jetzt davon, also beschwert euch nicht. Der Ton von Horkheimers Essays »Die Juden und Europa« und »Autoritärer Staat« (der im Entwurf »Staatskapitalismus« hieß) ist eine brodelnde Mischung aus der analytischen Kälte, mit der die Zwangsläufigkeit des katastrophischen Weltlaufs diagnostiziert wird, und der Wut auf die, deren ausgebliebene wahrhafte Emanzipation laut Horkheimer diese Zwangsläufigkeit mitbewirkt hat.

Daran gemessen, ist Pollocks »Staatskapitalismus« tatsächlich ein Ausbund an solider Nüchternheit. Das liegt zunächst einmal daran, dass Pollock stärker differenziert. Auch er konzentriert sich auf die faschistische Variante des Staatskapitalismus. Die Sowjetunion, die er 1927 für seine Habilitation *Die planwirtschaftlichen Versuche in der Sowjetunion 1917 bis 1927* bereist hat, schließt er aus der Betrachtung aus und benutzt sie nur für ökonomische Exemplifizierung. Aber er behält sich die Möglichkeit vor, dass es Varianten des postliberalen, autoritären Staates gibt, die nicht zwangsläufig in Faschismus oder Totalitarismus münden müssen. Die *demokratische* Variante beispielsweise. In dem Amerika, in dem das Institut gerade erst Zuflucht gefunden hatte, versuchte Franklin D. Roosevelt, mit dem als New Deal benannten Programm eines massiven Staatsinterventionismus der Wirtschaftskrise Herr zu werden. Pollock umschifft eine Bewertung dieser Variante eines autoritären Staates. Sein Aufsatz endet mit einer gar nicht mehr enden wollenden Kaskade von rhetorischen Fragen dazu. Sie kreisen alle um die Möglichkeit, unter Beibehaltung der kapitalistisch organisierten Wirtschaft deren Exzesse zu kontrollieren, ohne die Kontrollinstanz zu mächtig werden zu lassen.

Derart nüchtern gefasst, hat dieser historische Moment strukturelle Ähnlichkeiten mit unserer Gegenwart, in der sich die Frage ja erneut stellt: Wie sehen die Möglichkeiten aus, einen dysfunktional gewordenen Kapitalismus wieder einzuhegen? Wie kriegt man die Auswüchse der neoliberalen Entfesselung der Marktkräfte, deren soziale und ökologische Kosten zu hoch geworden sind, wieder in den Griff? Wie sähe ein starker, dabei aber nicht autoritärer Staat aus? Der Soziologe Andreas Reckwitz schreibt dazu zum Beispiel: »Bei aller Unterschiedlichkeit laufen die drei großen Krisen der Spätmoderne – 9/11, die Finanzkrise und die Corona-Krise – darauf hinaus, dass eine Neujustierung der Aufgaben von Staatlichkeit dringlich wird. Während sich in den 1980er-Jahren das Staatsmodell vom Wohlfahrtsstaat zum ›Wettbewerbsstaat‹ (Bob Jessop) gewandelt hat, geht es nun darum, einen Infrastrukturstaat und einen resilienten Staat zu erschaffen. Infrastrukturstaat heißt: eine Staatlichkeit, die die Qualität basaler öffentlicher Güter und Einrichtungen – Gesundheit, Bildung, Wohnen, Verkehr, Energie – sichert. Resilienter Staat heißt: eine Staatlichkeit, die für permanente Gefährdungen – Pandemien, digitale Crashs, Terror, Hasskriminalität, Klimawandel – Vorsorge schafft und so auch für Katastrophenfälle gewappnet ist.«[27] Und er benennt die beiden Möglichkeiten, die Pollock in seinem Artikel engführt: »Der resiliente Staat kann liberaler, er kann aber auch autoritärer ausgerichtet sein (beispielsweise durch digitale Kontrolle). Man kann ihn stärker in Richtung soziale Grundsicherung, ökologische Nachhaltigkeit oder öffentliche Sicherheit akzentuieren.«

Horkheimer kassierte diese Differenzierung ein. Zwar gestand er zu, dass es einen Unterschied macht, welche Variante eines starken Staates auf die liberale Phase des Kapitalismus folgt: »Für die Individuen freilich ist es entscheidend, welche Gestalt er schließlich annimmt. Arbeitslose, Rentner, Geschäftsleute, Intellektuelle erwarten Leben oder Tod, je nachdem ob

Reformismus, Bolschewismus oder Faschismus siegt«,[28] schrieb er in »Autoritärer Staat«. Doch in der Ursprungsfassung hieß es direkt darauf mit der charakteristischen Verschärfung des Tones: »Die ökonomische Notwendigkeit aber ist grosszügig. Auf welche Weise sie den Privatkapitalismus liquidiert, ob Juden oder S.A.Führer, Koltschak oder Ossietzki sterben, ist ihr von minderer Bedeutung, wenn die gesellschaftliche Form, die sie befiehlt, nur verwirklicht wird.«[29] Die demokratische, reformistische Form des Staatskapitalismus, also zum Beispiel die New-Deal-Politik von Roosevelt, wird von Horkheimer in eine Reihe mit Faschismus und Kommunismus gestellt. Autorität ist Autorität. Und damit bestellt er das Feld für die künftige theoretische Arbeit. Wann immer es darum geht, Unterstützung für Forschungsprojekte einzutreiben, lässt er sich auf die Argumentation ein, einen Beitrag zum Schutz der amerikanischen Demokratie vor der faschistischen Bedrohung leisten zu wollen. In der eigenen, eigentlichen theoretischen Arbeit aber wird der Analyseschnitt tiefer gelegt: Da befinden sich die USA und Hitler-Deutschland in derselben welthistorischen Phase einer zu bekämpfenden »ökonomischen Notwendigkeit«.

Es gibt noch eine weitere Möglichkeit jenseits dieser Alternativen, von der Horkheimer 1940, als er »Autoritärer Staat« schrieb, nicht lassen wollte: eine Gesellschaft, die »ihre Angelegenheiten auf Grund freier Übereinkunft«[30] verwaltet, eine Rätedemokratie. Schon wegen dieser deutlichen politischen Positionierung war es keine Option, Pollocks Aufsatz durch eine englische Übersetzung von »Autoritärer Staat« als Auftakt für das so wichtige programmatische englischsprachige Heft zu ersetzen. Also blieb Horkheimer nichts anderes übrig, als mit dem, was Pollocks Artikel nun einmal war, umzugehen. Er schrieb ein Vorwort, um die wesentlichen Deutungsschneisen einzuschlagen, in denen sich die Lektüre von Pollocks Aufsatz bewegen sollte.

Was die amerikanische Gegenwart anging, verhielt er sich dabei ebenso strategisch wie Pollock mit seinem letzten windelweichen Satz nach den rhetorischen Fragen. (»Einige der besten Denker studieren die Frage, wie eine solche Planung demokratisch möglich ist, aber eine große Menge theoretischer Arbeit wird noch getan werden müssen, ehe jede Frage ihre Antwort findet.«)[31] 1933, kurz bevor das Institut in den USA Zuflucht fand, hatte Pollock Roosevelt noch unter die »plebiszitären Diktatoren«[32] eingereiht. 1941 vollzog Horkheimer in seinem Vorwort eine knappe Verneigung: »Seit mehr als acht Jahren hat die Regierung dieses Landes versucht, die Schwierigkeiten der herrschenden Ökonomie zu überwinden, indem sie sowohl auf dem industriellen als auch auf dem landwirtschaftlichen Sektor Planungselemente in sie einbaute.«[33] Ja, er verknüpft die Utopie einer »wahren Eintracht zwischen den Menschen« mit der Roosevelt-Regierung. Allerdings auf so geschickte Weise, dass ein Rest Unklarheit bleibt, ob wirklich das Amerika Roosevelts mit dieser Utopie gemeint ist. Dennoch war Horkheimer in der Korrekturphase des Heftes unzufrieden mit dieser »Konzession«.[34] Aber sie blieb im Heft. 1939 hatte Horkheimer in der Zeitschrift in seinem Aufsatz »Die Juden und Europa« die berühmt gewordenen Sätze geschrieben: »Daß die Emigranten der Welt, die den Faschismus aus sich erzeugt, gerade dort den Spiegel vorhalten, wo sie ihnen noch Asyl gewährt, kann niemand verlangen. Wer aber vom Kapitalismus nicht reden will, sollte auch vom Faschismus schweigen.«[35]

Philosophen am Rande des Nervenzusammenbruchs

Die Adornos gehen auf die Reise

Ein neues Haus an der kalifornischen Riviera, viele Kilometer entfernt vom Hauptquartier des Instituts: Hier wollte Horkheimer mit der Arbeit beginnen, von der ihn die administrativen Aufgaben immer ferngehalten haben. Die großen Essays in der Zeitschrift des Instituts waren für ihn nur Anwendungsfälle, notwendige Interventionen. Jetzt aber wollte er ein grundlegendes Werk schreiben, eine Selbstvergewisserung kritischer Gesellschaftstheorie, eine Art materialistische Dialektik. Die Notwendigkeit einer Neuausrichtung der Theorie machte so eine Grundlegung nur noch dringlicher. Alle Anstrengungen der letzten Jahre waren darauf ausgerichtet, am Ende die idealen Bedingungen zum Verfassen dieses Werks zu ermöglichen; Horkheimer und Pollock schworen sich in ihren Briefen immer wieder auf dieses Ziel ein.

Aber wie in den äußeren Angelegenheiten, lavierte Horkheimer auch, was die Ausprägung des Buches anging. Einerseits hielt er an seiner programmatischen Idee einer Gemeinschaftsleistung verschiedener Experten fest. Andererseits schwebte ihm ein philosophisches Grundlagenwerk à la Husserls *Ideen zu einer reinen Phänomenologie und phänomenologischen Philosophie* vor, das sich ein Einzelner nur in Abgeschiedenheit und völliger Konzentration abzuringen vermochte. Allerdings variierte auch in Phasen, in denen das Pendel zum Gemeinschaftswerk ausschlug, seine Vorstellung davon, wer zur »Gemeinschaft« zählte, bisweilen sehr. Horkheimer war ein Virtuose darin, Gunst zu gewähren und wieder zu entziehen, und immer wieder durfte der eine oder der andere den Eindruck haben, von Horkheimer exklusiv zum gemeinsamen Schreiben des grundlegenden Buches auserwählt worden zu sein. Als der Plan einer L. A.-Zweigstelle unübersehbar konkret wurde, und damit die Gemeinschaft schon aus ganz äußerlichen Gründen kleiner zu werden drohte, wollte sich jeder seiner exzeptionellen Nähe zu Horkheimer versichern und versichert wissen. Eine Situation, die zwangsläufig zu Neid, Missgunst, Verdächtigungen und Intrigen führte. Und die Nerven blank liegen ließ.

Herbert Marcuse zum Beispiel, der »Philosoph« des Instituts, der 1933 in Genf zum dann schon emigrierten Institut gestoßen war und in der Institutszeitschrift mit der Kontinuitätsthese von Liberalismus und Faschismus wesentliche Gedankenfiguren für die Gruppe geprägt hatte, war in der schriftstellerischen Zusammenarbeit mit Horkheimer bereits erprobt. Deswegen war seine größte Sorge auch eher, dass der Columbia-Standort zu leichtfertig aufgegeben werde und man sich dadurch akademische Chancen in Amerika verbaue. Marcuse habe »entsetzliche Angst, nach fünf Jahren als zweiter Günther Stern herumzulaufen« (also als Günther Anders, der sich mit prekären Jobs über Wasser halten musste), schrieb Pollock an Horkheimer. Marcuse wollte die Verbindung zu Columbia unbedingt gehalten wissen; aber er hatte auch gut reden, denn für ihn stand schon ein Haus in Santa Monica bereit – in der Professorengegend, also ideal, um dort das Schild »Institute of Social Research, Office Los Angeles«[1] anzubringen.

Adorno durfte sich mit einigem Recht völlig unmissverständlich von Horkheimer zur exklusiven Zusammenarbeit berufen fühlen. Deswegen nahm er jeden noch so minimalen Hinweis, der ihm eine Verzögerung seiner Umsiedlung nach Westen anzuzeigen schien, zum Anlass, auf die unabdingbare Notwendigkeit seiner Nähe zu Horkheimer zu pochen. Mit einer Vehemenz, die die anderen in die Verzweiflung trieb. Und ihre Sympathie für Adorno ruinierte. Als Adorno Ende Oktober Pollock von einem vermeintlichen Nervenzusammenbruch in Kenntnis setzte und erzählte, »dass die arme Gretel seit Wochen nicht mehr schlafe und zugrunde gehe«, machte diesem »die kitschige Illoyalität Teddys fast bis zum Erbrechen uebel«. Pollocks Fazit: »Ich halte ihn seit gestern fuer einen skrupellosen Erpresser, der uns nach allen Regeln der Kunst ausbeuten wird, solange er der Meinung ist, dass wir ihn brauchen und keine Haendel mit ihm wollen. Seine Druckmittel sind allerdings nicht Verschwoerungen mit andern, sondern Drohungen mit seinem eigenen Untergang, an dem wir schuld sind, weil wir ihm nicht die notwendigen Existenzbedingungen geben. Solidaritaetsbekundungen sind bei ihm billig, aber von wirklicher Solidaritaet ist auch nicht die Spur. Marcuse ist ungleich unbegabter, aber er ist eine Lichtgestalt in Bezug auf Loyalität verglichen mit T.«[2]

Am 13. November 1941 war es für Adorno dann endlich so weit. Horkheimer hatte mit Pollock schließlich einen Abreisetermin festgelegt, eine Abschiedsparty wurde ausgerichtet. An der Oberfläche war die Atmosphäre entspannt, Pollock ließ darüber abstimmen, ob Hitler den Krieg verlieren werde, die überwältigende Mehrheit sprach sich dafür aus. Aber in Wahrheit sei der *spirit* unter den Mitarbeitern nicht besonders gut, meldete Pollock an Horkheimer. Adorno ziehe den meisten Unmut auf sich: »Hassen tut ihn niemand, ausser Löwenthal, aber er wird wegen seiner ungeheuern Unaufrichtigkeit, Eitelkeit und Wichtigmacherei verachtet. Das beweist an sich wenig. Aber leider muss ich mich auch zu denen zählen, die ihn in den letzten zwei Monaten gründlicher kennen und verabscheuen gelernt haben.«[3]

Von Löwenthals Hass wusste Horkheimer bereits. Löwenthal, der neben Pollock von allen am längsten zum inneren Kreis des Instituts zählte, war der Spezialist für die soziologische Literaturanalyse. Er hatte zudem die Redaktion der Zeitschrift inne. Und er schrieb Horkheimer wahre Liebesbriefe, wie er sie selbst nannte. Zwei Gründe gab er an, warum es ihm unmöglich sei, in seinen Statusberichten an Horkheimer objektiv zu bleiben. Der zweite, gewichtigere: seine maßlose Verehrung Horkheimer gegenüber. »[M]eine Anschauung von Ihnen hat so hohe spezifische Namen, ich bin so sehr überzeugt, dass ich in Ihnen – mit all Ihren Fehlern und Schrullen – dem Genius gegenüberstehe, dass ich im Grunde meine Aktionen nicht nachzuprüfen vermag, die mit Ihnen zusammenhängen. [...] Wissen Sie, dass ich Sie immer, schon [vor] 15 Jahren, mit den Augen ansehe, mit denen ich mir vorstelle, dass ich auf Goethe [...] gesehen hätte? nur dass mein Trieb dahingeht, Ihnen und eben dem, was uns heilig ist, näher zu stehen als Herr Eckermann dem Meister.«[4]

Der erste, kleinere Grund war seine Eifersucht auf Adorno: »[I]ch komme einfach innerlich nicht darüber hinweg, dass dieser Mensch, dessen Struktur so durchsichtig verderbt ist, wegen seiner von einem mir unbekannten Gott ihm verliehenen Gaben eine Stelle bei uns und bei Ihnen einnimmt, an der ich nur mich sehen möchte.« Löwenthal fühlte sich um sein Lebensglück betrogen, wenn er nicht mit Horkheimer an der Westküste sein dürfte: »Ich möchte ein Haus in Los Angeles, nicht zu weit weg von Ihnen«, rief er im Brief hinterher.

Aber nun war es eben Adorno, der einem Haus in Horkheimer'scher Nähe entgegenfuhr. Am 15. November 1941 brachen Adorno und Gretel nach Cleveland auf und fuhren mit dem Zug nach Chicago weiter. Adorno, der sich für Amerika bisher nicht besonders interessiert hatte und bei seinem ersten Aufenthalt in New York 1937 stolz darauf gewesen war, nichts von der Weltmetropole wahrgenommen zu haben, lernte das Land zum ersten Mal kennen, musste sich von den Dimensionen beeindrucken lassen. Kurz vor Chicago fuhren die Adornos an US Steel vorbei, das, obwohl ein kleines Nebenwerk, Adorno »zehnmal so groß wie Leuna vorkam«.[5] In Chicago selbst konnten sie den Wolkenkratzer von Wrigley bewundern, eines der spektakulären Gebäude, die sich amerikanische Unternehmensgründer als Firmensitz bauen ließen. »Die Monumentalbauten des Monopols, Wrigleys und Rockefellers Hochhäuser, steingewordene Reklame im Scheinwerferlicht, sind reklamefrei und stellen allenfalls noch auf den Zinnen, lapidar leuchtend, des Selbstlobs enthoben, die Initialen des Geschäfts zur Schau«,[6] wird es in der ersten Fassung der *Dialektik der Aufklärung* heißen. Adorno wird später Horkheimer in einem seiner Texte zitieren: »Es ist lächerlich, dem Kaugummi vorzuhalten, daß er den Hang zur Metaphysik beeinträchtige, aber es ließe sich wahrscheinlich zeigen, daß die Gewinne Wrigleys und sein Palast in Chicago in der gesellschaftlichen Funktion begründet waren, die Menschen mit den schlechten Verhältnissen zu versöhnen, sie von ihrer Kritik abzubringen. Nicht daß der Kaugummi der Metaphysik schadet, sondern daß er im Gegenteil selbst Metaphysik ist, gilt es klarzumachen.«[7]

Die »allenthalben emporschießenden hellen Monumentalbauten« sind die ersten konkreten Dinge, mit denen das Kulturindustriekapitel der *Dialektik der Aufklärung* beginnt. Sie sind das erste Anschauungsmaterial, mit dem die Beobachtung illustriert werden soll, dass in der Massenkultur der Moderne alles gleich aussehe, dass »Kultur [...] heute alles mit Ähnlichkeit« schlage. Obwohl sich die technischen Möglichkeiten und sozialen Differenzierungen doch explosionsartig gesteigert haben. Man kann anhand dieser »Monumentalbauten« sehr schön beobachten, wie die Entdifferenzierung innerhalb der These vom starken Staat den Blick auf die amerikanische Gegenwart lenkt. Wenn Adorno ein Gebäude wie Wrigleys »Palast« sah, dann nahm er ihn auf der Folie der Pariser Weltausstellung von 1937 wahr, wo laut Adorno der deutsche und der russische Pavillon zueinanderpassten »wie Szylla und Charybdis«.[8] Aber nicht nur seien die ästhetischen Manifestationen von Faschismus und Sozialismus nicht zu unterscheiden – auch die »dekorativen Verwaltungs- und Ausstellungsstätten der Industrie« sähen genauso aus. Die Varianten des starken Staates – ob Faschismus, Stalinismus oder Demokratie – waren aus einer solchen Perspektive nicht mehr unterscheidbar. Noch im Juli hatte Adorno den neuen New Yorker Flughafen LaGuardia besichtigt, und auch dort hatte er nur die Einheitlichkeit des neuen Zeitalters gesehen. Der Flughafen, schrieb er, »könne in Deutschland sein. Die konkurrierenden Fluglinien sind offensichtlich nur noch Sektionen eines ausdrücklichen oder unausdrücklichen Konzerns, und die Verkehrsflugzeuge sind so modern, daß sie von Bombern und Stukas schon nicht mehr zu unterscheiden sind«.[9]

»Der deutsche …

und der russische Pavillon …

… der Pariser Weltausstellung paßten zueinander wie Szylla und Charybdis.«

»Nicht daß der Kaugummi der Metaphysik schadet, sondern daß er im Gegenteil selbst Metaphysik ist, gilt es klarzumachen.« Das Wrigley-Gebäude in Chicago.

Abends waren die Adornos beim Gynäkologen Ernst Gräfenberg eingeladen, einer der zahlreichen Menschen, denen das Institut dabei geholfen hat, in die USA zu gelangen.[10] Dann stiegen sie in den Zug nach Los Angeles. Es ging durch Nebraska, Wyoming, Utah, bis sie am 19. November in aller Frühe zwischen Palmen und Orangenhainen ankamen, von Horkheimer und seiner Frau empfangen und das letzte Stück nach Westen geleitet wurden. »[H]ier ist es so tröstlich und friedlich wie es überhaupt noch irgendwo in dieser Welt sein kann«,[11] schrieb Adorno Ende November an die Eltern, die sich vor den Nazis nach Kuba hatten retten können und 1940 nach New York gekommen waren.

Am 7. Dezember machten die Adornos einen Ausflug, fuhren an der Pazifikküste entlang nach Oxnard.[12] Am selben Tag bombardierten japanische Kampfflieger die amerikanische Flotte in Pearl Harbor. Am Tag darauf erklärte Roosevelt Japan den Krieg, am 11. Dezember erklärten Italien … und Deutschland den USA den Krieg.

Mit dem Kriegseintritt der USA seien die Tage des Hitlerregimes gezählt, davon gingen die Institutsmitarbeiter wie die meisten Emigranten fest aus. Horkheimer wurde denn auch schnell aktiv, das Pendel schlug wieder in Richtung Wirksamkeit aus. Die Siegermächte würden bald Konzepte dafür brauchen, wie mit dem geschlagenen Deutschland umzugehen sei, und da könnte das Institut mit seiner Expertise von Nutzen sein und beispielsweise Kurse für »amerikanische Kräfte« entwickeln, schrieb er nach New York. Horkheimer wollte mit dem Institut seinen Teil zum *war effort* beitragen, er hatte aber auch immer die Stellung seines Instituts im amerikanischen Wissenschaftsbetrieb im Hinterkopf. Fahrlässig wäre es aus dieser Sicht gewesen, diese Gelegenheit Konkurrenten im akademischen Feld zu überlassen. Aber diese Pläne standen unter einem großen, dem einen großen Vorbehalt: Ihr Betreiben durfte auf keinen Fall den Freiraum der Los-Angeles-Zweigstelle gefährden.[13]

Diktatorischer Schreibstil

Zum ersten Mal gemeinsam im Garten in Brentwood

Endlich! Endlich konnten Adorno und Horkheimer zusammensitzen im Garten der Doppelhaushälfte, die die Eheleute Adorno in den Brentwood Heights gemietet hatten, zehn Autominuten von Horkheimers »Riviera«-Haus entfernt. Die Gestalt der Berge von hier aus gesehen: ein Hauch von Toskana. Der Blick: lässt einen an Fiesole denken, »wenn es auch natürlich keine grüne Kuppel zu bestaunen gibt«.[1] Aber immerhin: Man durfte sich dem Eindruck hingeben, in einer Kulturlandschaft zu weilen. »Man hat doch das Gefühl, daß die Welt hier von menschenähnlichen Wesen und nicht nur von Gasolinstationen und hot dogs bewohnt wird«,[2] schrieb Adorno seinen Eltern. Eine solche Schönheit und Annehmlichkeit verpflichtet. Die Vögel singen den ganzen Tag, aber sie singen »hurry, hurry«, wie Horkheimer notierte: »Sie mahnen mich, die Zeit, die ich im Paradies statt im Konzentrationslager zubringen darf, nicht zu vertrödeln.«[3]

Aber von Vertrödeln konnte ohnehin keine Rede sein. Auf diesen Moment ungestörter theoretischer Arbeit hatte Horkheimer

Die Doppelhaushälfte der Adornos in Brentwood: »Alles aufs modernste und praktischste und mit wirklich sinnvollen Gadgets eingerichtet«. (Theodor W. Adorno in einem Brief an die Eltern)

jahrelang hingearbeitet und hatte Adorno jahrelang gehofft. Wann immer es Horkheimer möglich war, wenn er also nicht Maidon zum Charity-Tee chauffieren, an Erste-Hilfe-Kursen oder an Vorbereitungen für den Dienst im Luftschutzbunker teilnehmen musste, fand sich Horkheimer nachmittags bei den Adornos im Garten ein. Er hatte sich sogar ein Fahrrad zugelegt, sodass auch Benzinrationalisierungen ihn nicht an dieser Routine hindern konnten.

So saßen sie also endlich zusammen, aber noch begannen sie nicht mit dem gemeinsamen Buch. Es gab noch Arbeitsüberhang für die nächste Ausgabe der Zeitschrift, ein paar Artikel wollten noch übersetzt, einer noch redigiert werden: Horkheimers »Vernunft und Selbstbehauptung«. Sie begannen also die gemeinsame Westküstenarbeit mit einer bei Horkheimers letzten Aufsätzen bereits eingeübten Praxis: Der eine hat einen Rohentwurf verfasst und bearbeitet ihn mithilfe des anderen. Nun also ein Aufsatz, der schon die Konsequenzen aus der Diagnose der Zeitenwende ziehen sollte. Warum wird die Einrichtung der Gesellschaft nicht Stück für Stück vernünftiger, warum wird das Irrationale des Kapitalismus nicht durch einen vernünftigen Plan ersetzt, sondern wird zur geplanten Irrationalität? Der Aufsatz soll zeigen, wie sich dieser Rückschlag schon im Begriff der Vernunft selbst aufspüren lässt, in welchem Maße das vernünftige Denken zum bloßen Machtmittel geworden, zum Instrument für die Selbsterhaltung ausgehöhlt worden ist.

Wie sähe ein guter erster Satz dafür aus? Horkheimer hatte geschrieben: »Die Frage nach der Vernunft ohne weiteren Zusatz gilt nach heutigen wissenschaftlichen Prinzipien als sinnlos.«[4] Das ist ein schwacher erster Satz. In diesem Satz ist keine Spur von der Polemik, die Horkheimer der neuen Zeit sonst entgegenrief. »Gilt als sinnlos« klingt so, als wäre der Autor dieses Satzes damit einverstanden, und überhaupt suggeriert der Einstieg mit »Die Frage nach …« eine zurückhaltende, rein fachphilosophische Suchbewegung.

Horkheimer hielt sich für keinen guten Schreiber.[5] Sein langjähriger Freund, der Psychoanalytiker Karl Landauer, attestierte ihm 1937, nun endlich die Hemmung im Schreiben überwunden zu haben. Zwischen der Brillanz bei Gesprächen oder Reden und dem Geschriebenen hätte eine Lücke geklafft, die sich laut Landauer nun schloss: »Während Du früher Dir mit dem Schreiben sehr schwer tatest und eigentlich nur im stillen Kämmerlein auf sehr künstlerische Art z. B. bei Deinen Unterhaltungen mit Regius leicht schriebst, erscheint es jetzt so flüssig«,[6] schrieb Landauer. Und er schloss ein weiteres Adjektiv an, das zeigt, was der Grund für das »Flüssigwerden« ist: »erscheint es jetzt so flüssig, nein besser scharf.«

Mit Regius war das Pseudonym Horkheimers gemeint, unter dem er 1934 die Aphorismen der *Dämmerung* veröffentlichte, in denen er das individuelle Elend, das der Kapitalismus erzeugte, ausmalen konnte, anstatt es immer nur theoretisch herzuleiten. Dabei nutzte er das Problematische am Kapitalismus schriftstellerisch aus. Wenn durch die Struktur des freien Marktes alles mit allem zusammenhängt, ohne eine ordnende oder hierarchisierende Instanz, dann lassen sich auch die abseitigsten, privatesten Details auf die Gesamtgesellschaft beziehen. Egal, wo man hinblickt, man hat immer auch gleich die gesellschaftliche Totalität im Blick. »Selbst in den feinsten und scheinbar entferntesten Regungen der Person macht sich die Funktion noch geltend, welche sie in der Gesellschaft ausübt«,[7] schrieb Horkheimer in einem seiner Aufsätze für die Institutszeitschrift. In der *Dämmerung* konnte er diese Diagnose in ein Wimmelbild von Porträts und Reflexionen verwandeln. Die kleine Angestellte zum Beispiel, die von ihrem vornehmen Freund auf eine Silvesterfeier mitgenommen wird und auf dem Höhepunkt der Festivität Wein auf ihrem Kleid verschüttet. »Während das Gesicht in Begeisterung strahlte und sich die allgemeine Fröhlichkeit darin spiegelte, fuhren ihre Hände in unbewußtem Eifer fort, den Flecken zu entfernen. Diese isolierten Hände verrieten die ganze Festgesellschaft.« Oder der kurze, eigentlich unbedeutende Moment, als der Prince of Wales »am Steuer eines neuen Cabriolets an einer alten Frau«[8] vorbeifährt.

Als Adorno die *Dämmerung* las, war er begeistert, nicht zuletzt von ebendieser Möglichkeit einer »Breite der Darstellung«. Denn sie »trifft genau die qualvolle Entfaltetheit des kapitalistischen Gesamtzustandes[,] dessen Schrecken so wesentlich in der Präzision der Vermittlungsmechanismen bestehen«.[9] Und so machte sich Adorno gleich daran, diese Darstellungsmöglichkeit seinerseits auszuprobieren. 1935 verfasste er Aphorismen, die sich immer wieder direkt auf die *Dämmerung* bezogen und auf eine ähnliche Weise versuchten, die vom Kapitalismus geschaffene Totalität als Ausdrucksmittel zu nutzen. Er brachte eine Weihnachtsdekoration in der Ullstein-Redaktion mit dem Dostojewski-Übersetzer und Autor des Buches *Das Dritte Reich,* Arthur Moeller van den Bruck, zusammen, und auch bei ihm kamen in einem Aphorismus Hände vor – nämlich die Hände, mit denen ein ehemaliger KZ-Gefangener wochenlang die Latrine säubern musste, deren Gestank das Lächeln in seinem Gesicht fragwürdig machte: »Um die Mundwinkel hatte es sich festgesetzt, festgenistet als Zuschauer: bin denn das ich selber, mit dem dies alles geschieht. Nun konnte es nicht mehr weg von dort und blieb zurück als Freundlichkeit gegen alle Welt.«[10]

Adorno hatte 1935 seine Begeisterung über die *Dämmerung* nicht Horkheimer selbst mitgeteilt, sondern Löwenthal. Er ahnte, dass Horkheimer nicht allzu gut auf ihn zu sprechen sein würde, denn er war nach Oxford emigriert, ohne in Verbindung mit dem Institut zu bleiben und seine Zukunft mit dessen Vorhaben abzustimmen. Horkheimer meldete sich denn auch im Groll, allerdings abgemildert durch eine deutliche Botschaft: »Wenn Sie sich nicht sehr verändert haben, dann sind Sie einer der ganz wenigen Menschen, von denen das Institut und die besondere theoretische Aufgabe, die es zu erfüllen sucht, geistig etwas zu erwarten haben.«[11]

Horkheimer hatte in Adornos Reaktion auf die *Dämmerung* erkannt, dass er in ihm einen Komplizen finden würde in dem Bemühen, möglichst viel von der Darstellungsqualität dieser aphoristischen Technik in seine »offiziellen« Aufsätze für die

Institutszeitschrift zu injizieren. Ja, es wirkt über weite Strecken so, als hätte Horkheimer in genau dem Maße Adorno als dem Institut zugehörig angesehen, in dem dieser kommentierend an Horkheimers Stilistik arbeitete. 1936, noch von London aus, äußerte sich Adorno enthusiastisch zu Horkheimers »Egoismus und Freiheitsbewegung«: »Es will mir scheinen, als lägen unsere Stilideale gar nicht mehr so weit auseinander.«[12] – »Die Briefe [Adornos] sind ein neuer Beweis dafür, dass T. wirklich zu uns gehört!«,[13] schrieb Horkheimer daraufhin an Löwenthal.

Auf Horkheimers essayistischen Angriff auf den Positivismus im Jahre 1937 reagierte Adorno mit dem für Horkheimer größtmöglichen Lob: dass mit diesem Aufsatz der Abstand zwischen Horkheimers Arbeiten und denen von Regius schrumpfe. Adorno war angetan von der »Liquidation des akademischen Elements«.[14] Auch das führte bei Horkheimer dazu, Adorno weiter in den engeren Kreis des Instituts hineinzuziehen. An Pollock schrieb er: »Von Teddy habe ich einen recht schönen Brief vor seiner Heimreise. Er ist doch einer der wenigen. Wenn Du ihn bei seiner Rückkehr noch siehst, bitte ich Dich, nett zu ihm zu sein.«[15]

Das Anschwellen der Horkheimer'schen Wut angesichts der katastrophischen Zeitenwende verknüpfte Adorno mit schriftstellerischem Formwillen. Denn zu Adornos Talenten gehörte, so lange an Sätzen zu arbeiten, bis sie ihre Funktion, eine dialektische Widersprüchlichkeit zum Ausdruck zu bringen, in maximaler Kürze und Präzision erfüllten[16] – was Adornos Sätze, wenn sie aus dem Kontext gerissen wurden, oftmals parolenhaft werden ließ. »Es lässt sich privat nicht mehr richtig leben« wurde in den *Minima Moralia* zum Beispiel zum berüchtigten »Es gibt kein richtiges Leben im falschen« geschliffen.[17] Schon bei Regius äußerte Adorno zart Kritik an Einzelheiten der schriftstellerischen Technik, dass zum Beispiel Metaphern und Parabeln noch nicht gänzlich durchartikuliert seien. Dieses Durchartikulieren sollte ein wesentlicher Bestandteil der Zusammenarbeit werden.

Wie ließe sich zum Beispiel der erste Satz von »Vernunft und Selbstbehauptung«, an dem die beiden Autoren jetzt zu Beginn des Jahres 1942 zusammenarbeiteten, durchartikulieren? »Die Frage nach der Vernunft ohne weiteren Zusatz gilt nach heutigen wissenschaftlichen Prinzipien als sinnlos.« In einer nächsten Version lautet er: »Der Begriff der Vernunft hat eine große Geschichte.«[18] Das ist rhetorisch geschickter. Es wird mit größerem Atem angehoben, es wird damit (und mit den folgenden Sätzen) zunächst einmal eingesammelt, was auf dem Spiel steht, es wird Fallhöhe erzeugt. Aber ist der Preis dafür nicht eine zu große begriffliche Beliebigkeit, ist die »große Geschichte« nicht zu sehr Plattitüde, zu sehr Sonntagsredenjargon? Könnte man nicht präziser werden und zugleich noch grundsätzlicher anheben, indem man den Verfall doch gleich wieder mit anzeigt? Also strichen Horkheimer und Adorno den Satz mit der »großen Geschichte« durch und ersetzten ihn durch: »Die Begriffe, die der westlichen Zivilisation zugrunde liegen, sind im Zerfall begriffen. Der zentralste unter ihnen ist der Begriff der Vernunft.«

Hier kann man verfolgen, in welchem Maße das Durchartikulieren die Perspektive weitet. Aus der Frage nach der Vernunft wird der Zerfall der begrifflichen Grundlagen der westlichen Zivilisation. Eine Erweiterung, von der auch die *Dialektik der Aufklärung* ihre Wucht beziehen wird. Aber wenn die Perspektive nun schon einmal so weit aufgerissen wurde, dann sollte vielleicht etwas in ihr verweilt werden. Die Autoren fügten noch einige Sätze zwischen diese ersten beiden ein, und nach mehreren Schleifvorgängen beginnt der Aufsatz so: »Die Stammbegriffe der westlichen Zivilisation sind dabei, zu zerfallen. Die neue Generation setzt nicht mehr viel Vertrauen in sie. Vom Faschismus wird sie im Verdacht bestärkt. Die Frage ist an der Zeit, wieweit die Begriffe noch haltbar sind. Zentral ist der Begriff der Vernunft.« Und so weiter. Eine Kanonade an Hauptsätzen. Unerbittlichkeit als Stil. »Zum Stil ist zu sagen, daß er dem ›konzentriert-diktatorischen‹ Typ angehört«, schrieb der dem Institut freundlich verbundene Theologe und Religionsphilosoph Paul Tillich, als er den Aufsatz zu lesen bekam. »Dieser Typ hat den Vorzug, daß kein unnützes Wort gesagt wird, daß jeder Satz wichtig ist, daß das Ganze ein Programm darstellt, dessen Ausführung dem Leser oder einem anderen Schreiber befohlen wird. Der Nachteil ist, daß im Unterschied zum ›diffus-demokratischen‹ Typ des Stiles nicht argumentiert, sondern nur behauptet wird«.[19] Horkheimer antwortete darauf, zustimmend, mit einem Selbstzitat: »Der Stil der Theorie wird simpler, doch nur indem er die Einfachheit dadurch denunziert, daß sie an ihm bewußt zur Spiegelung des barbarischen Prozesses wird.«[20]

Die Härte der Diagnose dieses barbarischen Prozesses kommt aber nicht zuletzt aus der Zugewandtheit zu dem, was dieser Prozess verunmöglicht. Dass die kleine Angestellte gänzlich unbekümmert Silvester feiern könnte. Dass sich das Lächeln der Menschen unbelastet von Grausamkeiten entfalten darf. Adorno ist Virtuose der Schärfenverdichtung. Aber dennoch wird das konzentrierte Netz diktatorischer Sätze immer wieder durch einen anderen, zarten Ton in Schwingung versetzt. Wenn in der *Dialektik der Aufklärung* beispielsweise deutlich gemacht werden soll, dass die verschiedenen Autotypen alle gleich sind und dass das die Konsumenten eigentlich auch wissen, dann würde folgender Satz ausreichen: »Daß der Unterschied der Chrysler- von der General-Motors-Serie im Grunde illusionär ist, weiß schon jedes Kind«.[21] Aber Adorno füllt die Sprachkonvention »weiß jedes Kind« durch einen kurzen Nachsatz wieder mit Leben und macht damit aus diesem Satz ein Miniaturdrama über eine Begeisterung, die sich selbst belügt, um nicht enttäuscht zu werden: »Daß der Unterschied der Chrysler- von der General-Motors-Serie im Grunde illusionär ist, weiß schon jedes Kind, das sich für den Unterschied begeistert.«

Am Ende der gemeinsamen Arbeit zu dem Aufsatz »Vernunft und Selbstbehauptung« gibt es noch eine wichtige Korrektur. »Von Max Horkheimer und Theodor W. Adorno«[22] stand in einer Fassung auf dem Titelblatt. Aber der zweite Name wurde wieder gestrichen. Zur Neuausgabe der *Dialektik der Aufklärung* 1969 schrieben die Autoren: »Kein Außenstehender wird leicht sich vorstellen, in welchem Maß wir beide für jeden Satz verantwortlich sind. Große Abschnitte haben wir zusammen diktiert; die Spannung der beiden geistigen Temperamente, die in der *Dialektik* sich verbanden, ist deren Lebenselement.« In einem Entwurf zu diesem Vorwort hatte Adorno davor geschrieben: »was beide vorher schrieben, konvergiert in dem Buch. Seine Motive sind auf Früheres von jedem einzelnen von ihnen zurückzuverfolgen; in den Jahren gemeinsamen Denkens und gemeinsamer Formulierung wurde es verschmolzen.«[23] Aber das wurde dann auch gestrichen.

Regierungsarbeit

Adorno erfüllt seine patriotischen Pflichten

Jetzt könnte es also mit der Arbeit an dem gemeinsamen Buch endlich losgehen. Aber wieder schiebt sich etwas dazwischen. Ein Jahr zuvor war das Office of the Coordinator of Information als Auslandsgeheimdienst und Propagandastelle gegründet worden, das später zum Office of Strategic Services (OSS), dem Vorläufer der CIA, werden sollte. Das Office sammelte Informationen zum militärischen Gegner und beauftragte das Institut mit einem Bericht über die private Moral in Deutschland. Eine Aufgabe, die Adorno und Marcuse übertragen wurde.

Aktuelle Informationen aus Deutschland standen nicht zur Verfügung, also konstruierte Adorno den Zustand der privaten Moral aus eigenen Beobachtungen während seiner Deutschlandbesuche im Jahre 1937. Dieses Konstrukt gab einerseits Anlass zur Hoffnung, denn Adorno behauptete, dass die Menschen von der Nazi-Ideologie im Wesenskern nicht affiziert seien. Man mache mit, um sich schadlos zu halten, um seinen Anteil an der Beute zu sichern. Aber der Großteil der Menschen sei nicht fanatisiert, sondern habe ein rein technisches, zynisches Verhältnis zur nationalsozialistischen Weltanschauung. Diese

Beschreibung ergreift implizit Partei innerhalb einer Diskussion zum Verhältnis von deutschem Volk und der Nazi-Führungsriege sowie der Frage, wie mit den Deutschen nach dem Krieg zu verfahren sei. Der britische Diplomat Robert Vansittart hatte im Nationalsozialismus das deutsche Wesen in zugespitzter Reinform gesehen. Hitler sei nur ein Symptom, er sei Ausdruck des deutschen Willens und Temperaments.[1] Thomas Mann spielte darauf an, wenn er eine seiner Ansprachen an die »Deutschen Hörer« begann mit: »Es ist ein Streit in der Welt, ob man zwischen dem deutschen Volk und den Gewalten, die es heute beherrschen, eigentlich einen Unterschied machen kann, und ob Deutschland überhaupt fähig ist, sich der neuen, sozial verbesserten, auf Frieden und Gerechtigkeit gegründeten Völkerordnung, die aus diesem Kriege hervorgehen muß, ehrlich einzugliedern.«[2]

Analysen wie die von Adorno und Marcuse in dem Regierungsbericht nährten die Hoffnung auf diese Fähigkeit. Allerdings nur, weil sie den Fokus der Betrachtung weiter aufzogen. Denn in dieser Analyse ist zwar das deutsche Wesen von der Ideologie der Nazis getrennt. Aber nur weil ein größer gefasstes Wesen zum Ausdruck kommt, nämlich das des Menschen nach der Zeitenwende in der postliberalen Phase: das leere, zappelnde Individuum. In Deutschland gebe es »etwas wie Überzeugung, Eindeutigkeit, Identität der Person und von Handeln und Denken«[3] nicht mehr, schreibt Adorno.

Wie anders dagegen die Erfahrungen, die Adorno mit den Menschen in der neuen Heimat machte. Obwohl seine Stimmung denkbar schlecht war, weil Sperrstunde und Ausgangsbeschränkungen herrschten, weil er als *alien enemy* mit der Evakuierung rechnen musste, nahm er die »Humanität und Freundlichkeit« wahr, die einem beispielsweise bei der Blutspende entgegengebracht wurde. »Wie man überhaupt in der emergency hier einen wirklich demokratischen Geist von Hilfsbereitschaft und Kooperation kennen lernt, der eine große Überraschung darstellt und der wirklich etwas mit substantieller Demokratie zu tun hat.«[4]

Diese Erfahrung widersprach aber doch der Annahme, dass die faschistische und die demokratische Ausprägung des autoritären Staates strukturell identisch seien. Das leere Individuum auf der einen und die substanzielle Demokratie auf der anderen Seite – das musste doch zu einer Theorie führen, die das unterscheidbar werden ließ. Oder aber diese Theorie musste in der Konzeption von Individuum und Gesellschaft noch weiter ausgreifen – derart weit, dass beide »Moralitäten« darunterfallen konnten.

Hoher Besuch

Der Stiftungsgeber steht in der Kritik

Nun war auch der Regierungsauftrag erledigt, aber schon wieder gab es etwas, das Adorno und Horkheimer vom Beginn der gemeinsamen Arbeit abhielt. Denn Ostern 1942 bekam die kalifornische Riviera einen besonderen Besuch: Felix Weil, ohne den es das Institut nicht geben würde. Dem 1898 geborenen Weil war der Generaldirektorposten des argentinischen Weizenimperiums seines Vaters Hermann vorbestimmt. Aber er durchlebte eine für seine Generation typische Politisierung. Eine Mischung aus Begegnungen, Lektüren und nicht zuletzt die eigene Anschauung von Arbeitsverhältnissen im väterlichen Betrieb brachten ihn in die Nähe der kommunistischen Partei Russlands, für die er die Lage der Arbeiterbewegung in Argentinien eruierte. Dabei bekam er einen ersten Einblick in das Missverhältnis zwischen der Realität der Arbeiterschaft und den dogmatischen Ansprüchen des Kommunismus. Als er in den 1920er-Jahren nach Deutschland kam, traf er auf zahlreiche Bestrebungen unorthodoxer marxistischer Theoretiker, nach der gescheiterten Revolution den Marxismus auf ein neues Fundament zu stellen. Und so organisierte und finanzierte er 1923 in einem thüringischen

Bahnhofshotel eine sogenannte Erste Marxistische Arbeitswoche. Karl Korsch und Georg Lukács waren eingeladen, die mit *Marxismus und Philosophie* und *Geschichte und Klassenbewußtsein* kurz nach dem Treffen zwei für die Reformulierung marxistischer Theorie prägende Bücher schreiben würden. Karl August und Rose Wittfogel waren dabei, die später für das Institut nach China gehen würden. Richard Sorge, der bald eine atemberaubende Karriere als Geheimagent durchlaufen sollte (bis er in Japan hingerichtet wurde), und ... Friedrich Pollock.

Weils Freund Kostja (auch er war bei der Arbeitswoche dabei), der Sohn Clara Zetkins, hatte ihn wohl mit Pollock und Horkheimer in Frankfurt bekannt gemacht.[1] Gemeinsam entwickelten sie die Idee zu einer Art Verstetigung der Marxistischen Arbeitswoche, etwa einem eigenen Institut. Hermann Weil schenkte das Stiftungskapital und bekam einen Ehrendoktor. Felix, bereits vermögend durch das mütterliche Erbe, finanzierte den Bau und die Ausstattung der Bibliothek. Der Direktor des unabhängigen Instituts war zugleich Lehrstuhlinhaber der wirtschafts- und sozialwissenschaftlichen Fakultät der Universität Frankfurt. Eine überaus geschickte Konstruktion, die institutionelle Unabhängigkeit mit akademischer Anerkennung verband. Aber erst, nachdem der erste Direktor Kurt Albert Gerlach noch vor Amtsantritt überraschend verstorben war und erst, nachdem sein Nachfolger, der österreichische Wirtschaftshistoriker Carl Grünberg nach fünf Jahren Leitung 1928 einen Schlaganfall erlitten hatte, übernahm Horkheimer 1930 die Leitung des Instituts.

Als Weil sich nun, Ostern 1942, in Pacific Palisades ankündigte, war seine Stimmung depressiv. Die Lage des Instituts hatte daran bedeutenden Anteil. Auch wenn Horkheimer und Pollock aktiv darauf hinwirkten, die Mitarbeiterzahl zu reduzieren, so waren doch einige Verluste überaus schmerzlich, wie der von Erich Fromm, der 1939 das Institut im Streit verlassen hatte. Was die Außenwirkung betrifft, so hatte das Institut außer der Zeitschrift kaum etwas vorzuweisen. Die letzte gewichtige Publikation datierte aus dem Jahr 1935, der Band zum Themenkomplex Autorität und Familie. Er versammelte eine beeindruckend vielstimmige Anzahl von Forschungsberichten aus den unterschiedlichsten Disziplinen und wurde eröffnet von weit ausgreifenden allgemeinen (Horkheimer), sozialpsychologischen (Fromm) und ideengeschichtlichen (Marcuse) Essays. Aber irgendwann wurde selbst Horkheimer müde, immer wieder diesen einen Band in der Zeitschrift zu bewerben, denn das machte allzu deutlich, dass seitdem nichts mehr nachkam. Immerhin hatte wenigstens Marcuse ein Buch über Hegel fertigstellen können. Aber kein Vergleich zu dem großen Erfolg, den Fromm, nicht lange, nachdem er das Institut verlassen hatte, mit dem 1941 erschienenen *Escape from Freedom* erzielte. Und dann legte auch noch Franz Neumann mit seinem *Behemoth* eine grundlegende Analyse des Nationalsozialismus vor, die Anerkennung und Bewunderung hervorrief. Wo waren die Bücher von Adorno, Pollock und Horkheimer?

Felix Weil schrieb: »Mich überwältigt halt ab und zu eine abgrundtiefe Verzweiflung, wenn ich mir so ansehe, wie alles schief geht und wie Menschen versagen, wie wir nix erreichen und wie schließlich alles so kommt, wie wir es befürchten. Rings um uns bricht alles zusammen. [...] Du willst alle unsere Kräfte zusammen fassen, um noch das drucken zu lassen, was wir zu sagen haben. Ich habe die Hoffnung aufgegeben, daß es viel Sinn hat: gerade wenn die Bücher fertig sein werden, werden sie direkt von der Druckerei zum Scheiterhaufen gebracht werden müssen. Ich stimme Dir zu, daß man sich nicht jetzt schon niederkriegen lassen soll, aber viel Begeisterung kann ich für unsere Arbeit nicht mehr aufbringen, sie sieht mir zu sehr nach einer Konkurrenz für den seligen Sisyphus aus.«[2]

Weil meinte das bestimmt alles so, wie er es an seinen Freund Horkheimer schrieb. Aber dennoch hatte das Ausmalen der Gründe seiner Verzweiflung einen strategischen Hintergrund. Denn es gab da etwas, was zumindest seiner Ansicht nach durchaus in der Lage wäre, ihm wieder Lebensmut zuzuführen und Arbeitsfreude wiedergewinnen zu lassen: die Eheschließung mit seiner aktuellen Freundin Helen Knopping. Denn das war der eigentliche Grund für den Besuch: Weil wollte Horkheimer seine zukünftige Frau vorstellen. Horkheimer wehrte sich mit Händen und Füßen. Erstens gegen den gemeinsamen Besuch: Wie sollte man sich in der Kürze der Zeit eine Meinung über einen Menschen bilden? Außerdem hätte er Weil lieber für sich alleine in Pacific Palisades gehabt. Zweitens ganz generell gegen die Idee einer erneuten Verheiratung, denn Weils Frauengeschichten versetzten die Freunde beständig in Aufruhr, selbst Adornos erotische Träume wurden von Weils Ex-Frauen heimgesucht[3] – es gab derer bereits drei. Horkheimer schrieb seine lustigsten und verspieltesten Briefe an die erste, Käthe Hirsch, und pflegte auch mit der zweiten, Motte Weil, ein herzliches Verhältnis – sie hatte für ihn die Immobilienlage an der Westküste eruiert. Aber jetzt war das Maß für Horkheimer voll, da Weil mit seiner letzten Volte auch Pollock in Mitleidenschaft gezogen hatte. Denn als Pollock sich um die zuletzt verlassene Ex-Frau Lucille kümmern sollte, verliebte er sich in sie. Und dann trafen Weil und Pollock eine kuriose Verabredung: Weil solle so lange mit Lucille zusammenleben, bis er eine passendere Frau gefunden habe; erst dann würde er sich von ihr scheiden lassen, und Lucille könnte zu Pollock.

Doch damit nicht genug. Mit der Frau, die Weil nun gefunden zu haben glaubte, wussten die Freunde rein gar nichts anzufangen. Pollock hatte sie in New York bereits einer gründlichen Untersuchung unterzogen und Horkheimer Meldung erstattet: »Eine lower middle class Amerikanerin, offenbar gut gewachsen, mit einem Puppengesicht en face waehrend ihr Profil ueberraschend vulgaer ist.«[4] Es war nichts in Sicht, was über die erste Phase der Verliebtheit Bestand haben könnte, denn: »Was haben die beiden gemeinsam? Politische Interessen? Fehlanzeige. Wissenschaftliche? Fehlanzeige. Andere? Sie verstehen sich offenbar gut im Bett und haben fun im Theater und Kino.«

Horkheimer appelliert Weil gegenüber an die stärkste Instanz, die er aufzubieten hat: die gemeinsame Arbeit. Und er bringt das Maß an Pathos in Anschlag, das ihm zu Gebote steht. Von den nächsten Jahren hänge das Resultat ihres Lebens ab. »Gegenüber der theoretischen Aufgabe, die uns zufällt, einfach weil fast niemand anders da ist, erscheinen unsere Kräfte und Begabungen ohnehin wie eins zu unendlich. Eigentlich müßten Fritz und Du schon Ende nächsten Monats hier sein und an die Ausführungen der ökonomischen und politischen Teile gehen und wir dürften uns dann die nächsten sechs Monate Tag und Nacht um nichts anderes kümmern.«[5] Damit kam wieder Horkheimers Vision des Buches als ein Gemeinschaftsprojekt zum Ausdruck: »Es ist ja Unsinn, daß ich, wenn auch mit Teddie gemeinschaftlich, der Arbeit die notwendige Präzision und Konkretheit verleihen könnte. Sie muß mit historischem und ökonomischem Material bis zum Platzen gefüllt sein, sonst wirkt sie als Raisonnement.«[6]

Also hatte Weil aus Horkheimers Sicht gefälligst Ordnung in sein amouröses Durcheinander zu bringen, denn das zu er-

»Eine lower middle class Amerikanerin«, schrieb Pollock (rechts) über Helen Knopping (neben ihm), die aktuelle Freundin von Felix Weil (Mitte), an Horkheimer (links). Neben Horkheimer: dessen Frau Maidon.

reichende Glück bestehe »doch in unseren Zielen«,[7] und Frauen lenkten da nur ab. So dachte Horkheimer aber nicht immer schon. Es gab eine Zeit, da war das Erotische nicht Störung, sondern Glutkern für eine Theorie, die das gute, bessere Leben im Sinn hatte. Doch das war 1942 schon eine Weile her. Als Horkheimer und Pollock 1914 von ihren Vätern nach England geschickt wurden, um die für die später zu übernehmende Fabrikleitung notwendigen Erfahrungen zu sammeln, widmeten sie diese Reise zu einem Aufbruch in ein anderes Leben um – eines, das nicht unter dem Diktat des Profits steht, ein Leben, das den Menschen ins Zentrum stellt statt des schnöden Geldes. Komplizin dabei: Horkheimers entfernte Cousine Suzanne Neumeier. Das Sexuelle gehört dabei ganz selbstverständlich zu einem utopischen Entwurf, der die Grenzen zwischen Leib und Seele eben gerade nicht akzeptieren will und der die Reduktion aufs Gedankliche als bürgerlich verwirft. »Und Suze war ein Weib«, schrieb Horkheimer in der offen autobiografischen Novelle »L'île heureuse« und legte dem Weib das Folgende in den Mund: »was ich bin, gehört euch, nehmt, was ich zu geben habe, es steht ja nichts mehr zwischen uns, kein Vorurteil, keine falsche Scham«.[8] Doch die drei hielten sich nur kurze Zeit auf ihrer *île heureuse*, der glücklichen Insel ihrer Ménage-à-trois, auf. Als Suzannes Eltern davon erfuhren, setzten sie alle bürgerlichen Zwangsmittel, die ihnen zur Verfügung standen, in Bewegung, es kam zu dramatischen Szenen, die Lebensutopie wurde polizeilich beendet.

Horkheimer konnte dieses Scheitern nicht anders denn als Verrat erzählen, er gab Suzanne die Schuld, als habe die sich zu rasch wieder in die repressive Gesellschaft gefügt. Und dieser Verrat machte Epoche in Horkheimers Leben, von jetzt an war für ihn Erotik als revolutionierende Kraft von seiner Lebenswelt entkoppelt und wurde stattdessen komplett in Theorie investiert.

Horkheimers Beziehung und Heirat mit der Maidon genannten Rose Riekher, der Sekretärin seines Vaters, war ein rebellischer Akt, weil sie als »Heirat nach unten« den konventionellen Ambitionen des Großbürgerhaushalts nicht entsprach. Seine Liebesbriefe sind schwärmerisch im Ton, haben aber über weite Strecken lediglich die Verpflichtung zu einem ausgeklügelten Lektüreprogramm und zu seiner Unterstützung bei der ihm gestellten großen Aufgabe zum Inhalt. Und die Bordellbesuche, von denen sich Horkheimer und Adorno im Briefwechsel immer mal wieder Notiz geben, waren nicht etwa eine Befeierung nicht bürgerlicher Sexualität oder dergleichen, sondern: Bordellbesuche.

Die Utopie erotischer Entfesselung wurde von Horkheimer auf das dialektische Denken verlegt. Für ihn war das Ideal der dialektischen Erkenntnisarbeit eine offene Begegnung, ein voraussetzungsloses Sich-aneinander-Abarbeiten, eine lustbesetzte, Lust erzeugende Arbeit. »Diese Struktur ist demjenigen zugänglich«, schreibt Horkheimer, »der die Anstrengung des dialektischen Denkens auf sich nimmt oder, damit identisch, der des Eros fähig ist.«[9]

Dieser Eros ist das heimliche Zentrum der *Dialektik der Aufklärung.* Er ist das Ideal, an dem der Zustand der gesellschaftlichen Emanzipation ablesbar wird: inwieweit sich die Menschen der Begegnung mit Dingen und anderen Menschen aussetzen. Inwieweit sie zu einer Erfahrung fähig sind. Und zwar *wirklich* fähig, sodass sie sich von ihr ändern lassen, dadurch veränderbar auf die andern wirken und so weiter. Das ist es, was Adorno und Horkheimer als freie Spontanität bezeichnen und woran sich jegliche Haltung zur Umwelt und zu den Mitmenschen messen lassen muss.

Horkheimer und Adorno sind Philosophen durch und durch, wie sehr sie auch empirische Sozialforschung inspirieren und sich von ihr inspirieren lassen. Der philosophische Bezugspunkt, von dem sie gemeinsam ausgehen können, um Formen der Vergesellschaftung und Sozialisierung zu diskutieren, ist die kantische Philosophie. Horkheimer hatte seine Habilitation darüber verfasst, auf welche Weise die dritte Kantische Kritik, die *Kritik der Urteilskraft*, als Bindeglied zwischen den ersten beiden Kritiken, der *Kritik der reinen Vernunft* und der *Kritik der praktischen Vernunft,* fungiert; inwieweit also Kants Ästhetik zwischen der Erkenntniskritik und der Moralphilosophie vermittelt. Adorno hatte gemeinsam mit seinem Freund und Mentor Kracauer Kants *Kritik der reinen Vernunft* gegen den Strich gelesen: »Nicht im leisesten übertreibe ich, wenn ich sage, daß ich dieser Lektüre mehr verdanke als meinen akademischen Lehrern. Pädagogisch ausnehmend begabt, hat er mir Kant zum Sprechen gebracht. Von Anbeginn erfuhr ich, unter seiner Anleitung, das Werk nicht als eine bloße Erkenntnistheorie, als Analyse der Bedingungen wissenschaftlich gültiger Urteile, sondern als eine Art chiffrierter Schrift, aus der der geschichtliche Stand des Geistes herauszulesen war, mit der vagen Erwartung, daß dabei etwas von der Wahrheit selber zu gewinnen sei.«[10]

Einen Abschnitt der *Kritik der reinen Vernunft* nimmt Adorno aber beim Wort und weiß Horkheimer dabei als Komplizen. Es ist eine Passage, in der sich die Möglichkeit, Erfahrungen zu machen, erst herausbildet. Sie wird jedes Kapitel der *Dialektik der Aufklärung* als normatives Zentrum durchwirken. In dieser Passage, im Abschnitt »Von dem Schematismus der reinen Verstandesbegriffe«, versucht Kant, das Rätsel zu lösen, wie es zu einer Verbindung von Außenwelt und Subjekt kommen kann. Denn Kants kritische Unternehmung besteht ja gerade darin aufzuzeigen, dass das Subjekt von den Dingen an sich nichts wissen kann und alle Modi der Wahrnehmung oder Erkenntnis dieser Außenwelt nur aus sich selbst heraus entwickelt. Wie aber gelingt dann überhaupt irgendeine Form des Weltbezugs oder der Interaktion? Für Horkheimer und Adorno ist das allein als zärtliches Wechselspiel zwischen dem Subjekt und dessen Gegenüber möglich. »Zwischen dem wahrhaften Gegenstand und dem unbezweifelbaren Sinnesdatum, zwischen innen und außen, klafft ein Abgrund, den das Subjekt, auf eigene Gefahr, überbrücken muß«,[11] wird es in der *Dialektik der Aufklärung* heißen. Das Subjekt überbrückt diesen Abgrund, indem es der Außenwelt mehr zurückgibt, als es von ihr erhält, und dadurch erst zur Persönlichkeit mit einem eigenständigen Innenleben wird: »Das Subjekt schafft die Welt außer ihm noch einmal aus den Spuren, die sie in seinen Sinnen zurückläßt.«[12] Ja, Adorno und Horkheimer behaupten, dass in »nichts anderem als in der Zartheit und dem Reichtum der äußeren Wahrnehmungswelt [...] die innere Tiefe des Subjekts«[13] bestehe.

Die Arbeit an diesem dialektischen Eros ist anspruchsvoll genug. Da lenkt die lebensweltliche Erotik nur ab. Nach dem Besuch von Felix Weil und Helen Knopping war Horkheimer klar, dass er die Heirat nicht würde verhindern können. Er fügte sich. Und schrieb Weil, als der wieder abgereist war: »Dein Glück hängt, wie ich glaube, mindestens so sehr davon ab, daß Du an einer regelmäßigen und in unserem Sinne bedeutungsvollen Arbeit teilnimmst. Daß dies nicht verwirklicht wurde, war meiner Überzeugung nach mit ein Grund für das Scheitern Deiner früheren Ehen. Ich hoffe, daß die Zusammenarbeit, wie wir sie nun vorhaben, dazu beiträgt, einen Zustand herzustellen, der Dich am Ende so glücklich macht, wie man es in der heutigen Zeit eben sein kann.«[14]

Angst essen Aufklärung auf

Oder wie man ein philosophisches Grundlagenwerk anfängt

Im Februar war der Essay »Vernunft und Selbstbehauptung« abgeschlossen, im März der Regierungsbericht absolviert und nach Ostern auch der Besuch von Weil über die Bühne gebracht. Nun stand der gemeinsamen Arbeit endlich nichts mehr im Wege. Aber wie sollte die nun eigentlich genau aussehen?

Die Idee der Grundlegung einer zeitgemäßen dialektischen Theorie gab es seit geraumer Zeit. Schon 1931 schrieb Adorno, der damals noch kein offizieller Mitarbeiter des Instituts war, an Kracauer, dass er »gemeinsam mit Horkheimer an einem Entwurf zur Theorie der Dialektik«[1] arbeite. Bald nachdem ihn Horkheimer brieflich aus Oxford zur Mitarbeit zurückgerufen hatte und Adorno diesem Ruf enthusiastisch gefolgt war, sprach Adorno 1936 von »unserer großen Arbeit«.[2] Im Gegensatz zu Horkheimer, der sich verschiedenste personelle Konstellationen beim Verfassen des grundlegenden Buches immer offenhielt, verfolgte Adorno diesen Plan ab da mit großer Beharrlichkeit und hatte lange Zeit dazu sehr klare Vorstellungen. Nicht nur, dass das Werk idealiter an einem Rückzugsort in Südfrankreich erarbeitet werden sollte (Riviera!),[3] sondern auch was die inhaltliche und methodische Ausrichtung betraf.

Grundlagenphilosophie im klassischen Sinne durfte es nicht sein, denn mit der Annahme irgendeines unverbrüchlichen Wesenskerns des Menschen, des Seins, der Dinge, der Geschichte wäre schon der erste Schritt ein willkürlicher und somit ein ideologischer. Also muss man mit etwas beginnen, was bereits da ist. Das wird dann kritisch auf seine Widersprüchlichkeit hin überprüft und in der Entfaltung dieser Widersprüche über sich hinausgetrieben. Die klassische Denkbewegung der Dialektik, wie sie Hegel entfaltet hat. Negation dessen, was man vorfindet. Aber eben »bestimmte Negation«. Das heißt, das vorgefundene Phänomen wird nicht einfach nihilistisch verworfen, sondern seinem durch die Widersprüchlichkeit behinderten Potenzial wird zur Geltung verholfen. So wie der Traum des Kierkegaard'schen Privatiers nicht einfach abgeschafft werden sollte, sondern durch die Entzifferung seiner ideologischen Bilder verwirklicht.

Wo aber soll diese Arbeit der bestimmten Negation beginnen, an welchen Phänomenen setzt man als Erstes an? Gleich nachdem Adorno nach New York gekommen war, hatten er und Horkheimer sich die Abendstunden freigeschaufelt. Das konnte noch nicht der Beginn der eigentlichen Arbeit sein, aber so war es möglich, wenigstens schon einmal deren Grundpfeiler einzuschlagen.[4] Die bestimmte Negation sollte sich in diesen Gesprächen an der Kritik zweier aktueller Theorieformationen bewähren, dem Positivismus und der Psychoanalyse. Aber diese Diskussion springt sofort ins Grundsätzliche. Denn um die Widersprüchlichkeit, in der sich der Positivismus verfängt, aufzuzeigen, muss man sich darüber verständigen, was Akte des Bewusstseins oder der Erkenntnis sein sollen, wenn sie denn andere sein sollen als die vom Positivismus beschriebenen. Ebenso bei der Psychoanalyse: Wenn deren Bild vom Individuum ein ideologisches ist, dann muss man sich über die Herkunft dieser Ideologie Rechenschaft ablegen. Deswegen treibt es die Diskutanten immer wieder zur Frage hin, wann das Individuum überhaupt entsteht, wann es eine Form von einheitlichem Bewusstsein ausbildet. »Im folgenden improvisiert T[eddie] eine geschichtsphilosophische Theorie des Individuum selber«,[5] heißt es beispielsweise an einer Stelle im Gesprächsprotokoll. Und dann greift Adorno weit aus in dieser Improvisation, reflektiert über die Geschichte von Ödipus, der auf das Rätsel der Sphinx, was am Morgen vierfüßig, am Mittag zweifüßig, am Abend dreifüßig sei, mit »der Mensch« antwortete: als Kleinkind auf allen vieren und als Greis mit Stock als drittem Fuß. Auf diese Weise konstituiert er laut Adorno die »Identität des Menschen gegen die Disparatheit seiner Lebensalter«,[6] damit erst wird das Individuum zu einer Einheit, das ansonsten in die Unterschiedlichkeit seiner verschiedenen Entwicklungsstadien zerfällt.

Dieser Rückgriff auf eine mythische Erzählung ist mehr als der bildungsbürgerlich informierte Höhepunkt einer Diskussionsimprovisation. Ödipus ist keine Metapher. Adorno verortet die Entstehung des Individuums genau an dem geschichtlichen Moment, da der Niedergang der mythischen Zeit so etwas wie Geschichte erst ermöglicht. Die »Schwelle des Mythos zum historischen Zeitalter« wird durch Übergangsmythen wie dem von Ödipus markiert, das heißt Mythen, die vom Ende des Mythos erzählen. Sobald Ödipus das Rätsel gelöst hat, geht die Sphinx unter.

Horkheimer hatte 1939 einer solchen extremen Ausweitung der Frage nach dem bürgerlichen Individuum skeptisch gegenübergestanden. Er wollte die Frühgeschichte des bürgerlichen Individuums historisch nüchterner festsetzen: Hobbes, Hume und Kant waren für ihn die Gewährstheoretiker, an denen die bürgerlichen Antinomien klar zu fassen seien, ganz einfach deshalb, weil sie da »zuerst ins Leben«[7] getreten sind. Zu den Diskussionen an der Westküste 1942 bringt er denn auch ein Notizheft mit, das auf der ersten Seite jenes lange Zitat aus dem 16. Jahrhundert enthält, in dem Francis Bacon Wissen mit Naturbeherrschung verknüpft und mit dem der erste Essay der *Dialektik der Aufklärung*, »Begriff der Aufklärung«, fast beginnt.[8] Aber 1939 riss es ihn zu dem Ausruf hin: »Man realisiert sich nur als Angst«[9] – ein Ausruf, der sich in den folgenden Diskussionsterminen zu einer Geschichtsphilosophie der Angst formte und die konkret historische Verortung des Beginns der bürgerlichen Theorie durch eine spekulative Urszene der Individuation unterlief: »der Augenblick, wo das Individuum sich durch seine Absetzung gegen das Ganze konstituiert, sei identisch mit der ersten Erfahrung der Angst«.[10] Das ist eine der schillernden Ambivalenzen, die die *Dialektik der Aufklärung* durchziehen wird: die Gleichzeitigkeit von historischer Analyse und geschichtsphilosophischer Fantasie, von Aufklärung im historisch definierten und im »umfassendsten Sinn«, von de Sade und Odysseus.

Im ersten Abschnitt der *Dialektik der Aufklärung*, an dem Horkheimer und Adorno im Mai 1942 zu arbeiten begannen, wird dieses Oszillieren meist zugunsten der Geschichtsphilosophie beruhigt. Horkheimer beginnt zwar mit dem Bacon-Zitat und entfaltet von dort aus die inzwischen eingeübte Kritik an einer Vernunft, die lediglich zu Herrschaftszwecken dient: »Die glückliche Ehe zwischen dem menschlichen Verstand und der Natur der Dinge, die er im Sinne hat, ist patriarchal: der

Verstand, der den Aberglauben besiegt, soll über die entzauberte Natur gebieten. Das Wissen, das Macht ist, kennt keine Schranken, weder in der Versklavung der Kreatur noch in der Willfährigkeit gegen die Herren der Welt.«[11] Aber dann wird diese Ebene der Argumentation gleichsam eingesogen von der Konzeption einer Urgeschichte der Vernunft. Und anstatt im 16. Jahrhundert mit seinen von Bacon gelobten Druckerpressen, Kanonen und Kompassen befindet man sich in der menschlichen Frühgeschichte, wo das Bewusstsein, das zu solchen Erfindungen fähig ist, erst entsteht. »Die vorsokratischen Kosmologien halten den Augenblick des Übergangs fest. Die Feuchte, das Ungeschiedene, die Luft, das Feuer, die dort als Urstoff der Natur angesprochen werden, sind gerade erst rationalisierte Niederschläge der mythischen Anschauung.«[12]

Und schließlich gehen die Autoren noch einen weiteren Schritt zurück, noch vor die Phase der mythischen Dämonen, und landen wieder an dem spekulativ geschichtlichen Moment, der Horkheimer 1939 zu dem »Angst«-Einwurf verleitet hatte. Das Individuum konstituiert sich durch die Absetzung gegen das Ganze, zu dem es gerade noch, vor dieser Absetzung, gehörte. Es entsteht, indem es alles, was es nicht selbst ist, als das Außerhalb seiner selbst konstruiert. Und genau genommen entsteht es erst dann, wenn es dieses Außerhalb auch als Gegensatz des entstehenden »Eigenen« wahrnimmt, als Fremdes, als Nicht-Ich. Und vor dieser Außenwelt erschaudert, weil die dann alles das umfasst, was nicht zu einem selbst gehört. In einem früheren Entwurf des Kapitels heißt es: »Das Unbekannte wird schreckhaft [im Sinne von: löst Schrecken aus, MM] als ein in seiner Differenz vom Bekannten erst Reflektiertes, als Resultat einer Trennung.«[13]

In diesem ersten Erschrecken liegt in der Konstruktion von

Horkheimer und Adorno alle Unbill der Zivilisation begründet, die mit ebendiesem Schrecken beginnt. Denn der Schrecken führt zu dem Reflex, das, was ihn auslöst, zu bekämpfen. Die Außenwelt muss beherrscht werden, sie darf über keinerlei eigene Qualitäten verfügen, über nichts, was ihr nicht vom Individuum zugeteilt wird. So verstanden, ist jede Arbeit am Außerhalb, auch die Erkenntnisarbeit, von Beginn an mit Herrschaft und Unterdrückung verknüpft: »Aufklärung ist die radikal gewordene, mythische Angst«,[14] schreiben Adorno und Horkheimer. Und im ersten Kapitel der *Dialektik der Aufklärung* entwerfen sie entlang der verschiedenen Etappen, an denen versucht wird, diese Angst einzudämmen, den Verlauf der Aufklärung: Zunächst wird die Übermacht der Natur als das Wirken von Dämonen »erklärt«; Magie wird zum Instrument der Beherrschung, später hierarchisiert die Religion das wilde mythische Denken. Und im weiteren Lauf der Zivilisation werden selbst Begriffe wie Gerechtigkeit, Liebe oder Solidarität der Irrationalität verdächtigt werden. Die »reine Immanenz des Positivismus, ihr [der Aufklärung] letztes Produkt, ist nichts anderes als ein gleichsam universales Tabu. Es darf überhaupt nichts mehr draußen sein, weil die bloße Vorstellung des Draußen die eigentliche Quelle der Angst ist«,[15] heißt es in der *Dialektik der Aufklärung*.

Von der Diagnose dieser Urszene aus wäre die Kur doch eigentlich leicht zu bestimmen: Wenn alles von dem ersten Schrecken kommt, ließe sich dann nicht eine Haltung finden, die den Schrecken zumindest abmildert? Innerhalb dieses Konstrukts von Menschheitsgeschichte ist die Urszene natürlich nicht mehr veränderbar. Aber Horkheimer und Adorno schließen Menschheits- und Individualgeschichte immer wieder kurz, sodass sich dieser Urschrecken bei der Bewusstseinswerdung jedes einzelnen Menschen wiederholt. Könnte man an dieser Stelle nicht eingreifen? Einhalt gebieten lasse sich dieser Art von Aufklärung, indem »das Unbekannte und Transzendente gereinigt wird von dem Schauer der Angst«, heißt es in einem Entwurf des Kapitels. Man müsste also die Bedingungen, unter denen die Menschen aufwachsen, so gestalten, dass die Begegnung mit dem Fremden – also allem, was man nicht selber ist – keine Furcht einflößende ist. Adorno und Horkheimer benennen, was dafür nötig wäre: »Das ist eigentlich unsere Aufgabe. Sie läßt sich aber in Angriff nehmen nur durch Beseitigung des Antagonismus zwischen Mensch und Natur, in dem erst diese Angst gründet.«[16]

Gestatten: Archibald Stumpfnase Kant v. Bauchschleifer

Was alles so im Schoße der Natur schlummert

Es wird geknuddelt, geknutschelt, gepufft, getrötet. Es werden Rüssel gehoben, Hautschichten aneinander gerieben, im Schlamm gewälzt, es werden Lämmer gegeiert. Adorno macht nicht nur aus dem Briefwechsel mit seinen Eltern ein skurriles Bestiarium, indem er sich, Gretel und die Eltern mit knuffigen Tiernamen beschenkt. Dass beispielsweise Mutter Adorno zur Wundernilstute Marinumba und der Vater zum einzig lebenden Hauerwatz wird, mag man noch unter familiärer Intimität verbuchen. Aber auch Horkheimer, der das erfreut annimmt, wird in den Zoo eingemeindet. Adorno und Gretel reden Horkheimer mit Vornamen an, seit er 1937 ihr Trauzeuge war. Aber lange bevor sie sich duzen (erst ab Ende 1959), verkehren Adorno, alias Nilpferdkönig Archibald Stumpfnase Kant v. Bauchschleifer, und die Giraffe, wahlweise Gazelle, Gretel mit dem Mammut Max.

Ist das ein Hinweis darauf, wie der Antagonismus von Mensch und Natur aufzulösen wäre? Als fröhliche Regression, als Selbsteingemeindung unter die Kreatur? Der Nilpferdkönig hat auf jeden Fall schon mal ein »panhumanistisches Manifest« verfasst und arbeitet seit Jahren an seinem Hauptwerk, wie er dem Mammut schreibt: »Es heißt ›die Nilpferdpeitsche‹ und ist die theoretische Grundlegung einer menschlichen Gesellschaft, die die Tiere einschließt.«[1] 1946 werden Adorno und Horkheimer dem Regisseur Fritz Lang ein weiteres skurriles Manifest übergeben: die »Unabhängigkeitserklärung der Hunde«. Nach dem Maßstab der höchsten Ideale gelte der Satz, dass alle Tiere Menschen seien, heißt es darin. Und weil die Menschen an diesem Ideal so kläglich scheitern, deklarieren die Hunde: »An das öffentliche Gewissen aller Kreaturen, von den Übermenschen bis zu den Bakterien uns wendend, sind wir zur Erkenntnis gekommen, daß es so nicht länger weiter gehen kann und erklären daher als menschengleiche Art unsere Unabhängigkeit von der entarteten Menschheit.«[2] Fritz Lang als exzeptioneller Hundefreund sollte das einzige Verbindungsglied bleiben zwischen Hunde- und Menschheit.

Und diese lustigen Tiere würden dann in einer Welt leben, in der vier Monde nachts leuchten, in der das Meerwasser nicht mehr salzig schmeckt und die Raubtiere gute Freunde sind. Diese Welt zeichnet Walter Benjamin in seinen geschichtsphilosophischen Thesen, sie ist ein Zitat aus den präzisen Fantasien des Sozialutopisten Charles Fourier. Benjamin polemisiert mit ihnen gegen den Naturbegriff des Vulgärmarxismus: dass Natur einfach »gratis da« sei, bloßer Stoff zur Bearbeitung; dass, wenn man die Natur nur gehörig ausbeute, die Ausbeutung des Proletariers abgeschafft werden könnte. Benjamin setzt dem eine andere Form von Arbeit entgegen, »die, weit entfernt die Natur auszubeuten, von den Schöpfungen sie zu entbinden imstande ist, die als mögliche in ihrem Schoße schlummern«.[3]

»Der Dank aller Hundeheit bis in die Ära der allgemeinen Mondlandung ist ihm gewiß«, heißt es über den Regisseur Fritz Lang in der »Unabhängigkeitserklärung der Hunde«. Neben ihm: Theodor W. Adorno und Lily Latté.

Horkheimer hätte das bedingungslos unterschreiben können. Der Umgang mit Natur, als wäre sie für den Menschen einfach gratis verfügbar, machte ihn fuchsteufelswild, und der Spaß der »Unabhängigkeitserklärung der Hunde« war ihm bitterer Ernst. Im März 1945 schrieb er an einen Kongressabgeordneten, um einen Gesetzesentwurf zu unterstützen, der Eingriffe zu Forschungszwecken an lebenden Hunden verbieten sollte. Als Begründung dafür gab er die Kurzversion der *Dialektik der Aufklä-*

rung: »Ich bin überzeugt, daß die unsäglichen Verbrechen, die auf Befehl despotischer Cliquen in Europa begangen wurden, auf Erziehungsmängel im weitesten Sinne zurückgingen. Einer dieser Mängel ist die Tendenz moderner Gesellschaften, Menschen durch ihre Ausbildung fühllos gegen die Natur und speziell gegen die uns ausgelieferten Geschöpfe zu machen. Vivisektion an Tieren ist ein schreckliches Symptom für unsere Unfähigkeit, die technischen Mittel der Selbsterhaltung auf die Zwecke abzustimmen, denen sie dienen sollen.«[4] Und diese Unfähigkeit laufe auf eine komplette Hemmungslosigkeit in der Ausbeutung der Natur wie auch des Menschen hinaus: »Die Todeslager in Polen und anderswo, in denen die gängige Wissenschaft ohne jede moralische Verantwortung ihre Orgien feierte, sind nur die logische Konsequenz, in der die einzelnen Stränge der Wahnsinnsforschung zusammenlaufen.«

Mit diesem Versuch, die Natur aus dem ausbeutenden Zugriff einer fortschrittsgläubigen Gesellschaft zu befreien, sind Benjamin und Horkheimer hochaktuell auch für unsere Zeit. Natur als einen »lebenden Organismus, in dem alles miteinander verbunden ist«, zu verstehen, das Staunen über die Verflochtenheit ökologischer Systeme wie in der Kommunikation von Bäumen – könnte dieses Bild von Natur als solidarisches, unhierarchisches Miteinander vielleicht sogar Vorbildfunktion für menschliche Gemeinschaften haben? Wenn wir nur einsehen würden, dass der Mensch eben auch Natur ist und die Zerstörung natürlicher Ressourcen und funktionierender ökologischer Systeme genau daher kommt: dass der Mensch sich herausnimmt, mehr zu sein als Natur?

Für Adorno war diese Vorstellung der pure Schrecken. Die Verschlungenheit von allem mit jedem war für ihn die exakte Definition von schlechter Totalität. Natur umschwirrt den

Glückliche Bauchschleifer on the road. Gretel und Theodor W. Adorno nutzten die Rückseite dieses Titelblatts für einen Brief an Adornos Eltern.

Zeitgenossen der ersten Hälfte des 20. Jahrhunderts als Ideologie. Natur wurde für Adorno zum »Zusammenhang, aus dem es kein Entrinnen gibt«.[5] In einem Entwurf für lohnende Forschungsprojekte schreibt er: »Es wäre in diesem Zusammenhang von größter Wichtigkeit, Phänomene [...] wie [die] Jagd, in der Naturanbetung und Gewalt gleichermaßen enthalten sind, Naturheilverfahren, ›Wandern‹, vor allem aber das menschliche Ideal der Natürlichkeit zu analysieren. [...] Man darf sicher sein, daß wo immer von einem Menschen dessen besondere Natürlichkeit gerühmt wird, sowohl der Belobte wie der Lobende Schurken sind.«[6] Am Ende von Charlie Chaplins *Der große Diktator* fand Adorno nicht das Pathos der Freiheitsrede am problematischsten. Sondern dass dabei die Ährenfelder wogen: »Sie gleichen der blonden Haarsträhne des deutschen Mädels, dessen Lagerleben im Sommerwind von der Ufa photographiert wird. Natur wird dadurch, daß der gesellschaftliche Herrschaftsmechanismus sie als heilsamen Gegensatz zur Gesellschaft erfaßt, in die unheilbare gerade hineingezogen und verschachert. Die bildliche Beteuerung, daß die Bäume grün sind, der Himmel blau und die Wolken ziehen, macht sie schon zu Kryptogrammen für Fabrikschornsteine und Gasolinstationen«,[7] heißt es in der *Dialektik der Aufklärung.*

Adornos Traum galt vielmehr der Geste, mit der Natur überwunden wird. Auf einen der vielen Zettel, die Horkheimer und Adorno als Hilfsmittel für ihre Diskussionen in Brentwood benutzt haben, ist Folgendes gekritzelt: »Der Geist ist von Natur nicht abzulösen, er existiert als [...] sich reflektierende Natur. In dieser Reflexion, in der Natur als ein Relatives aufgeht, als etwas, das nicht eins und alles ist, in diesem Wissen von der Differenz, das jede Einsicht aus der blossen Wiederholung ihres Gegenstandes zur Einsicht macht, besteht der Geist.«[8] Natur darf nicht in dem Zustand bloßer Natur verbleiben, denn sie ist nur der »Zwang und die Gewalt, die allen Wesen angetan wird«.[9] Selbst in Adornos Privat-Zoo kann die Gewalt ganz unvermittelt ausbrechen. Dem von einer Krankheit genesenen Vater wird dann zugerufen, was er mit seiner wiedergewonnenen Kraft anstellen könne, nämlich die unliebsame Verwandtschaft metzeln: »Möge er bald mit mächtigen Hauern, und Wildgebrüll, der Brut den Leib aufschlitzen (noch die *letzten* Verwandten, in England, werden ihm geopfert!), seinem Kind zur Freude!«[10] Die *ersten* Verwandten standen dafür nicht mehr zur Verfügung, denn die hatte Adorno als exquisit zubereitete Happen bereits dem Hund Ali Baba versprochen, den Gretel und er eine Zeit lang zur Pflege und an dem sie einen veritablen Narren gefressen hatten. Wollte man auch nur ein halbwegs kreaturwürdiges Leben führen, musste man diesen Naturzustand schleunigst verlassen.

Die Urgeste, dass Natur in der Reflexion auf sich selbst zu mehr als Natur wird, wäre dann die erste Regung dessen, was die Autoren aus ihrer Kant-Lektüre heraus als Zärtlichkeit zwischen Ich und Umwelt verstanden wissen wollten. »Das Unbekannte vom Schauer der Angst« zu reinigen – wenn das gelänge, würde der Wille zur Beherrschung des Unbekannten, der aus ebendieser Angst rührt, gar nicht erst entstehen. Zu dem Zeitpunkt, an dem die Autoren dies schreiben, scheinen sie sich – und der Menschheit – das noch zuzutrauen. In den nächsten Bearbeitungsschritten aber wird der Passus gestrichen. Geist scheint dann ohne Naturbeherrschung nicht zu haben zu sein.[11] Dann aber führt der Weg nicht zur Natur zurück, sondern mit dem Geist über sie hinaus. Erst von dem »Entronnensein« aus, wie es in der *Dialektik der Aufklärung* heißt, kann Natur dann wieder als utopischer Fluchtpunkt, als das Andere des Geistes relevant werden.

Und so sind denn auch alle Naturbilder Adornos außerhalb der privaten Tierverniedlichung melancholisch, weil eben der Schritt, der aus der Natur herausführen würde, fehlt. Die amerikanische Landschaft zum Beispiel wirkt in den *Minima Moralia* so, als wäre ihr niemand übers Haar gefahren: »Sie ist ungetröstet und trostlos.«[12] Nichts »sei so ausdrucksvoll wie die Augen von Tieren«, wird Adorno in der *Ästhetischen Theorie* schreiben – aber nur deswegen, weil sie »objektiv darüber zu trauern scheinen, daß sie keine Menschen sind.«[13]

Atome atomisiert

Brecht, Adorno und Horkheimer drücken die Vorlesungsbank

Auf Natur ist in der ersten Hälfte des 20. Jahrhunderts ohnehin kein Verlass mehr. Relativitäts- und Quantentheorie haben das traditionelle Weltbild erschüttert, Raum und Zeit sind keine stabilen Größen mehr, und auch auf der Mikroebene gibt es nur mehr ständige Bewegung kleiner Teilchen statt solider Grundelemente. Was der Mensch in seiner Lebenswelt wahrnimmt, womit er in seinem Alltag umgeht, das entspricht nicht der wirklichen Beschaffenheit der Welt. Die »Erkenntnis, daß die alten Grundbegriffe der Naturwissenschaft nur für mittlere Größenbereiche anwendbar sind, ist die kopernikanische Wendung unserer Zeit«,[1] stellte der Physiker Hans Reichenbach in der Einleitung zu seinen Rundfunksendungen »Atom und Kosmos« der 1930er-Jahre fest. Darin versuchte er, das neuartige Weltbild, das sich aus den bahnbrechenden Erkenntnissen der Naturwissenschaften ergab, einem Laienpublikum verständlich zu machen. Horkheimer und Adorno kannten Reichenbach aus Frankfurter Tagen, das Institut hatte ihn zu einem Vortrag über Probleme der Naturphilosophie eingeladen. 1933 emigrierte er in die Türkei, in Istanbul erhielt er eine Professur und Post von

Adorno, der die Möglichkeiten eruieren wollte, dort ebenfalls an der Universität unterzukommen. 1938 ging Reichenbach an die Westküste, lehrte an der University of California in Los Angeles, lobte Brecht für die wissenschaftlich solide Darstellung seines Galileo und hörte mit Horkheimer die *fireside chats* von Roosevelt.

Im März 1942 besuchten Adorno und Horkheimer mit Brecht eine Vorlesung Reichenbachs zum Determinismus, deren Inhalt sie umtrieb,[2] weil sie die zerstörerische Tendenz, die sie der Aufklärung unterstellen, klar zum Ausdruck brachte. Aufklärung unterzieht jedes Erkenntnisinstrument einer Prüfung, ob es noch Restbestände von Aberglauben oder metaphysischer Spekulation mitschleppt. Die Bastion, die nun zu fallen drohte: das Kausalgesetz. Eigentlich scheint es doch außerhalb jeder Diskussion zu liegen, dass nun mal gewisse Dinge auf gewisse Phänomene zwangsläufig folgen – was gestoßen wird, das fällt, was gezündet wird, das explodiert. Doch Erwin Schrödinger, einer der Begründer der Quantenmechanik, dessen berühmt gewordenes Gedankenexperiment mit Gift, radioaktiver Substanz und einer Katze seinen Namen trägt, hatte bereits 1921 verkündet: »Die physikalische Forschung hat in den letzten 4-5 Jahrzehnten klipp und klar bewiesen, daß zum mindesten für die erdrückende Mehrzahl der Erscheinungsabläufe, deren Regelmäßigkeit und Beständigkeit zur Aufstellung des Postulates der allgemeinen Kausalität geführt haben, die gemeinsame Wurzel der beobachteten strengen Gesetzmäßigkeit – der *Zufall* ist.«[3] Dass etwas, das gestoßen wird, trotzdem fällt, hat allein damit zu tun, dass die sehr große Zahl von zufälligen, nicht vorhersehbaren Einzelbewegungen auf der molekularen Ebene, statistisch gesehen, zu immer demselben Ergebnis führt. »Eine rein *statistische Gesetzmäßigkeit*, die auch dann vorhanden wäre, wenn der Verlauf jedes einzelnen molekularen Prozesses durch Würfeln, Roulettespiel, Ziehen aus der Urne entschieden würde.«[4] Und Schrödinger gerierte sich als typischer Aufklärer im Sinne Horkheimers und Adornos, wenn er feststellte, dass das übliche Denkmodell zwar für die lebensweltliche Praxis tauglich sei, ihn aber die Annahme eines »dunklen, ewig unverstandenen Machtgebotes, eines rätselvollen ›Müssens‹«, das hinter der Konzeption eines Kausalgesetzes steckt, zu sehr an die Verdopplung der *Naturobjekte* durch den Animismus«[5] erinnere.

Was Reichenbach ihnen da referierte, war für Horkheimer und Adorno der Gipfelpunkt einer Aufklärung, die vor nichts haltmacht, eine der aktuellen Ausprägungen des universalen Tabus, das der Positivismus in ihren Augen errichtete. Reichenbach zählte sich zu den sogenannten Logischen Empiristen, die versuchten, nach dem Vorbild der Mathematik exakte Kriterien für Erkenntnisprozesse festzusetzen. Also genau das, wogegen Adorno und Horkheimer in der *Dialektik der Aufklärung* anrennen: das Entqualifizieren der Außenwelt, das Abschneiden von allem, was sich nicht in das Kriteriensystem des Wissenschaftlers einfügen lässt: »Wenn im mathematischen Verfahren das Unbekannte zum Unbekannten einer Gleichung wird, ist es damit zum Altbekannten gestempelt, ehe noch ein Wert eingesetzt ist. Natur ist, vor und nach der Quantentheorie, das mathematisch zu Erfassende; selbst was nicht eingeht, Unauflöslichkeit und Irrationalität, wird von mathematischen Theoremen umstellt. In der vorwegnehmenden Identifikation der zu Ende gedachten mathematisierten Welt mit der Wahrheit meint Aufklärung vor der Rückkehr des Mythischen sicher zu sein.«[6] So klingt das in der *Dialektik der Aufklärung*. Und so, wenn es der naturwissenschaftliche Aufklärer Hans Reichenbach erzählt: »Vielleicht gibt es keine größere Revolution in der

Geschichte der Menschheit als diesen allmählichen Übergang von der Götternatur der Primitiven über die metaphysische Natur der Philosophen bis zu der nüchternen Natur der heutigen Physik, in der es nur noch Tatsachen und begriffliche Zusammenhänge zwischen Tatsachen gibt.«[7]

Horkheimer wollte kein Konzept von Wissenschaft akzeptieren, die sich mit der – wie auch immer brillanten – Analyse des Bestehenden zufriedengibt. Denn in seinen Augen bedingte das den Verzicht auf jegliche Möglichkeit der Veränderung dieses Bestehenden. »[N]icht allein Feststellungen über vorhandene Sachen, sondern ebenso sehr die aktive, aus dem Innern wirkende Subjektivität mit ihren Strebungen und Ideen«[8] war Horkheimers Ideal, und dazu führte er wieder das Kapitel über den Schematismus aus Kants *Kritik der reinen Vernunft* ins Feld.[9] Der Positivismus dagegen habe nicht nur keinen Begriff für gesellschaftliche Veränderung, ihm fehle auch jegliche Möglichkeit, den Zustand der Gesellschaft, der er das Material für seine Analysen entnimmt, zu beurteilen. In seiner großen Polemik gegen den Positivismus in der Institutszeitschrift malt Horkheimer drastische Bilder, um die Folgen dieser Bescheidung deutlich zu machen. Man denke sich ein Gefängnis aus einem einzigen großen Raum mit mehreren Hundert Eingesperrten. Für den einzelnen Insassen gibt es eine Art berechnende Vernunft, die es ihm ermöglicht, einigermaßen zu überleben, sich gegenüber seinen Mithäftlingen zu behaupten, von den dürftigen Mahlzeiten genug abzubekommen. Er schmiedet Allianzen, unterwirft sich dem Stärkeren, ist vielleicht selbst der Stärkste et cetera.[10] Das ist laut Horkheimer die Vernunft der Positivisten. Wäre es nicht angezeigt, stattdessen daran zu arbeiten, dem Gefängnis zu entfliehen, also die Grundbedingungen der erbärmlichen Existenz infrage zu stellen und sie zu verändern?

Damit tat er einem Großteil der Positivisten erheblich unrecht. Denn die wollten den Geltungsanspruch der logisch-empirischen Analyse überhaupt nicht auf die Gesetzmäßigkeiten des menschlichen Zusammenlebens ausweiten. Den Ökonom und Wissenschaftstheoretiker Otto Neurath beispielsweise hielt die spätere Mitgliedschaft im Wiener Kreis der Logischen Empiristen nicht davon ab, in der Bayrischen Räterepublik eine zentrale Rolle zu spielen und eine geldlose Wirtschaft einführen zu wollen. Das gehörte auch zu den Gründen, warum Horkheimer den Austausch mit Vertretern des Positivismus ja durchaus suchte. Das seit 1936 andauernde Gespräch mit Neurath führte zum Beispiel dazu, dass dieser in der Institutszeitschrift, direkt an Horkheimers Polemik anschließend, einen eigenen Artikel veröffentlichte. Adorno, der noch stärker gegen den Positivismus agitierte, wurde von Horkheimer mäßigend entgegengerufen, dass »wir einzelne politisch anständige Akte und manche fachlichen Bestrebungen dieser Leute ja wirklich anerkennen.«[11] Der folgende Satz macht deutlich, wie sehr sich Horkheimer diese Mäßigung abringen musste: »Eben dies hat mich auch bestimmt, Neuraths erzlangweilige Bemerkungen über Lebenslagenkataster, deren Publikation ich ihm seit mehr als einem Jahr versprochen habe, endlich abzudrucken.«

Andere Gründe, die Nähe zu den Positivisten zu suchen, wogen für Horkheimer schwerer: Argumente zu sammeln, um den Kampf gegen sie möglichst vernichtend zu führen. Denn in dieser Auseinandersetzung war es Horkheimers Theoriekonzept, das den größeren Geltungsanspruch ins Feld führte: Theorie muss das Ganze im Blick haben, die Erkenntnisse, die die Fachwissenschaften einsammeln, ebenso wie die Verständigung darüber, wohin die Gesellschaft als Ganze soll. Kritische Theorie im Gegensatz zur traditionellen. Gegen die Spielart des

Positivismus, der ebenfalls eine Totalität der Erkenntnis für sich beansprucht, ist Horkheimers Kampf verständlich. Denn dann wird es als schlechte Metaphysik denunziert, aus dem Gefängnis ausbrechen zu wollen. »Auch die Gesellschaft soll physikalisch erklärt werden«[12], wirft er dem Positivismus vor. Aber das ist für große Teile dieser Wissenschaftsrichtung eine Unterstellung von einem, der sich nicht vorstellen kann oder will, dass man den Geltungsbereich von Theorie aufsplittern kann, ohne vom gesellschaftlichen Kampf zu lassen. Dem Quantentheoretiker mag es durchaus möglich sein, gegen den Faschismus zu kämpfen und etwas zu stoßen, das er nach den Maßstäben seines politischen Bewusstseins als schlecht erkannt hat, damit es falle – obwohl er in seiner Forschung das Kausalgesetz als Täuschung identifiziert hat und dessen Metaphorisierung als einen Rest von Animismus denunziert.

Wortklauberei

Denn das FBI liest mit

»Ich nehme an, daß die Schweinebande [...] das Manuskript einfach unterschlagen«[1] werde, hatte Arendt zwei Monate, nachdem sie Benjamins geschichtsphilosophische Thesen bei der Schweinebande abgegeben hatte, in einem Brief an Scholem geschimpft. Jetzt, im Juni 1942, schimpfte sie wieder. Denn nun waren die Thesen zwar erschienen. Aber wie! Eingezwängt in Essays von Horkheimer und Adorno, nicht als gedruckter Band, sondern bloß in kleiner Auflage mimeographiert (einer Vorläufertechnik des Kopierens) und noch nicht einmal geheftet.[2] Letzteres hatte aber andere Gründe als Schlampigkeit oder Unachtsamkeit in der Produktion. Was Arendt nicht wissen konnte: Ihr lag nicht das komplette Heft vor.

Das Institut hatte Erfahrung im Verschleiern von marxistischer Terminologie, ja, es verdankte seine Existenz der strategisch geschickten Unterschlagung seiner marxistischen Ausrichtung. Um im Geflecht der zahlreichen Behörden, auf deren Zustimmung die Neugründung eines Instituts in Frankfurt angewiesen war, nicht ausgebremst zu werden, galt es, in bestimmten programmatischen Schriftstücken die sogenannte äsopische Sprache zu benutzen.[3] Damit ist gemeint: den gesellschaftskritischen Impetus in ein vermeintlich harmloses Gewand zu kleiden, wie es der Dichter Äsop tat, wenn er seine Geschichten zu Tierfabeln machte. Spätestens seit den Moskauer Schauprozessen wollte Horkheimer die Theoriegestaltung des Instituts ohnehin nicht mehr von einer Terminologie beeinträchtigt sehen, deren Missbrauchsmöglichkeit mit dem Stalinistischen Terror offenbar geworden war.[4] Und dann kam noch Horkheimers – sich bisweilen bis zur Paranoia steigernde – strategische Vorsicht hinzu, dem amerikanischen Wissenschaftsbetrieb auch nicht die kleinste Gelegenheit zu lassen, dem Institut eine »anrüchige Gesinnung« unterstellen zu können.[5]

Das machte die Redaktion der Institutspublikationen zu Kabinettstückchen politischer Selbstzensur. So auch beim Gedächtnisband für Walter Benjamin. Ein eigenständiger Band zur Publikation der Geschichtsthesen war nötig geworden, weil die Zeitschrift seit der Ausgabe vom April 1941 auf Englisch umgestellt hatte. Ein eigenständiger *deutschsprachiger* Band hatte den Vorteil, von vornherein unter dem Radar der amerikanischen Öffentlichkeit zu fliegen. So wurde Benjamins Text kaum angefasst, lediglich ein Halbsatz, in dem »Spartakus« genannt wird, wurde gestrichen, was aber der Passage nichts von ihrer Dringlichkeit nimmt.[6] Horkheimer hätte den Essay dennoch lieber in die Mitte platziert, anstatt dass er den Band eröffnete, denn die Terminologie war ihm immer noch »zu unverhüllt«.[7] Horkheimers »Vernunft und Selbstbehauptung« und ein Essay Adornos zur Freundschaft Hugo von Hofmannsthals und Stefan Georges folgten den Thesen. Und dann war da noch Horkheimers »Autoritärer Staat«. Der aber war in Horkheimers Augen nun wirklich zu brisant, um ihn der gesamten Auflage beizufügen. Selbst den Mitarbeitern des Instituts traute er nicht zu, sorgsam mit dem Essay umzugehen, und so entwickelte er pedantische Pläne, wem man unter welchem Vorwand besser nur die inkomplette Fassung gab.[8] Klar, dass gar nicht daran zu denken war, jemandem, der nicht zum inneren Kreis des Instituts gehörte, wie Hannah Arendt, die komplette Ausgabe mit dem »Autoritären Staat« zukommen zu lassen.

Bei diesen riskanten kompletten Ausgaben hatte Horkheimer ohnehin noch einen dringenden Auftrag an Löwenthal. Denn obwohl der innere Kreis des Instituts, also Löwenthal, Adorno, Pollock und Horkheimer, mehrfach Korrektur gelesen hatten, war ihnen im »Autoritären Staat« etwas entgangen, was Horkheimer nun den Schlaf raubte. »Mit der Erfahrung, daß ihr politischer Wille durch die permanente Veränderung der Gesellschaft wirklich ihr eigenes Dasein verändert, wird die Apathie der Massen verschwunden sein«,[9] hieß es an einer Stelle. Ein Satz, mit dem man derart bedingungslos einverstanden sein konnte, dass niemandem das Wort »permanent« als zu sehr Klassenkampfjargon, als zu sehr an Trotzkis »Permanente Revolution« anklingend aufgestoßen war. Deswegen bat Horkheimer Löwenthal, eine Sekretärin damit zu beauftragen, das Wort in allen Exemplaren mit schwarzer Tinte unleserlich zu machen. Dabei sollte sie sorgsam darauf achten, dass ihr niemand aus dem Institut über die Schulter blickte. Ein Glück für die Sekretärin, Margot von Mendelssohn, dass die Auflage nicht besonders hoch und in einigen Exemplaren der Aufsatz ja ohnehin schon aussortiert worden war. Mit der Aussicht auf diese letzte Korrektur konnte Horkheimer aufatmen. Und abgesehen vom Problem der politischen Konnotation klang der Satz in seinen Ohren ohne das »permanent« sowieso viel besser.[10] »Das Gerücht sagt, dass Sie ein gefährlicher Korrektor sind«[11], wird Fritz Landshoff, der Leiter des Querido Verlags, schreiben, in dem die *Dialektik der Aufklärung* publiziert werden wird. Der Mann hatte gute Quellen.

Dass Horkheimer zur Paranoia neigte, heißt nicht, dass es nicht gute Gründe für Vorsicht gab. Schon Adorno hatte ja Horkheimer und Pollock nach den ersten Diskussionen in Kronberg leichtfertig als Kommunisten bezeichnet, was sie im parteipolitischen Sinne nie waren. Das FBI sammelte in den 1940er-Jahren Leichtfertigkeiten dieser Art sorgfältig ein. 1944 hieß es in einem FBI-Memo: »Auch wenn sie jegliche politische Aktivität oder Verbindung abstreiten, lassen die ermittelten Hinweise vermuten, dass es eine kommunistische Organisation von Intellektuellen ist, die unter dem Deckmantel sozialer und ökonomischer Forschung operiert, finanziert aus ausländischen Quellen«.[12] Das FBI nutzte für diese Ermittlung eine altehrwürdige Technik. Konzentriert wurde Pollocks Artikel zum »Staatskapitalismus« gelesen und anschließend zu Protokoll gegeben, dass er »kommunistischen Prinzipien folge«.

Summer School der Kritischen Theorie

Das Institut lädt zum Seminar

Immer wenn ein weiterer Bekannter von früher an der kalifornischen Westküste landete, bedeutete das für die bereits angestammten Emigranten ein Stück Heimat und Erinnerung. Mit dem Schönberg-Schüler Hanns Eisler kam ein ganzer Brocken europäischer Heimat an. Eisler war ein Elementarereignis, voll mitreißender Energie und aufrührerischem Witz. Er schrie zu seinem Klavierspiel, als wenn sich eine Katze von der Decke auf die Tasten fallen ließ,[1] und wenn er die Finger in der Luft schüttelte und »du alter Gauner« rief, weil er einen kompositorischen Trick Richard Wagners aufgespürt hatte, bog sich auch Thomas Mann vor Lachen.[2] »Ein wenig ist es, als würde ich in irgendeiner Menge stolpernd mit unklarem Kopf plötzlich angerufen mit meinem alten Namen, wenn ich Eisler sehe«,[3] schrieb Brecht, mit dem Eisler an den Stücken *Die Maßnahme*, *Die Mutter* und *Kuhle Wampe* zusammengearbeitet hatte, in sein Arbeitsjournal.

Hanns Eisler war in den 1930er-Jahren schon einmal in der Filmmetropole gewesen und in das Spannungsfeld von künstlerischem Anspruch und den Bedürfnissen einer Industrie ge-

»Ein wenig ist es, als würde ich in irgendeiner Menge stolpernd mit unklarem Kopf plötzlich angerufen mit meinem alten Namen, wenn ich Eisler sehe«. (Bertolt Brecht über Hanns Eisler)

raten, die mit dem Tonfilm enorm gewachsen war. Was er sah, gefiel ihm nicht: »Dazu kommt noch, dass das Niveau der meisten dieser Filme nicht nur, was den Inhalt, sondern auch die Musik anbelangt, ein entsetzlich tiefes ist. Denn obwohl der Film ein großartiges Unterhaltungs- und Erziehungsmittel für die moderne Gesellschaft sein könnte, so ist er doch in den Händen einer Privatindustrie, die ausschließlich Filme herstellt, um Profite zu machen, ein Verblödungs- und Verdummungsmittel für die breiten Massen«.[4] 1940 und 1942 kam Eisler erneut nach Los Angeles, um genau das zu ändern. Er hatte ein Stipendium der Rockefeller Foundation erhalten, mit dem Auftrag, die Möglichkeiten des Miteinanders von Film und Musik zu untersuchen. 1942 blieb er, denn das Stipendium würde bald auslaufen und Eisler hoffte, Kompositionsaufträge akquirieren zu können. Die entsprechenden Bemühungen waren eine zermürbende Erfahrung: »Die einen sind korrumpiert (in einem ungeheuerlichen Ausmaß). Die anderen sind deprimiert, weil niemand sie korrumpieren will (in einem ungeheuerlichen Ausmaß)«,[5] schrieb er an seine Frau Louise. Eisler lernte schnell. Er wusste, dass man nach einem erfolgreichen ersten Treffen mit einem Entscheider auf keinen Fall selbstständig nachfragen durfte, sondern im Gegenteil einige Tage »den uninteressierten, beschäftigten spielen« musste, bis die Leute ihrerseits wieder anriefen. »Das fällt mir schwer, aber das sind die Spielregeln.«[6] Doch dieses strategische Gebaren wurde mit der Zeit für Eisler zum »abscheulichen Traum«, zur »Hölle der Dummheit«[7] – bei gleichzeitig zehrender Langeweile. Da war es eine willkommene Abwechslung, dass er im Juli und August 1942 gemeinsam mit Brecht Teil einer illustren Gruppe sein konnte, die sich einige Male in Adornos Domizil in Brentwood versammelte. Günther Anders, der Ex-Mann von Hannah Arendt war dabei. Hans Reichenbach. Berthold Viertel, Schriftsteller und Regisseur. Sowie der nicht mit Herbert Marcuse verwandte Kritiker, Schriftsteller und Philosoph Ludwig Marcuse.

Sie alle trafen sich mit Horkheimer, Pollock, dem Gastgeber und Herbert Marcuse, der von Horkheimer gerade wieder einmal an die Westküste beordert worden war. Diese Zusammenkünfte waren ein typisches Produkt von Horkheimers Zerrissenheit: Einerseits hatte er sich ja gerade deswegen an die

Westküste zurückgezogen, um vom akademischen Betrieb befreit zu sein. Andererseits wäre es aus seiner Sicht fahrlässig gewesen, diese Massierung von kultureller Exzellenz nicht in irgendeiner Weise auszunutzen. Also veranstaltete das Institut nach seiner Flucht vor der Universität eine Art Summer School, in der Horkheimer, Pollock und Adorno die Umstellung der Theorie ausprobieren konnten, die ihnen durch die These vom Staatskapitalismus oder vom Monopolismus, der den Übergang zum Sozialismus verhindert oder gekapert hat, bevorstand. Aktueller Anlass für das Seminar war so etwas wie die Minimalversion eines bedingungslosen Grundeinkommens. Der Vizepräsident der USA, Henry A. Wallace, versprach nach dem Krieg jeder und jedem täglich ein Pint Milch (also knapp einen halben Liter). Ist das der Schritt hin zu einer menschenfreundlichen Gesellschaft, in der jeder bekommt, was er braucht? Oder ist es die Schreckensvision einer Gesellschaft, in der die Bedürfnisse gerade so weit gedeckt werden, dass alle zufrieden vor sich hin dösen und es keinen Anlass gibt, um den Sinn und Zweck der eigenen Existenz zu ringen? Es gab einen Referenztext, Pflichtlektüre für das Seminar sozusagen, der einen solchen Zustand als schrill ausgemalte Dystopie weiterdachte: Aldous Huxleys Roman *Schöne neue Welt*, in der die verschiedenen Kasten, die es zur Reproduktion einer hierarchischen Gesellschaft braucht, gezielt gezüchtet werden. Den Angehörigen dieser Kasten werden die Bedürfnisse, die ihren jeweiligen Aufgaben am meisten entsprechen, schon im pränatalen Wachstum qua Konditionierung eingegeben, und für die seltenen Anflüge von Melancholie gibt es Soma-Pillen, die die Menschen rasch und wohlgelaunt wieder das Tagwerk angehen lassen.

Die Institutsmitarbeiter durften gespannt sein auf die Provokation, die von Huxleys Vision ausging: Was, wenn der Staat in der Lage wäre, die Bedürfnisse weiträumig zu befriedigen, ohne die Eigentumsverhältnisse antasten zu müssen? Würde dann nicht mit der Verelendungstheorie ein Kernpunkt der marxistischen Theorie hinfällig? Durch die zwangsläufige Entwicklung der kapitalistischen Wirtschaftsform, so die orthodoxe Konstruktion, gerät der Reallohn des Arbeiters immer mehr unter Druck, sodass ihm am Ende keine andere Wahl bleibt, als sich mit den Angehörigen seiner Klasse zusammenzutun und gegen diese Wirtschaftsform aufzubegehren, will er nicht verhungern. Wenn es dem Staat aber tatsächlich gelingt, »seine Ernährer zu ernähren«, dann fällt dieser Mechanismus aus. Wie sähe eine dieser Entwicklung angepasste marxistische Theorie aus?

Doch die geladenen Teilnehmer weigerten sich, auf diese Fragestellung einzugehen. Eisler war genervt: Auf solche Gedankenexperimente könnte nur »diese Art« von Schriftstellern kommen, die eigentlich Angst vor einer Gesellschaft hat, in der niemand mehr Hunger leidet. Sozialismus sei keine Erfüllung von Glück, sondern erst mal Abschaffung von Leiden. Das sei Aufgabe genug, danach könne man immer noch weitersehen. Reichenbach nahm die bildungsbürgerliche Position ein und machte sich Sorgen um den Verbleib der Hochkultur, wenn alle Bedürfnisse befriedigt wären. Und Brecht schaffte es immer wieder, sich auf den ihm eigenen, in »sokratische Naivität«[8] verpackten Zynismus zurückzuziehen: »Die niederen Bedürfnisse beziehen sich auf die Kultur, die höheren auf die steaks. Wir brauchen Kraft durch Butter, nicht Kraft durch Freude.«[9] Als Fazit schrieb er in sein Journal: »Eisler und ich [...] ›setzen uns ins Unrecht‹, in Ermangelung einer andern Sitzgelegenheit.«[10]

Brechts Verhältnis zum Institut war ohnehin von amüsiertem Spott geprägt. Man pflegte gemeinsamen Umgang, die

Haushalte Brecht, Horkheimer, Adorno, Eisler und Kortner teilten sich zeitweise ein Dienstmädchen.[11] Brecht, Helene Weigel und die Adornos luden sich häufig gegenseitig ein. »Ich selbst bin mit Brecht immer dadurch gut ausgekommen, daß ich ihm genauso rücksichtslos draufgab, wie er, in dem der Herrschaftswille größer war als alles andere, mir entgegentrat, in der Hoffnung, mir eine Funktion in seinem Herrschaftsbereich zuweisen zu können«,[12] schrieb Adorno in der Rückschau. Horkheimer und Pollock hingegen beschrieben Brecht als »Doppelclown«.[13] Die Arbeit des Instituts vermochte ihn kaum zu interessieren, dessen Geschichte reizte ihn dagegen durchaus, hätte sie doch gut zu seinem Vorhaben eines satirischen Intellektuellenromans gepasst. Nach einem gemeinsamen Lunch bei Horkheimer im Mai 1942 hatte Eisler eine Idee für die Handlung: »ein reicher alter Mann (der Weizenspekulant Weil) stirbt, beunruhigt über das Elend auf der Welt. Er stiftet in seinem Testament eine große Summe für die Errichtung eines Instituts, das die Quelle des Elends erforschen soll. Das ist natürlich er selber.«[14]

Auf die Marxisten konnte man also augenscheinlich nicht bauen bei dem Vorhaben, die marxistische Theorie der neuen Ära anzupassen. So waren Adorno und Horkheimer wieder auf ihre Zweierdiskussion zurückgeworfen. Wo anfangen? Die ersten 50 Seiten des ersten Bandes von Marx' *Kapital* waren eine ebenso naheliegende wie reizvolle Möglichkeit. Denn dort werden die Charakteristika der kapitalistischen Wirtschaftsweise aus einer Keimzelle deduziert, die ganz einfach, alltäglich und konkret zu sein scheint: der Ware. Und diese Analyse kulminiert in dem berühmten Kapitel über den Fetischcharakter der Ware, das seinerseits so etwas wie ein Grundriss für Ideologiekritik ist: So wie die Menschen im Totem etwas Menschengemachtes verehren, wie also »Produkte des menschlichen Kopfes mit eignem Leben begabte, untereinander und mit den Menschen in Verhältnis stehende selbständige Gestalten«[15] zu sein scheinen – so sieht man laut Marx den Waren die in ihnen steckende Arbeitskraft nicht mehr an, sondern hält das Ergebnis für eine Natureigenschaft: »Das Geheimnisvolle der Warenform besteht also einfach darin, daß sie den Menschen die gesellschaftlichen Charaktere ihrer eignen Arbeit als gegenständliche Charaktere der Arbeitsprodukte selbst, als gesellschaftliche Natureigenschaften dieser Dinge zurückspiegelt«,[16] heißt es im *Kapital.* Adorno strich diese Passage in seinem Exemplar mit ff, also fortissimo, an.[17]

Sohn-Rethel hatte zu der Zeit, als Adorno und Kracauer ihn in Neapel besuchten, versucht, das *Kapital* noch einmal neu zu formulieren und Marx' dichterische, metaphorische Sprache durch wissenschaftliche Exaktheit zu ersetzen. Er wäre darüber fast wahnsinnig geworden. Adorno und Horkheimer konnten 1942 genau diese Metaphorik ausnutzen, um die Verwechslung von »menschengemacht« und »natürlich« von der Ware auf die Menschheitsgeschichte zu übertragen. Wer die Gewalt, die das Denken ausübt, an der menschlichen Frühgeschichte aufzeigen will, dem kommt die Metapher vom Fetisch gerade recht. Sobald man sie wörtlich nimmt, wandern die Götter, von der Entzauberung der Welt abgeschafft, direkt in die entzauberte Welt hinein: »Der Begriff des Fetischcharakters der Ware, mit dem Marx die Herrschaft der Dinge über die Menschen im bürgerlichen Zeitalter benannt hat, ist keine bloße Metapher, sondern die Warenfetische sind die verwandelten Gestalten der alten Götter«,[18] heißt es in den ersten Entwürfen zur *Dialektik der Aufklärung.* Und entsprechend ist vom Fetischcharakter mit einem extremen Geltungsanspruch die Rede; Adorno schreibt dort von der »universelle[n] gesellschaftliche[n] Lüge«,[19] die von ihm ausgeht.

Nach diesem Muster der Ausweitung von Analysen, die eigentlich der spezifisch kapitalistischen Ära galten, arbeiten Adorno und Horkheimer weiter. Sie vergrößern den Gegenstand der Marx'schen Kritik, die politische Ökonomie, auf ihren Aufriss der Menschheitsgeschichte. Die durchschnittliche Arbeitszeit als Vergleichsgröße für den Warentausch etwa gerät dann zu den Qualen der mythischen Figuren, die dazu verdammt sind, ewig dasselbe zu wiederholen: »Unwürdig ist das Leben der Gesellschaft, weil der Gehalt seiner Nützlichkeit am Ende selber nichts anderes ist als die leere Zeit der Arbeit, von der die menschliche Gattung gleichsam nur parasitär mitexistiert. Diese abstrakte Zeit, in der der bürgerliche Geist notwendig seine Welt denkt, um sie als universale Arbeit ausdrücken zu können, ist aber der mythischen verwandt. So leer ist die Zeit der Danaiden und des Sisyphus wie die einer Menschheit, deren Leben nichts ist als Mühe und Arbeit.«[20]

So stellten sie Schritt für Schritt ihre Theorie um von einer ökonomischen Kritik à la Marx auf eine Genealogie der Vernunft und der Moral, wie sie Nietzsche, dem ein weiteres der sommerlichen Seminare galt, unternommen hatte: die Erzählung der Torturen, derer es bedurfte, um aus dem Menschen einen vernünftigen und moralischen zu machen. Von dieser Umstellungsarbeit ist im endgültigen Text der *Dialektik der Aufklärung* nichts mehr zu sehen. Die Suggestivität der Wucht des menschheitsgeschichtlichen Aufrisses kommt auch von der Unterdrückung seiner Genese.

Aber weil Horkheimer die Gegenwart nicht gänzlich aus dem Blickfeld verlieren wollte, gab es noch eine weitere theoretische Konsequenz aus dem diagnostizierten Verlust des Proletariats als Träger der Revolution. Was war aus der unterdrückten Klasse in der postliberalen Ära geworden? Horkheimer nutzte für die Antwort auf diese Frage einen Begriff aus der neuen amerikanischen Heimat, aus dem Kampfgetümmel von Gewerkschaften, Mafia und den Steuerungsversuchen des New Deal: das Racket, ein ungeschminktes Bandenwesen, das seine Herrschaft ganz explizit ausübt durch Erpressung, Schutzgewährung oder offenen Terror, das Loyalität mit anderen Rackets nur als Zweckbündnis pflegt, intern Vetternwirtschaft praktiziert und sich den unteren Schichten gegenüber abdichtet.[21] Martin Jay, der die erste umfassende Geschichte der Frankfurter Schule schrieb, hat kürzlich darauf hingewiesen, dass es schwerfällt, nicht an Donald Trump als perfekte Inkarnation eines Racket-Chefs zu denken.[22] Aber so sah Horkheimer 1942 die gesellschaftlichen Institutionen insgesamt. Der Racket-Begriff wurde für ihn zu einer Art Generalschlüssel der postliberalen Gesellschaft; jegliche Gruppierung, die in irgendeiner Form innerhalb der bestehenden Gesellschaft einen Machtanspruch artikulierte, musste sich aus seiner Sicht so nennen lassen. Auch die Arbeiterschaft war zu einem Racket geworden: »Der geschichtliche Gang des Proletariats führte an einen Scheideweg: es konnte zur Klasse werden oder zum Racket. Das Racket bedeutete Privilegien innerhalb der nationalen Grenzen, die Klasse die Weltrevolution. Die Führer haben dem Proletariat die Entscheidung abgenommen.«[23]

Horkheimer betrachtete den Racket-Begriff als derart zentral für die Beschreibung der nachliberalen Ära, dass er ihm ein ganzes Jahrbuch widmen wollte, gleichsam als Parallelaktion zur *Dialektik der Aufklärung*. Jahrbücher sollten die inzwischen eingestellte Institutszeitschrift ersetzen. Er mobilisierte noch einmal alle Mitglieder des Instituts – auch solche, die sich schon eine ganze Weile nicht mehr zum engeren Kreis zählen durften –, Essays zu den unterschiedlichen Gesichtspunkten der Racket-Gesellschaft zu verfassen. Löwenthal wurde unter Druck gesetzt, für fristgerechte Abgaben zu sorgen.[24] Doch der Funke sprang nicht über, das Projekt versandete über einen quälend langen Zeitraum hinweg in der Unwilligkeit der Kollegen. In der *Dialektik der Aufklärung* aber fand das Racket Eingang als einer dieser seltsam übrig gebliebenen und unerklärten Begriffe, deren Autorität sich aus der Plötzlichkeit ihres Auftretens speist. Hier ein Beispiel für solch einen Einsatz dieses Begriffs: »Undurchdringlich für jeden Einzelnen ist der Wald von Cliquen und Institutionen, die von den obersten Kommandohöhen der Wirtschaft bis zu den letzten professionellen Rackets für die grenzenlose Fortdauer des Status sorgen.«[25]

Die Idee des Buches als Gemeinschaftsprojekt schien sich also zunehmend als unrealistisch herauszustellen. Wenn Adorno und Horkheimer aber an dem Plan festhalten wollten, den weiten Bogen von der menschheitlichen Frühgeschichte bis zum Bandenwesen des Postliberalismus zu spannen: wie ließe sich so ein Vorhaben strukturieren und gliedern, wenn einem nicht mehrere Bände und zahlreiche Experten zur Verfügung stehen?

Es wäre wohl eine kaum zu leistende Aufgabe, wenn Adorno und Horkheimer nicht auch hier auf die eigenwillige Denkfigur des dialektischen Bildes von Walter Benjamin zurückgreifen könnten. Denn diese Figur ermöglicht es nicht nur, weit auseinanderliegende Phänomene kurzzuschließen – sie erfordert es. Das dialektische Bild ist dialektisch nicht nur, weil es durch die Stilllegung des gewöhnlichen Fortgangs der Dinge eine mächtige Dialektik hin zum gesellschaftlichen Umsturz provoziert. Es ist auch deswegen dialektisch, weil es Extreme zusammenbinden kann: Urgeschichte und Gegenwart. Denken wir zurück an den Kierkegaard'schen Privatier in seinem Interieur. Er versucht, sich aus der »übermächtigen kapitalistischen Außenwelt« heraus in eine Scheinwelt von Traumorient und Schiffskajüte zu versetzen. Der kritische Bilderentzifferer entlarvt diese archaisch anmutende Bilderwelt als aus dem Plunder ebendieser kapitalistischen Außenwelt zusammengesetzt. Zugleich spricht die Tatsache, dass man sich aus ihr herausträumen will, der Gegenwart ein deutliches Urteil: Es ist noch nicht der emanzipierte, vernünftige, weil für alle gleichermaßen gerechte gesellschaftliche Zustand. Es ist noch Vorgeschichte. Das Archaische des Interieurs enthüllt sich als gegenwärtiges Phänomen. Und die Gegenwart wird als archaische, noch unvernünftige kenntlich. Das ist gemeint, wenn die Kritischen Theoretiker davon sprechen, eine »Urgeschichte« ihrer Gegenwart schreiben zu wollen. Und das dialektische Bild ist das rhetorische Instrument dafür. Zum Interieur des Privatiers bei Kierkegaard schrieb Adorno: »Dialektik hält im Bild inne und zitiert im historisch Jüngsten den Mythos als das Längstvergangene: Natur als Urgeschichte. Darum sind die Bilder, die gleich dem des Intérieurs Dialektik und Mythos zur Indifferenz bringen, wahrhaft ›antediluviale Versteinerungen‹. Sie dürfen dialektische Bilder heißen mit einem Ausdruck Benjamins.«[26] Die vorsintflutlichen Versteinerungen dieser Bilder sind Überblendungen von Natur und Geschichte, von Längstvergangenem und historisch Jüngstem, von Mythos und Dialektik – Dialektik im gewöhnlichen Sinn einer fortschreitenden Bewegung. Das eine wird aus dem anderen heraus erklärt und fragwürdig gemacht:

Das Längstvergangene des Interieurs entsteht aus dem Versuch, sich aus der eigenen Gegenwart herauszuträumen, ist aber aus den Bestandteilen des »historisch Jüngsten« der eigenen Gegenwart gemacht. Und dieses Längstvergangene, das Mythische, das das Interieur evoziert, zeigt auf, dass die Gegenwart immer noch eine mythische ist, in der die Menschheit sich noch nicht emanzipiert hat, aus der sie sich heraussträumen will.

Auch wenn Adorno und Horkheimer den Beginn von Gewalt und Herrschaft in der Menschheitsgeschichte sehr früh ansetzen, müssen sie dennoch keine chronologisch strukturierte Geschichte von der Entstehung des menschlichen Bewusstseins bis zum Faschismus ihrer Gegenwart schreiben. Sie benutzen ganz einfach nur das größtmögliche dialektische Bild. Das heißt, sie blicken nicht auf ein bestimmtes Phänomen wie zum Beispiel das Interieur und machen aus ihm ein dialektisches Bild aus Natur und Geschichte, aus Mythos und Dialektik. Sondern Mythos und Dialektik selbst werden zu den Phänomenen, die mit dem Instrument des dialektischen Bildes untersucht werden. Ein solches Bild lässt sich in zwei Sätzen entfalten, mit denen dann alles gesagt ist. Wenn wir »Dialektik« im konventionellen Sinne als fortschreitende Bewegung ersetzen durch »Aufklärung«, um sie von der »Dialektik« des dialektischen Bildes zu unterscheiden, dann wäre dieses dialektische Bild mit diesen Sätzen schon komplett etabliert: »schon der Mythos ist Aufklärung, und: Aufklärung schlägt in Mythologie zurück«[27]. So beschreiben Adorno und Horkheimer in der Vorrede der *Dialektik der Aufklärung* das erste Kapitel. Alles da. Alles Weitere ist Paraphrase, ist ein Ausmalen des Bildes.

Autos zusammenbasteln. Oder kaputtfahren?

Das Kulturindustriekapitel

Als Hannah Arendt im Juni 1941 im New Yorker Institut vorstellig wurde, übergab sie nicht nur die Abschrift von Benjamins Geschichtsthesen an Adorno. Sie hatte auch einen Termin bei Pollock, um über eine eventuelle Mitarbeit an einem Projekt zum Antisemitismus zu sprechen. Im Zuge dessen verfasste sie ein Memorandum über das Institut zur Erforschung der Judenfrage der NSDAP, das antisemitische Propaganda betrieb.[1] Doch ergab sich daraus kein Auftrag. »Meine Sache hier mit Pollock ist ausgegangen wie das Hornberger Schießen«,[2] schrieb Arendt an Günther Anders, und natürlich verdächtigte sie Adorno, ihre Mitarbeit hintertrieben zu haben.

In der Tat war Adorno mit der Ausarbeitung eines Antisemitismusprojekts betraut worden. Nach abschlägig beschiedenen Einreichungen wollte Horkheimer 1940 einen Antrag auf den Weg bringen, der klarer auf die Bedürfnisse amerikanischer Geldgeber zugeschnitten war: »Ich habe nun Wiesengrund beauftragt, ein Projekt zu skizzieren, das die anti-jüdische Politik des Nationalsozialismus und ihre Wirkung im In- und Ausland zum Gegenstand hat. Er wird versuchen, ein Projekt zu umreissen, das den Inhalt solcher Forschungen angibt und zugleich vorschlägt, dass unser Institut eine Art Centre de Documentation für dieses ganze Gebiet errichtet«,[3] schrieb Horkheimer 1940 an Neumann. Den bisherigen Bemühungen stellte er nicht das allerbeste Zeugnis aus, wenn er hinzufügte: »Im Gegensatz zu unseren anderen Projekten soll dieses Projekt wirklich sorgfältig vorbereitet werden. Wer es liest, soll nicht bloss in voller Klarheit Absicht, Tragweite und Nutzen der Sache erfassen, sondern auch den Beweis in Händen halten, dass wir mit der Materie eingehend vertraut sind.«

Man kann nachvollziehen, dass es Arendt ärgerte, als sie eine breit angelegte Skizze eines solchen Programms in der ersten englischsprachigen Ausgabe der Institutszeitschrift lesen konnte, das sie denn auch gleich als »lamentabel« bewertete. Aber auch dieses Projekt war eine Totgeburt. Man stellte es hinter ein vermeintlich erfolgversprechenderes zurück, das aber ebenfalls abgelehnt wurde – einer der Momente, die dazu beitrugen, dass Horkheimer zunehmend die Idee einer möglichst kleinen abgeschiedenen autonomen Gruppe favorisierte.

Kein Wunder also, dass er im August 1942 wenig Lust verspürte, die gerade intensiv gewordene Arbeit an dem Buch mit Adorno für eine Reise nach New York zu unterbrechen, um dort Verhandlungen mit dem American Jewish Committee, eine der jüdischen Defense-Organisationen in Amerika, zu führen. Neumann hatte nie lockergelassen in seinen Bemühungen um die Möglichkeit einer Finanzierung, und nachdem die Leitung der Forschungsabteilung des AJC neu besetzt worden war, mehrten sich die Hinweise, dass sich diesmal eine veritable Chance auftun könnte. Horkheimer war klar, dass es unverantwortlich wäre, es nicht wenigstens zu versuchen, aber er flehte Löwenthal brieflich an, ihn keinen Tag länger als unbedingt nötig von der Arbeit an dem Buch fernzuhalten.[4]

Als er schließlich ankam, war er von New York und den Vorzügen »einer sogenannten Metropole«[5] durchaus wieder angetan. Aber das Klima war mörderisch. Und er erfuhr sofort am eigenen Leib, warum er sich für den Wegzug entschieden hatte. Alle halbe Stunde neue Termine oder Besuche und das quälende Gefühl, dafür die wesentlichen Talente nicht aufbringen zu können: »Hätte ich [...] wenigstens einige der Qualitäten, die man von einem solchen Funktionär erwartet – Sicherheit in der englischen Sprache, lockeres und aggressionsfreies Auftreten, Reife etc. –, bekäme ich die notwendigen Geldbeträge bestimmt mühelos zusammen. Doch leider gehen mir solche Gaben völlig ab.«[6]

So wurde die gemeinsame Arbeit also erst mal zurückgestellt. Adorno wollte die Zeit trotzdem nutzen und begann, ein Kapitel komplett alleine zu schreiben, was in dieser Phase der Zusammenarbeit bedeutete: Er bereitete es vor für die Bearbeitung von Horkheimer. Es ist das Kapitel, das das berühmteste und berüchtigste der *Dialektik der Aufklärung* werden sollte: das Kapitel zur Kulturindustrie. Auch dieses Kapitel ist aus einer Übersetzung von Marx' Theorie motiviert. Denn da der Staat seine Ernährer ernähren kann, ist die breite Masse nicht mehr dem materiellen Elend ausgesetzt. Aber das Ausmaß des Hungerns hat sich laut Adorno nicht verringert. Er ist nur zu einem mentalen geworden. Der gesamte Druck der Verelendungstheorie – dass es so schlimm wird, bis die Menschen gar keine andere Wahl haben, als sich zu wehren – wird in Adornos Konstruktion auf die Alltagskultur verlagert und erzeugt dadurch einen Edelstein dunkelster Kulturkritik.

In seinem Roman *Pazifik Exil* über die prominentesten der deutschen Emigranten an der Westküste lässt Michael Lentz Bertolt Brecht von seinem kalifornischen Holzhaus in der 26. Straße im Osten Santa Monicas zu einem Fest in der Mabery Road nahe des Pazifiks gehen. Gehen, anstatt mit dem Auto fahren. Eine unsinnige Idee, eine einstündige Wanderung durch die Gleichförmigkeit von »nuttigen Kleinbürgervillen mit ihren deprimierenden Hübschheiten«,[7] ein wirkungsloser kleiner Protest gegen Amerikas Großflächenangeberei.

Dabei hatte Brecht gar nichts gegen das Autofahren, er hatte sich in Deutschland 1929 sogar ein Auto »erdichtet« gehabt, wie Lentz schreibt – als Honorar für diese werbeträchtigen lyrischen Zeilen: »Wir liegen in der Kurve wie Klebestreifen/ Unser Motor ist/ Ein denkendes Erz/ So lautlos fahren wir dich/ Daß du glaubst, du fährst/ Deines Wagens Schatten.« Den Sechszylinder, den er dafür von den Steyr-Automobilwerken bekam, fuhr er relativ rasch zu Schrott – ein Vorgehen, das Alfred Sohn-Rethel unbedingt begrüßt hätte. Denn als Sohn-Rethel in den frühen 1920er-Jahren in Neapel weilte, war er überrascht und angetan von dem erfindungsreichen Umgang der Neapolitaner mit den neuesten Segnungen der Technik. Osram-Glühbirnen oder Schiffsmotoren werden benutzt, wofür sie gerade gebraucht werden (Madonnenaltar, Milchaufschäumgerät) – ganz egal, wofür die Dinge eigentlich vorgesehen waren. Diese Zweckentfremdung reicht bis zur absichtsvollen Zerstörung, die für Sohn-Rethel ein emanzipatorischer Akt ist. Denn der Mensch soll nicht Anhängsel der menschenfeindlichen »Magie intakten maschinellen Funktionierens«[8] sein, sondern unumschränkt darüber verfügen können: »Die Technik beginnt vielmehr eigentlich erst da, wo der Mensch sein Veto gegen den feindlichen und verschlossenen Automatismus der Maschinenwesen einlegt und selber in ihre Welt einspringt.«[9] Für die neueste, magischste Variante dieser Maschinenwesen – das Automobil – bedeutet das nichts weniger als einen ordentlichen Crash: »In beängstigender Verve jagt [der Neapolitaner] mit seinem Auto drauflos, und wenn dabei nicht irgend etwas in Trümmer geht, die Straßenmauer oder ein Eselskarren oder die eigene Maschine, so hat die ganze Autofahrerei keinen Sinn gehabt.«[10]

Der Fahrer eines Autobusses probierte 1928 in Frankfurt das mit den Trümmern unwillentlich zu gründlich aus und rammte das Taxi, in dem Adorno saß. Adorno kam mit Prellungen und einer Gehirnerschütterung noch glimpflich davon, war aber für mehrere Wochen ans Bett gefesselt.[11] Sich selbst ans Steuer eines solchen Maschinenwesens zu setzen, war spätestens von da an keine Option mehr für Adorno. Wenn nötig, chauffierte Gretel. Horkheimer machte auch in dieser Hinsicht in Adornos Augen alles richtig, als er bei ihrer Ankunft in Los Angeles nicht nur bereits einen Wagen besorgt hatte, sondern dieser auch genug Schrammen aufwies, sodass man ihn ohne allzu große Sorge Gretel anvertrauen durfte. Dank verlässlicher Geheimdienstarbeit des FBI wissen wir, dass es ein grüner Plymouth war, Baujahr 1936.[12]

In seinem Essay »Über den Fetischcharakter in der Musik und die Regression des Hörens« von 1937 zeichnete Adorno ein gänzlich anderes Bild der Menschen in ihrem Umgang mit dem Auto, als Sohn-Rethel es mit dem wilden Benutzungsfuror der Neapolitaner tat. Bei Adorno tauchen sie als Bastler und patente Kerle auf, als Nerds, die sich alles auf ihr Spezialistentum einbilden, dabei aber gänzlich auf die Vorgaben der Auto- oder Gadget-Hersteller angewiesen sind. Keine Selbstermächtigung im Umgang mit den Apparaten, sondern brave Begeisterung im

Hantieren mit den vorgegebenen Möglichkeiten. Der Radioenthusiast bekommt vom Sender ein Fleißkärtchen, wenn er eine neue Kurzwelle entdeckt hat; er konstruiert beständig neue Apparate, aber die wichtigsten Bestandteile dafür muss er vorgefertigt erwerben.[13] Der Autokenner bescheidet sich mit der Kenntnis der Unterschiede von »Zylinderzahl, Volumen, Patentdaten der gadgets«,[14] anstatt der Maschine »das Gesicht auf den Rücken«[15] zu drehen, wie es laut Sohn-Rethel der Neapolitaner tut.

Das ist ein kleines Beispiel für die enorme Kluft, ja, für den Gegensatz in der Beschreibung einer neu entstehenden Alltagskultur allein im engeren Kreis von Adornos Theoriepartnern. Wie Sohn-Rethel hatte Walter Benjamin in seinem so wirkungsmächtigen Essay »Das Kunstwerk im Zeitalter seiner technischen Reproduzierbarkeit« eine Populärkultur in den Blick genommen, die den Menschen zur Selbstermächtigung verhilft, die sie für eine adäquate Wahrnehmung ihrer Gegenwart trainiert. Und sie dadurch im Gegensatz zur auratischen, bürgerlichen Kunst in Stand setzt, dem Faschismus und anderen Ideologien entgegenzutreten. Auch Siegfried Kracauer hatte in seinen Essays über die Alltagsphänomene der Weimarer Republik den Kinogang, den Revuebesuch oder sonstige Formen der Zerstreuung als emanzipatorische Akte dargestellt. In dem Essay »Das Ornament der Masse« begreift er alle Aktivitäten, die durch ihre reine Körperlichkeit jeglicher Inanspruchnahme von Sinnhaftigkeit oder Ideologie widerstehen, als wichtige Etappen menschheitsgeschichtlichen Fortschritts. Auch die Formationen der Tiller Girls, der Tanzgruppen, die in Amerika Anfang des 20. Jahrhunderts Furore machten, sind dann Meilensteine auf dem Weg zu einem Lebensgefühl, das von bürgerlichem Schwulst und jeglicher Aura befreit ist.

In dieser Konzeption betreibt Massenkultur den gesellschaftlichen Umschwung »von unten« – in derselben Bewegung, mit der sich »von oben« die Bürger aus ihren Innerlichkeitsträumen und Interieurs verabschieden oder verabschiedet werden. Adorno war dem Bürger näher als dem Kino. Dennoch hat auch er in den frühen 1930ern an so warenförmigen Dingen wie der Schallplatte einen »archaischen Text kommender Erkenntnis« herausgelesen[16] und in Revuen und Zirkusszenen die Befreiung der Dinge von dem Zwang, etwas bedeuten zu müssen, goutiert.

Aber selbst Adornos Mitstreitern war es schwergefallen, die neu aufkommende Alltagskultur weiterhin positiv zu würdigen, nachdem deren revolutionäres Potenzial zumindest fragwürdig geworden war. Schon in den genannten Aufsätzen von Kracauer und Benjamin, die das progressive Element der Populärkultur so stark machen, ist dessen Gefährdung deutlich benannt: Die rein körperlichen, von jeglichen gesellschaftlichen Zuschreibungen freien Bewegungen der Masse in Kracauers Ornamenten können schnell wieder in Ideologien und Uniformen gezwängt werden. Und auch in Benjamins Kunstwerkaufsatz besteht eine Pointe ja gerade darin, dass das revolutionäre Potenzial des Films wieder zurückgenommen und für die faschistische Massenmobilisierung missbraucht wird. Die Masse kommt zu ihrem Ausdruck, aber noch lange nicht zu ihrem Recht. Und solange das filmproduzierende Kapital in den falschen Händen ist, werden sich laut Benjamin auch die Möglichkeiten der filmischen Ästhetik nicht durchsetzen können: Die Filmindustrie etabliert einen Starkult, »um das ursprüngliche und berechtigte Interesse der Massen am Film – ein Interesse der Selbst- und somit auch der Klassenerkenntnis – auf korruptivem Wege zu verfälschen«.[17]

Kracauer hatte in seiner Studie zu den »Angestellten« versucht, diese Ambivalenz für ein möglichst dichtes Porträt dieser neuen Klasse fruchtbar zu machen. Wie ein Ethnologe – seine Beschäftigung mit den Angestellten sei »vielleicht abenteuerlicher als eine Filmreise nach Afrika«[18] – näherte er sich der neuen Mittelschicht, um herausfinden, ob mit ihr in den Bemühungen um gesellschaftliche Emanzipation zu rechnen sei oder ob sie das einst revolutionäre Subjekt der Arbeiter rückstandslos absorbiert habe. Der amerikanische Soziologe David Riesman schrieb einige Jahre später den Bestseller *Die einsame Masse*, in dem er den Wechsel von der industriellen zur postindustriellen Gesellschaft mit einem Wechsel des vorherrschenden sozialen Charaktertypus engführt. Der innengeleitete Typus, der über einen inneren Kompass von bestimmten Werten verfügt, wird abgelöst vom Radar-Typus, der sich von Außenreizen leiten lässt.

Die Nüchternheit solcher Ansätze hat den Vorteil, die Charakteristika, vielleicht sogar Modernität, des neuen sozialen Typus herauszustellen, ohne ihn vorschnell in historischer Teleologie als leichte Beute für den kommenden Faschismus zu denunzieren.[19] Für eine Theorie, die das emanzipatorische Potenzial dieses Typus auf einen gesellschaftlichen Umschwung hin erweitert, wird das allerdings schwer, wenn man den Umschwung als gescheitert ansehen muss. Kracauers Studie über die Angestellten bezieht ihren Reiz auch aus der Art und Weise, wie er die Angestellten untergründig an dem stark utopisch aufgeladenen Potenzial aus »Ornament der Masse« misst.

Für Adorno war das schlechterdings unmöglich. Denn in seiner Theorie war der Umschwung ja nicht nur ausgeblieben, sondern gekapert und pervertiert. Für Adorno war das Entziffern von Bildern – zum Beispiel der Interieurs einsamer Privatiers – die erkenntnistheoretische Begleitmusik zur Möglichkeit des Umschwungs hin zu einer wirklich planvollen, vernünftigen Gesellschaft. Genau dieses Bilderentziffern wird vom Monopolismus geklaut. Adornos Entwurf des Kulturindustriekapitels arbeitet auf den Höhepunkt am Ende hin, dass die Kulturindustrie dieses für ihn so utopisch aufgeladene kritische Erkenntnisinstrument übernimmt: »So wird der Übergang von Bild in Schrift [...] von der Technik des Massenkunstwerks vollzogen.«[20] Damit auch ja kein Leser diese Pointe überliest, verweist Adorno mit einer Fußnote auf die Stelle im ersten Kapitel, wo das Entziffern von Bildern als Schrift als Erkenntnistechnik etabliert wird.

Die Deutung, die »entzifferte Schrift«, die bei der Kulturindustrie herauskommt, ist laut Adorno ein Zerrbild der wirklichen. Sie ist vollkommen inhaltsleer. Es ergibt sich kein Propagandaspruch, keine inhaltliche Ideologie, wie etwa: »sei stark« oder »opfere dich für deine Nation« oder dergleichen. Die Propaganda besteht laut Adorno lediglich in der Anweisung, diese Entzifferung immer wieder aufs Neue zu wiederholen: »Der neue Zusammenhang, in den die zugerichteten Bilder als Buchstaben treten, ist allemal der des Befehls. Den Besuchern ist die Aufgabe auferlegt, immerzu die Bilder in Schrift zu übersetzen. Die Gehorsamsleistung inhäriert dem Akt der Übersetzung selber, sobald er automatisch erfolgt.« Es ist also völlig egal, was beispielsweise das »Glanzmädchen«, wie Adorno es nennt, im Film sagt oder tut, ob es »als Erfolgsheroine verherrlicht oder als Vamp bestraft« wird. Selbst wenn das Glanzmädchen genuin progressive Inhalte zum Ausdruck bringen würde, die Adornos ungeteilte Zustimmung fänden – selbst dann wäre nichts gewonnen. Denn man würde diese Inhalte nur im Nachvollzug der Entzifferungsarbeit reproduzieren, man würde nur »auf Befehl« agieren. Kritisiert werden nicht die einzelnen Ausprägungen der Populärkultur, sondern deren Selbstbezüglichkeit. »Massenkultur ist die Signalanlage ihrer selbst«, schreibt Adorno. Es geht einzig und allein nur darum, dem Glanzmädchen ähnlich zu sein.

Die eigene Entzifferungsarbeit wird vom Monopol absorbiert, und dann werden die Menschen auch noch dazu gebracht, diesen geklauten und pervertierten Vorgang blindlings immer wieder aufs Neue zu absolvieren. Für Adorno wahrlich ein Dante'scher Höllenkreis. Und einer der Gründe für den harten, kühlen, erbarmungslosen Zorn, der den Ton des Kulturindustriekapitels durchherrscht. Damit ist Adornos Theorie auch auf der Ebene der Alltagskultur und des zugehörigen Menschenbildes komplett umgestellt. Und alle Fluchtwege hin zu einer irgendwie doch noch emanzipierten oder wenigstens authentischen Massenkultur sind abgeriegelt.

Das Entziffern von Bildern als Befehl zur Entzifferung ist bei Adorno eine Metapher für die Selbstbezüglichkeit einer Massenkultur, die über kein noch so kleines Element verfügt, das über sie hinausweisen würde. Diese Metapher kommt aber von einem konkreten historischen Phänomen: dem Übergang vom Stumm- zum Tonfilm. Uns ist heute der Tonfilm derart präsent, dass es uns schwerfällt, uns vorzustellen, wie unheimlich und irritierend die ersten Seh- und Hörerfahrungen sein mussten für eine Generation, die mit Stummfilmen groß geworden war. Man war gewohnt, dass der Film im Wechsel von Bild und Text sich selbst kommentiert. Auf einmal aber sprachen die Figuren selbst, der Kommentar wird hinfällig. »Im alten Film alternierten noch Schriftzeichen und Bild, und ihre Antithese verlieh dem Bildcharakter der Bilder Nachdruck. Diese Dialektik war gleich jeder anderen für die Massenkultur unerträglich.

Sie verscheuchte die Schrift als Fremdkörper aus dem Film, aber nur um die Bilder selber ganz zu der Schrift zu machen, die sie absorbieren«,[21] schreibt Adorno.

Man sieht daran, dass Adorno in der Lage war, technische Charakteristika der Massenkultur wahrzunehmen und kritisch zu würdigen. Er hatte schon seit geraumer Zeit intensive Erfahrungen in der Rezeption wie auch der Produktion von Populärkultur sammeln können. Es war Horkheimer nur möglich gewesen, Adorno nach Amerika holen, weil eine Stelle für ein Radioforschungsprogramm zu besetzen war. Das Institut pflegte eine intensive Beziehung zu William Dieterle, der sich bereits vor dem Faschismus in Hollywood als Regisseur etablieren konnte. Das Institut warf einen prüfenden Blick auf Dieterles Drehbücher; zu *Syncopations* hatte Adorno noch in New York neben den üblichen kleinen Korrekturen ein ambitioniertes Konzept für die Schlussszene entworfen. Im Dezember 1942 wird er Hanns Eislers Einladung folgen, gemeinsam ein Buch über Filmkomposition zu schreiben.

Wenn man Adornos produktive Analysen von Alltagskultur nachvollziehen möchte, muss man das Kulturindustriekapitel beiseitelegen und auf diese Arbeiten ausweichen, die sich jeweils ein bestimmtes Material dieser Kultur vornehmen. Dort sieht man den Bilderentzifferer im besten Sinne am Werk, dort kann man beobachten, was Adorno mit »bestimmter Negation« in der Praxis meint. Nämlich gerade nicht das elitäre Verwerfen in Bausch und Bogen von der Warte irgendeiner ominösen Instanz aus. Sondern den Versuch, dem Potenzial des Traums, der hinter den jeweiligen Phänomenen steckt, durch Aufzeigen seines ideologischen Gebrauchs zur Geltung zu verhelfen. Adorno kann unendlich differenzieren und ungemein amüsant sein, wenn er aktuelle Schlager analysiert. Er kritisiert die Behandlung von klassischer Musik im Radio, nicht ohne seinerseits ein ausführliches Konzept einer Sendung auszuarbeiten, die den Hörern klassische Musik nahebringen soll. Wenn er im Buch über Filmkomposition mit Eisler die gängige Praxis kritisiert, tut er das nüchtern und mit einer Luzidität, die ganz automatisch in einen Verbesserungsvorschlag führt.[22]

Diesen Reichtum, diese Differenziertheit gilt es bei der Lektüre des Kulturindustriekapitels immer mitzudenken. Denn dort fehlt dies schmerzlich. Der im Text ja vorhandene Reichtum an Filmen, Schauspielern, Cartoons, Alltagsverrichtungen pfeift einem nur so um die Ohren, man hat den Eindruck, dass alles schon vorentschieden ist, dass Argumente nicht entfaltet, sondern hastig vorgeführt werden. Wie war das noch mal, warum wird die antifaschistische Rede am Ende von Chaplins *Der Diktator* durch die wogenden Ährenfelder desavouiert? Was macht noch mal genau Betty Boop zu einer besseren Comicfigur als Donald Duck, und in welcher Hinsicht? Was genau ist damit gemeint, dass Clark Gable die »konfiszierte Physiognomie des angelangten Intriganten als Unwiderstehlichkeit zur Schau stellt«?

Als Leser hechelt man diesen Verdikten deswegen so hoffnungslos hinterher, weil es um sie nicht geht. Mit dem Kulturindustriekapitel wollte Adorno die Grundlage für ein Forschungsprogramm legen, und das Material, das dafür benutzt wird, ist zufällig. Er hatte eine Matrix für eine Vielzahl von Einzeluntersuchungen zur zeitgenössischen Massenkultur im Sinn, wie es vom Institut im Projekt *Autorität und Familie* schon einmal ausprobiert worden war. Adorno hätte zweifelsohne den Anspruch angemeldet, zum Leiter dieser Forschungssektion zu werden. Seit seiner Wiederannäherung an das Institut 1938 war er nicht müde geworden, verschiedenste Konzepte für eine solche Sektion zu entwickeln, sowie Themen und Mitarbeiter dafür zu eruieren. Schon beim Jazzaufsatz hatte sich Adorno beispielsweise mit dem ungarischen Komponisten Mátyás Seiber einen Spezialisten mit ins Forschungsboot geholt; dessen Notate wurden selbstverständlich für den weiteren Gebrauch vom Institut archiviert. Dass Adorno den Jazzaufsatz letztlich doch allein publizierte, war den Umständen geschuldet. Es war eines der vielen Projekte, die sich im geplanten Umfang dann doch nicht realisieren ließen, sondern als Zeitschriftenbeitrag eine Art Notlösung fanden.

Die Struktur dieser Grundlegung, die das Kulturindustriekapitel sein will, ist präzise gefasst. Sie entfaltet sich ein weiteres Mal am Übergang vom liberalen Kapitalismus zu seiner monopolistischen Form. Horkheimers grundsätzliche These besagt, dass beim Übergang vom liberalen Kapitalismus zum monopolistischen Letzterer nur zum Ausdruck bringt, was an Gewalt und Herrschaft schon im Ersteren steckt. Das probiert Adorno nun auch auf dem Feld der Kunst aus. Der Angriff gilt also nicht der Massen-, sondern der traditionellen Kultur. Der wird die »Quittung auf ihr eigenes Mißlingen« präsentiert, »auf die Schuld, welche sie dadurch auf sich lud, daß sie als Sondersphäre des Geistes sich abkapselte, ohne in der Einrichtung der Gesellschaft sich zu verwirklichen.«[23] Adorno will zeigen, dass wesentliche Begriffe der klassischen Ästhetik wie Stil, Katharsis, Tragik et cetera im Übergang zur Kulturindustrie zwar zu Zerrbildern ihrer selbst werden, dabei aber gerade das Problematische ihres »eigentlichen« Wesens enthüllen.[24]

Der Eindruck beim Lesen des Kulturindustriekapitel, dass sich das immer selbe Lamento immer wieder wiederholt, dass sich die immer selbe Geste des Verdammens potenziell ins Unendliche fortsetzen könnte, rührt auch von dieser Struktur her:

Jeder dieser Begriffe wird untersucht, einer nach dem anderen, und auf jeden wird dasselbe Prinzip angewandt. Als Erstes ist der Begriff des Stils an der Reihe. In der Kulturindustrie wird laut Adornos Beobachtung alles nach denselben Strickmustern fabriziert, eine Karikatur von Stil. Dieses Trugbild ermöglicht Rückschlüsse auf den »echten«, alten Stilbegriff – es enthüllt, dass auch dem klassischen Stil schon eine Form der Vereinheitlichung zu eigen war, die nicht der Eigenlogik des Kunstwerks entsprang, sondern dem Zwang, den die Gesellschaft ausprägt, in der das Kunstwerk entsteht. »Das Zerrbild des Stils aber ist der zu sich selbst gekommene echte, dessen Begriff in der Überbelichtung der jüngsten Tendenzen problematisch wird«,[25] schreibt Adorno. Als Horkheimer beim Durcharbeiten der Entwurfsfassung auf diese Stelle stößt, macht er sie noch etwas stringenter. Dass der Begriff des Stils problematisch wird, ist ihm zu harmlos gesagt. Es muss klarer werden, dass die Kritik der klassischen Ästhetik gilt, deren »Problem« die Kulturindustrie bloß enthüllt. Da nutzt es, das Problematische gleich in nötiger Schärfe zu benennen. Nach Horkheimers Korrektur lautet die Passage: »Dennoch aber [sagt] dies Zerrbild des Stils etwas über den vergangenen echten aus. Der Begriff des echten Stils wird in der Kulturindustrie als ästhetisches Äquivalent der Herrschaft durchsichtig.«[26]

Beim weiteren Durcharbeiten dauert es Horkheimer zu lange, bis das nächste Zerrbild dingfest gemacht wird. Also fügt er kurzerhand eines ein. Zu dem Abschnitt, der davon handelt, wie das Amüsement der Massenkultur die Affekte steuert, schreibt er einen längeren Zusatz, der endet mit: »Wie über den Stil enthüllt die Kulturindustrie die Wahrheit über die Katharsis.«[27]

Ungefähr bei der Mitte muss Horkheimer die Bearbeitung

unterbrechen. Dies geschieht nach dem ersten Abschnitt, bei dem Adorno die Konzeption gewechselt hat. Denn bei dem Begriff der Sprache vermag Adorno nichts einzufallen, was der Sprache an der Gewalt inhärent sein könnte und durch die Kulturindustrie enthüllt wird. Und von da an beginnt eine Drift hin zu einer anderen Konzeption – nämlich der, dass die neue Ordnung die Möglichkeiten der alten handstreichartig übernommen, gekapert, »absorbiert« habe. Also im Gegensatz zu Horkheimers Konzeption keine Enthüllung des Schlechten, das schon im Liberalismus am Werk war. Sondern das Pervertieren der durchaus emanzipativen Möglichkeiten von beispielsweise dem ästhetischen Schein des Kunstwerks, der Anarchie des Varietés oder der bürgerlichen Intrige als Handlungsstrukturierung. Und vor allem: der utopischen Möglichkeiten des Bilderentzifferns, auf das der Text hinausläuft und dessen Übernahme durch die Kulturindustrie für Adorno ja gar nicht anders zu denken wäre denn eben als Pervertierung.

Im Zusammenführen, im Aneinanderhalten dieser beiden Haltungen würde Adorno und Horkheimer eine intensive Diskussion bevorstehen, sobald Horkheimer die Arbeit daran wieder aufnahm.

Stellen wir uns für einen Augenblick vor, Adorno und Horkheimer würden diese Diskussion über einen gewichtigen Punkt des kulturellen Strukturwandels unserer Gegenwart ausfechten: die sozialen Medien. Dann wäre Adornos Haltung: was für ein Potenzial! Dass wir ohne den Filter etablierter Medien direkt miteinander kommunizieren können, könnte uns in den Stand versetzen, gemäß Kants »Schematismus« das Wunder des Kontakts zu Umwelt und Mitmenschen innerhalb einer Massengesellschaft zu vollziehen. Der tatsächlich vollzogene Um-

- 2 -

tisch und ihr Schema, der Zusammenhang der allgegenwärtigen Kategorien, beginnt sich abzuzeichnen. An seiner Verhüllung ist das System gar nicht mehr so sehr interessiert. Seine Gewalt verstärkt sich, je unbefangener sie sich einbekennt. Sardou und Sudermann, deren Stücke schon plots waren, mußten noch als Dichter auftreten. Lichtspiele und Netzwerke nennen sich Industrien, und die publizierten Einkommenziffern ihrer Generaldirektoren begründen das Talent der Protagonisten.

Die neue Totalität, der Stahl gewordene Philosophentraum, wird technologisch erklärt. Die Verfahren der Massenreproduktion sollen es unabwendbar machen, daß an zahllosen Stellen für Menschen mit gleichem Bedürfnis das Gleiche erscheint. Der technische Gegensatz weniger Herstellungszentren zur zerstreuten Rezeption verweise auf Organisation und Planung durch die Verfügenden. Die Standards seien ursprünglich aus den Bedürfnissen der Konsumenten hervorgegangen: daher vermöchten sie diese so widerstandslos zu lenken. Der Zirkel von Manipulation und rückwirkendem Bedürfnis reproduziere die Einheit des Systems erweitert. Verschwiegen wird dabei, daß die Technik der Massenkultur allein zur Standardisierung und Serienproduktion sich entwickelte, während sie alles am Wege liegen ließ, wodurch das Bedürfnis der zentralen Kontrolle etwa sich entziehen könnte. Das aber ist keinem Bewegungsgesetz der Technik als solcher aufzubürden, sondern ihrer Funktion in der Profitwirtschaft. So liefert die Einbahnstruktur des Radios die Hörer den unter sich gleichen Programmen der Stationen aus. Die Techniken der Antwort sind unentfaltet geblieben, und die Äußerungen der Hörer werden zur Unfreiheit verhalten. Sie beschränken sich auf den apokryphen Bereich der "Amateure", die man zudem noch von oben her organisiert. Alle Spontaneität des Publikums aber wird von talent scouts, Wettbewerben vorm Mikrophon, protegierten Veranstaltungen jeglicher Art und sachverständiger Auswahl ge-

»Kein Außenstehender wird leicht sich vorstellen, in welchem Maß wir beide für jeden Satz verantwortlich sind.« Max Horkheimers Korrekturen zu Theodor W. Adornos Entwurf des Kulturindustriekapitels.

schwung von der klassischen Öffentlichkeit aus Zeitung, Radio et cetera hin zu der unmittelbaren Kommunikation, ist aber nur ein Zerrbild dieser Möglichkeit. Denn durch die Monopole von Firmen, deren Geschäftsmodell auf der algorithmischen Lenkung der Kommunikation basiert, ist uns diese utopische Möglichkeit geklaut worden und lebt nur mehr als Parodie fort. Für Horkheimer wäre das Zerrbild dieses unmittelbaren, unverfälschten Miteinanders bloß der Beweis dafür, wie ideologisch bereits die liberale Öffentlichkeit war. Man dachte, man hätte originäre Überzeugungen entwickelt – aber in Wahrheit reproduzierte man nur die Meinungen, die einem aus den Filtern der eigenen Klassenzugehörigkeit vorgekaut wurden. Das bringen die automatischen Filter der Netzwerkbetreiber und die daraus entstehenden Meinungszusammenrottungen zu erkenntnisstiftender Deutlichkeit. Man darf gespannt sein, wie Adorno und Horkheimer diese beiden Positionen im Kulturindustriekapitel zusammenbringen werden.

Komponierte Texte

Gegen den Fortschritt der Argumente

Im Oktober 1935, also ungefähr ein halbes Jahr, nachdem Eisler zum ersten Mal Hollywood in Augenschein genommen und dessen Produkte als Verblödungs- und Verdummungsmittel für die breiten Massen identifiziert hatte, war es auf dem Gelände der MGM Studios zu einer denkwürdigen Begegnung gekommen. Ein scheinbar idealtypisches Aufeinandertreffen von Hoch- und Massenkultur, von europäischer, kulturgetränkter Avantgarde und amerikanischem Kunstbusiness. Irving Thalberg, der findige, erfolgreiche, arbeitswütige und schon zu Lebzeiten berüchtigte Produzent von MGM, dem Scott Fitzgerald als Vorbild für seinen *letzten Tycoon* diente, hatte im Radio die Übertragung eines New Yorker Nachmittagskonzerts gehört, deren Musik ihm ungemein gut gefiel. Thalberg jonglierte ständig mit einer Vielzahl von Projekten, deswegen war er ständig auf Empfang gestellt für Anregungen und Ideen jeglicher Art. Diese Musik zum Beispiel, diese wunderbare hochromantische Musik der *Verklärten Nacht*, wie das Werk hieß, ließe sich doch möglicherweise für die Verfilmung von Pearl S. Bucks Bestseller *Die gute Erde* nutzen. Wie praktisch, dass der Komponist, Arnold Schönberg, seit 1934 als Mitglied der Emigrantengemeinde in Hollywood-Nachbarschaft wohnte. Und wie praktisch, dass auf das Netzwerk von Salka Viertel Verlass war. Viertel war mit ihrem Mann (einem der Teilnehmer der Seminare in Adornos Haus) schon Ende der 1920er-Jahre nach Hollywood gekommen, denn Friedrich Wilhelm Murnau hatte die Fox Film Corporation dazu bewogen, Berthold Viertel als Autor und Regisseur anzustellen. Und die Schauspielerin Salka – laut Selbstaussage »weder schön noch jung genug« für eine Fortsetzung ihrer Karriere in Hollywood – etablierte sich ihrerseits als Autorin, Beraterin und Bearbeiterin von Drehbüchern. Eine Zeit lang kam man nicht an ihr vorbei, wenn man ein Filmprojekt mit Greta Garbo initiieren wollte: Salka und Garbo waren Vertraute, Freundinnen, verschworen. Ohnehin war Salka mit ihren regelmäßigen Einladungen in die Mabery Road in Santa Monica so etwas wie Herz und Seele der Hollywood-Community, insbesondere des europäischen Anteils. Wenn zum Beispiel Heinrich Mann seinen 70. Geburtstag angemessen ausrichten wollte (und es wegen der Spannungen mit seinem Bruder Thomas auf neutralem Boden tun musste), dann öffnete ihm Salka Tür und Küche ihres inoffiziellen Salons.

Mit Arnold Schönberg verband sie mehr als nur eine Bekanntschaft – Salkas Bruder Eduard Steuermann war Pianist, Schönbergs Schüler und einer seiner wichtigsten Interpreten. Deswegen wusste sie, dass Schönberg inzwischen eine andere Musik schrieb als die der *Verklärten Nacht*, die Thalberg so unmittelbar angesprochen hatte. Eine gänzlich andere. Schönberg hatte die Tonalität aufgegeben und ein neuartiges System der Komposition etabliert, die sogenannte Zwölftonmusik. Eine musikalische Revolution. Das Material für den Komponisten ist dabei nicht mehr die Tonart mit ihren Leitakkorden, deren

»Whiskey! Aber nicht zu knapp!« Das waren die ersten Worte, die das Publikum von Greta Garbo in ihrem ersten Tonfilm *Anna Christie* zu hören bekam. Kurz bevor sich Salka Viertel in der Rolle der Marthy zu ihr setzte.

Folge (oder Verzögerung) den Kern des Wohlklangs ausmachen, den man in der Radioübertragung an einem Sonntagnachmittag genießen kann, wenn beispielsweise die Dominante wieder verlässlich auf die Tonika zurückführt. Schönberg ernüchterte das musikalische Material zunächst gänzlich. Es gibt nur noch die zwölf Töne, keiner führt irgendwo hin, und es gibt keinerlei hierarchische Schichtungen mehr. Der Komponist muss sich vor der Komposition das Material mittels sogenannter Zwölftonreihen selbst strukturieren. Einzige Regel dabei: Der erste Ton darf erst wieder erklingen, wenn alle anderen elf gespielt worden sind. Diese Reihen lassen sich dann auf vielfältige Weise variieren: Man kann sie an der Chronologie spiegeln (rückwärts gespielt) oder an der Tonhöhe, sodass man rasch eine komplexe Palette von musikalischem Material vor sich hat. Das ist kompliziert. Und für Ohren, die noch an die Hochromantik gewohnt waren, eine Herausforderung.

Für Salka Viertel ein Dilemma. Wie deutlich sollte sie Thalberg darauf hinweisen, dass diese neue Art des Komponierens zu weit von dem entfernt sein könnte, was ihm gerade so gut gefallen hatte? Denn natürlich wollte sie auf gar keinen Fall Schönberg um ein Honorar bringen, das das, was er mit seinem Unterricht erwirtschaftete, lächerlich aussehen lassen würde. Von atemberaubenden 25.000 Dollar war die Rede (die Summe, für die die Horkheimers ihr Haus in Pacific Palisades Mitte der 1950er-Jahre verkaufen werden, inflationsbereinigt fast ein halbe Million Dollar). Also übernahm sie die Anbahnung des Treffens. Da zwei Männer aufeinandertreffen sollten, die sich ihrer eigenen Bedeutung bewusst waren, bei denen es aber nicht gesichert war, dass ein entsprechendes Bewusstsein bezüglich der Bedeutung des jeweils anderen herrschte, waren Fragen des Protokolls essenziell. Viertel sorgte dafür, dass man Schönberg ein Auto schickte, und sie wirkte darauf hin, dass Thalberg den »großen Mann« nicht warten lassen würde. Aber als Thalberg und Viertel, die, falls erforderlich, dolmetschen sollte, in Thalbergs Büro zur vereinbarten Zeit den Komponisten erwarteten, harrten sie eine halbe Stunde vergeblich aus. Denn Schönberg wurde auf dem Studiogelände herumkutschiert, eine Verwechslung, eine Besichtigungstour, die für jemand anders gedacht war. Schönberg wiederum hielt das für einen legitimen Bestandteil des Anbahnungsgesprächs: dass man, wenn man bei ihm um Mitarbeit warb, ihm zunächst das Studio ausführlich zeigte. Doch dann sitzen sie sich endlich gegenüber, hier der Komponist mit den »große[n], dunkle[n], brennende[n] Augen«, den »Augen eines Genies«, konzentriert vornübergebeugt, den Griff seines Regenschirms umklammernd, da der Starproduzent, der Schönberg erklärt, was er sich vorstellt, was er sich von ihm wünscht – für ihn ein Routinetermin. Aber kaum dass Thalberg mit einem Lob über die »entzückende Musik«, die er im Radio gehört habe, angesetzt hat, unterbricht ihn Schönberg: »Ich schreibe keine ›entzückende‹ Musik«. Er hält in nicht fehlerfreiem, aber »sehr gebildetem« Englisch eine Brandrede gegen die Schrecklichkeit gewöhnlicher Filmmusik. Und erklärt dann, unter welchen Bedingungen es für ihn möglich wäre, an *Die gute Erde* mitzuwirken. Er brauche uneingeschränktes Bestimmungsrecht über die Tonstruktur des Films, Dialog inbegriffen. Die Schauspieler müssten »nach meinen Anweisungen in verschiedenen Tonhöhen und Tonarten sprechen. Es wäre ähnlich wie beim *Pierrot lunaire*, nur natürlich nicht so kompliziert«. Und damit bekommt Salka Viertel nun doch eine Gelegenheit zu dolmetschen, wenn auch etwas anders als gedacht. Denn Schönberg bittet sie, eine Passage daraus zu rezitieren, als Beispiel. Also singt sie halb, halb spricht sie: »›Der Mooond, den man mit den Augen trinkt‹ (›Augen‹ hoch und lang im Ton)«.

Thalberg war ein Profi, er zuckte nicht mit der Wimper. Außerdem war er ein neugieriger Mensch, der sich gern von künstlerischem Eigensinn faszinieren ließ. Er gab Schönberg den Drehbuchentwurf. Schönbergs Frau Gudrun, die für die Verwaltung der Finanzen zuständig war, rief am nächsten Tag das Filmstudio an und verdoppelte die Honorarforderung. Eisler hätte die Hände über dem Kopf zusammengeschlagen angesichts dessen, was er aufgrund eigener Erfahrungen für eine grobe Verletzung der Verhandlungsstrategien in Hollywood hielt. Schönberg entwarf einige musikalische Skizzen zum Drehbuch.[1] Die »entzückende« Musik für *Die gute Erde* schrieb dann am Ende doch der Direktor des Musikdepartments.

»Die Schönberg'sche Leistung ist mit einem Maß an Unmenschlichkeit bezahlt, das jede Beziehung zu ihm äußerst schwierig macht.« (Theodor W. Adorno über Arnold Schönberg)

»Komponieren heißt einen Blick in die Zukunft des Themas werfen!«[2] – mit dieser Bemerkung Schönbergs beschließt Viertel ihre Erinnerung an diese Episode.

Als Adorno Ende 1941 an die Pazifikküste zog, verschlug es ihn in die unmittelbare Nähe seines ersten künstlerischen Idols. Das Haus der Schönbergs lag ungefähr auf der Hälfte des Wegs, den Adorno zurücklegte, wenn er zu Horkheimer fuhr. Adorno war nicht nur Teil einer Generation des Bürgertums, die noch eine allumfassende Bildung genoss, zu der ganz selbstverständlich auch das Musizieren gehörte. Adorno wollte ursprünglich

Komponist werden. Durch seine zwei »Mütter«, der echten und seiner Tante, die beide Sängerinnen waren, war Adorno schon früh mit dem europäischen Klassikkanon vertraut. »Es ist unglaublich. Er kennt jede Note der Welt«,[3] soll eine amerikanische Sängerin ausgerufen haben. Als er sich künstlerisch zu orientieren begann, gab es mit den Komponisten Alban Berg und Anton Webern bereits eine Schönberg-Tradition, die sogenannte Zweite Wiener Schule. Adorno war überwältigt, als er im Frühjahr 1924 eine Suite aus Stücken von Bergs noch unaufgeführter Oper *Wozzeck* hörte – genau so müsste wahrhaft zeitgenössische Musik klingen, eine Mischung aus Schönberg und Gustav Mahler –, ließ sich dem Komponisten vorstellen und trat alsbald bei Berg in Wien Kompositionsunterricht an. Begleitend nahm er Klavierunterricht bei Eduard Steuermann, Salka Viertels Bruder. In Wien begegnete er auch zum ersten Mal Schönberg, aber es war ein unbehagliches Aufeinandertreffen. Adorno war voller Respekt, ja Furcht; er zeichnete ein düsteres, dämonisches Porträt: »Sein Gesicht ist das Gesicht eines dunklen, vielleicht eines bösen Menschen, mit der Anlage zu allem Niedrigen und selbst Gemeinen, einem zuckenden, geschäftigen gierigen Mund und einer unheimlichen Behendigkeit der Züge, die sich allen Dingen anschmiegen.«[4] 1938, als Horkheimer auf einer ersten Erkundungsreise im Westen war, hatte Adorno, um Horkheimer auf eine eventuelle Begegnung vorzubereiten, eine Formel gefunden, mit der er seine Bewunderung und seinen Vorbehalt in Einklang bringen konnte: »Die Schönberg'sche Leistung ist mit einem Maß an Unmenschlichkeit bezahlt, das jede Beziehung zu ihm äußerst schwierig macht.«[5]

Deswegen war Adorno überrascht, dass sich bald nach seiner Ankunft in Brentwood ein freundlicher gesellschaftlicher Kontakt mit Schönberg und dessen Frau entspann. Allerdings war dieser vonseiten Schönbergs nicht gänzlich ohne Vorbehalt. Schönberg sollte später haltlos gegen Adorno wüten, als er von dem Ausmaß erfuhr, in dem Adorno an Thomas Manns Porträt eines Zwölftonkomponisten in dessen Roman *Doktor Faustus* beteiligt war, das ihn tief kränkte. Deswegen sind seine späteren Äußerungen mit Vorsicht zu genießen. »Ich hab ihn ja nie leiden können«, wird er über Adorno schreiben und wie sehr ihm »das ›Grandioso‹ seiner Äußerungen, sein öliges Pathos, sein Schwulst, der affektierte Hitzegrad seiner Verehrung«[6] auf die Nerven gegangen seien. Ein Gutteil dieses Befremdens mag aber schon vor dem Eklat die Beziehung bestimmt haben, denn Schönberg beschreibt einen Vorfall so nüchtern wie plausibel. Da er die Hürden für eine lukrative Mitarbeit im Filmbusiness sehenden Auges sehr hochgesetzt hatte, war er weiterhin darauf angewiesen, Unterricht zu geben. Sonntagnachmittags lud er Freunde ein, um sich davon zu erholen und »ein bißchen auf meinem früheren Niveau zu leben«.[7] – »Da kam dann auch Herr Wiesengrund. Doch statt mich zu bedauern um der Notwendigkeit willen, unvollkommene oder talentlose Kompositionen in Ordnung zu bringen, spielte er mir seine eigenen vor, verlangte Urteile, Vorschläge, Verbesserungen – Arbeit, mit einem Wort, die ich wegen der Bezahlung an Arbeitstagen der Woche zu leisten hatte – wegen der Bezahlung! Aber er, der Wohlhabende, dachte gar nicht daran, mich zu fragen, ob ich, der Unbemittelte, ihn umsonst unterrichten wollte.«[8]

Jetzt, im September 1942, feierte Schönberg seinen 68. Geburtstag in größerer Runde, und natürlich waren Adorno und Gretel eingeladen. Und weil Adorno froh darüber war, dass sich die Beziehung zu Schönberg aus seiner Sicht in so »freundlichem Sinn«[9] entwickelt hatte, wäre es für ihn eine Katastrophe

Eduard Steuermann, Salkas Bruder und Adornos Klavierlehrer zu Wiener Zeiten sitzt am Klavier. Hanns Eisler und Max Horkheimer rahmen den Hausherrn Arnold Schönberg (vierte von rechts) ein. Nur Horkheimer und Rudolf Kolisch (ganz links) wissen von dem Typoskript, das Adorno unbedingt vor Schönberg geheim halten wollte.

gewesen, wenn Schönberg das Typoskript vor Augen kommen würde, mit dem er 1941 an die Westküste gereist war. Ja, er geriet geradezu in Panik, als er erfuhr, dass sein Freund (und Schönbergs Schwager), der Violinist Rudolf Kolisch, der neben Horkheimer als einer von wenigen eine Kopie bekommen hatte, entgegen aller Geheimhaltungsbeschwörungen allzu leichtfertig damit umging.[10]

Es war ein ungemein wichtiges Typoskript, ein weiterer gewichtiger Baustein dafür, Horkheimers Gefühl zur Überzeugung werden zu lassen, dass niemand anderes als Adorno der richtige Partner war, um das eine große Buch zu schreiben. »Wenn ich je in meinem Leben Enthusiasmus empfunden habe, so war es bei dieser Lektüre«, schrieb Horkheimer an Adorno, der ihm den Text kurz vor seiner Fahrt nach Brentwood geschickt hatte. »Wenn es literarische Dokumente gibt, an denen heute die Hoffnung einen Anhalt findet, dann gehört Ihr Werk zu ihnen. Das ganze erscheint mir wie ein Beweis dafür, daß Sie der Verantwortung gemäß, von der Sie nach dem Tode Benjamins gesprochen haben, nicht bloß fühlen, sondern auch arbeiten können. Ich kann Ihnen gar nicht ausdrücken, wie froh und glücklich ich bin, daß dieses Dokument da ist.«[11]

Dieses Dokument ist das Typoskript der *Philosophie der neuen Musik*, in der wie später in der *Dialektik der Aufklärung* die Geschichte erzählt wird, wie sich der Mensch von der Natur emanzipiert, indem er sie beherrscht. Statt des frühgeschichtlichen Erschreckens gibt es aber hier einen zeitgenössischen Helden, den Komponisten. Der möchte sein Bedürfnis nach Ausdruck nicht mehr von den konventionell gewordenen musikalischen Mitteln beschränken lassen. Er macht sich das Material untertan, reinigt es von aller Naturwüchsigkeit und ordnet es rational in der Zwölftontechnik.

Horkheimer war begeistert, denn Adorno hatte damit kurz vor dem Beginn der gemeinsamen Arbeit demonstriert, wie ein Anwendungsfall für eine nicht mehr ökonomisch zentrierte Gesellschaftstheorie aussehen könnte. Vor allem hatte er ein Angebot gemacht, wie sich der Umschlag dieser Befreiungsgeste in einen unfreien Zustand nüchtern herleiten ließe. Der unfreie Zustand entsteht nicht durch das Hereinbrechen irgendwelcher dämonischen Barbaren, sondern steckt schon in der Befreiungsgeste selbst. Der Komponist Schönberg ist kein Diktator, der sich das Material aus Herrschaftslust unterwirft. Die musikalische Technik Schönbergs ist für Adorno vielmehr das Maximum, das künstlerisch erreicht werden kann, solange die

Gesamtgesellschaft noch nicht wirklich frei ist. Auch die konsequenteste, unerbittlichste künstlerische Tätigkeit hat Anteil am Umschlag von Freiheit in Unfreiheit: »Aus den Operationen, welche die blinde Herrschaft des Stoffs der Töne brachen, wird durchs Regelsystem zweite, blinde Natur.«[12] Adorno war klar, dass er nicht erwarten durfte, dass Schönberg dieses Porträt seiner Kunst goutieren würde.

Horkheimers Begeisterung hatte aber noch einen weiteren Grund. Denn bei seinen eigenen Essays haderte er beständig mit der Konstruktion und Strukturierung der Argumente. In »Egoismus und Freiheitsbewegung« beispielsweise empfand er die programmatischen Teile von Anfang und Ende zu unbeholfen an den geschichtlichen Mittelteil montiert. Überhaupt, so schrieb er an Pollock, enthielten die Aufsätze die Ansichten des Instituts »nur in notdürftigster Formulierung, zu abgekürzt, ungeschliffen, mißverständlich. Es ist zu wenig Kunst dabei, ich meine die Mittel der Darstellung sind quantitativ und qualitativ armselig«.[13] Dass Adorno der ideale Partner war, um dieser Armseligkeit Abhilfe zu schaffen, machte der Text der *Philosophie der neuen Musik* für Horkheimer einmal mehr deutlich. Denn Adorno war Künstler nicht nur im Stilistischen, im »Durchartikulieren« einzelner Sätze. Er versuchte zudem, das, was musikalische Komposition als Formgebung bedeutet, auch in der Struktur seines Schreibens zu erreichen. Er komponierte schreibend.

Im Dezember 1925 war Alban Bergs *Wozzeck* in Berlin uraufgeführt worden. Adorno hatte zu diesem Anlass einen kurzen Text verfasst, der laut eigener Ansicht in seiner schriftstellerischen Entwicklung Epoche machen sollte. Denn mit diesem Aufsatz hatte er ein neues Strukturideal entwickelt, das dem, was er mit seinen Schriften vorhatte, näher kam als sein bisheriges Schreiben. »Meine geheimste Absicht war, in der sprachlichen Führung des Aufsatzes unmittelbar so zu verfahren, wie Sie, etwa im Quartett, komponieren«,[14] schrieb er an Berg. Die »Führung« dieses Quartetts wiederum fasste Adorno wie folgt: Es gibt keinen Oberflächenzusammenhang, also keinen irgendwie logischen oder kausal verketteten Ablauf von Motiven oder Argumenten. Dem folgt Adorno in der Strukturierung seines Aufsatzes, der stattdessen, wie er sagt, sein Maß an »der – ideellen – Gleichzeitigkeit und faktischen Gleichwertigkeit der Intentionen« habe.

Das ist mehr als eine höfliche Verbeugung vor dem »Herrn und Meister« Alban Berg. Das ist tatsächlich das Ideal, das sich Adorno für seine Texte setzt und das diese gleichermaßen faszinierend und hermetisch macht. Denn in der Regel ist man als Leser auf den Nachvollzug des Oberflächenzusammenhangs konditioniert: Man möchte die Argumente verstehen, möchte ihre Plausibilität überprüfen können, möchte sich überzeugen lassen oder Gründe aufsammeln können, um sie zu verwerfen. Normalerweise ergibt sich durch die Abfolge der Argumente so etwas wie ein Verlauf, eine Geschichte. Im ersten Kapitel der *Dialektik der Aufklärung* beispielsweise scheint ein solcher Verlauf ja auch dargestellt, ein vermeintlich mächtiger Oberflächenzusammenhang: die Entwicklungsgeschichte der Menschheit, vom ersten Erschrecken über die übermächtige Natur bis hin zum Industrialismus der Gegenwart Adornos und Horkheimers. In den ersten Entwürfen haben die beiden Autoren eine Art Gliederung abgesteckt, entlang derer diese weit ausgreifende Geschichte in gut 50 Schreibmaschinenseiten zu packen wäre – manche Gliederungspunkte sind sofort wiederzuerkennen. Der erste Abschnitt des Kapitels handelt in der Hauptsache davon, dass bereits die ersten magischen Praktiken und mythologischen Erzählungen entmythologisierend wirkten, dass bereits sie die ersten Schritte der Rationalisierung unternahmen. Der dritte Abschnitt bringt die gänzlich entfaltete Aufklärung zur Darstellung und will zeigen, inwieweit sie wieder in Mythologie zurückfällt. Das dialektische Bild des Ineinanders von Mythos und Aufklärung scheint also auseinandergezogen und auf die Abschnitte eins und drei verteilt.

Aber als Leser ist man verloren, wenn man sich diesem Verlauf überlässt. Denn Adornos Strukturideal ist eine Kompositionsweise, die diese Art von Oberflächenzusammenhang gerade unterläuft. Er nutzt dabei mehrere formale Schemata. Das Schema, das Adorno im Text zu *Wozzeck* ausprobiert hatte, das ebenfalls in der *Philosophie der neuen Musik* am Werk ist[15] und Horkheimer derart überzeugt, dass es auch im ersten Kapitel der *Dialektik der Aufklärung* Anwendung findet, ist ein komponiertes Stück in drei Sätzen. Und in jedem dieser Ab-Sätze passiert dasselbe: Die Doppelthese, dass im Mythos schon Aufklärung steckt und Aufklärung wieder umschlägt in Mythos, wird nur auf der Oberfläche auf die Abschnitte eins und drei verteilt. Unterhalb dieser Oberfläche ist das dialektische Bild von der Verschränktheit von Mythos und Aufklärung in jedem einzelnen Abschnitt aufs Neue am Werk. Jeweils in der Mitte jedes Abschnitts wird der Umschlag von Mythos in Aufklärung oder umgekehrt erneut prozessiert. Das Ineinander von Mythos und Aufklärung hat sich also aufgesplittert und organisiert das Kapitel einerseits in seinem Verlauf an der Oberfläche, andererseits kaleidoskopartig in jedem seiner Abschnitte. Aber nicht nur das. Von diesen drei Mitten strahlt der Umschlag noch weiter aus und splittert die Abschnitte bis hin zur Struktur einzelner Sätze auf, die dieses Ineinander in sich leisten müssen. Manchmal führt dieses Ausspreizen zu Satzmonstern, die sich unter der Last mühsam nach vorne schleppen und dabei kaum ein Ende finden, wie zum Beispiel: »Die Subsumtion des Tatsächlichen, sei es unter die sagenhafte Vorgeschichte, sei es unter den mathematischen Formalismus, die symbolische Beziehung des Gegenwärtigen auf den mythischen Vorgang im Ritus oder auf die abstrakte Kategorie in der Wissenschaft läßt das Neue als Vorbestimmtes erscheinen, das somit in Wahrheit das Alte ist.«[16] Das Verfahren kann aber auch zu Aphorismen führen, deren rhetorische Kraft gerade von dem beschriebenen Ineinander herrührt: »Der Animismus hatte die Sache beseelt, der Industrialismus versachlicht die Seelen«.[17]

Adorno hatte von einer faktischen Gleichwertigkeit und ideellen Gleichzeitigkeit gesprochen. Faktische Gleichwertigkeit bedeutet: Alle Sätze sollen in der gleichen Entfernung vom gedanklichen Mittelpunkt des Kapitels stehen, nämlich dem dialektischen Bild von Mythos und Aufklärung. Ideell statt real ist die Gleichzeitigkeit, weil Text und Musik nun mal zeitlich organisierte Künste sind. Die ideale Rezeptionsform für dieses erste Kapitel bestünde somit darin, alles zur gleichen Zeit zur Kenntnis zu nehmen.

So einen Text kann man also eigentlich gar nicht lesen. So einen Text muss man begehen wie eine Installation. Ist man in der Mitte des Textes angelangt, also in der Mitte des mittleren Abschnittes, dann befindet man sich genau an der Stelle, an der Hegels bestimmte Negation zur Bilderentzifferung wird. Von dort aus erkennt man in jeder der Richtungen, in die man blicken kann, das dialektische Bild von Aufklärung und Mythos, das es zu entziffern gilt. Und je schärfer man den Blick stellt, desto mehr dialektische Bilder zeigen sich, bis hin auf die Ebene der einzelnen Sätze. Wenn man also die Mitte dieses ersten Kapitels erreicht hat, steht man inmitten einer von Spannung gesättigten Konstellation. Dann muss man dieses in unendlich vielen Spiegelungen vervielfältigte dialektische Bild von Aufklärung und Mythos nur noch entziffern und damit »zersprengen«.

»Das ganze erscheint mir wie ein Beweis dafür, daß Sie der Verantwortung gemäß, von der Sie nach dem Tode Benjamins gesprochen haben, nicht bloß fühlen, sondern auch arbeiten können«, hatte Horkheimer als Reaktion auf die Lektüre von Adornos *Philosophie der neuen Musik* geschrieben. Denn Adorno hatte mit diesem Text gezeigt, wie sich Benjamins Forderung aus den geschichtsphilosophischen Thesen, dem blindwütigen Fortschritt Einhalt zu gebieten, in der Struktur der Texte, die Horkheimer und Adorno nun angehen würden, widerspiegeln könnte. Kein Fortschreiten der Argumente, sondern die spannungsgeladenen Konstellationen eines dialektischen Bildes. Das hatte Adorno bei Alban Berg gelernt. Und das gleiche Prinzip hatte er später in der schriftstellerischen Technik Walter Benjamins wiedergefunden: Dessen Trauerspielbuch, schrieb er, sei »so gebaut, daß jeder der dicht gewobenen und in sich undurchbrochenen Abschnitte gleichsam Atem schöpft, von neuem anhebt, anstatt nach dem Schema des durchlaufenden Gedankengangs in den nächsten zu münden. Dies literarische Kompositionsprinzip vertritt kaum einen geringeren Anspruch als den, Benjamins Vorstellung von der Wahrheit selber auszudrücken«.[18]

Man hat den Autoren der *Dialektik der Aufklärung* immer wieder die Widersprüchlichkeit vorgehalten, dass sie mit vernünftigen Mitteln die Vernunft kritisieren.[19] Aber indem sie die Technik des dialektischen Bildes benutzen, versuchen sie gerade, dem vernünftigen Instrumentarium konventionell entfalteter Gedankengänge zu entgehen.

Der Preis dafür ist allerdings nicht unbeträchtlich. Jeder, der schon einmal versucht hat, die Thesen der *Dialektik der Aufklärung* einem interessierten Mitmenschen zu vermitteln, hat die Erfahrung gemacht, wie schnell man in ein bloßes Nachbeten verfällt, wie dünn die argumentative Decke ist, obwohl man doch von dem Gefühl völliger Plausibilität durchdrungen ist. Das liegt eben daran, dass sich diese Plausibilität auf der Ebene der Inszenierung erzeugt, anstatt auf der der Argumente. Da man aber als durchschnittlicher Leser meistens eingeübt hat, die Argumente aufzusuchen, zu überprüfen und weiterzutragen, kommt es zu Verzerrungen in der Rezeption. Und zu diskursiver Schnappatmung anstelle des Atemschöpfens, das das literarische Kompositionsprinzip ermöglicht und einfordert.

An manchen Stellen ist diese Schnappatmung auch dem Text selbst schon zu eigen. Denn auf der Mikroebene einzelner Absätze oder Passagen gibt es natürlich doch kausale Verkettungen und Beweisführungen. Die dann aber manches Mal rhetorisch überspannt werden. Das Wort von der Naturwüchsigkeit von gesellschaftlichen Verhältnissen beispielsweise ist streng genommen nur eine Metapher. Es würde ja genügen, die Charakteristika aufzuzeigen, die die gegenwärtige Gesellschaft noch nicht vernünftig sein lässt, auf welche Weise sie zu viel dem Zufall überlässt, inwiefern Machtstrukturen durch Gewalt oder Tradition installiert werden anstatt durch Verabreden und so weiter und so fort. So ein unemanzipierter Zustand lässt sich dann, um rhetorische Wirkung zu erzielen, als naturwüchsig bezeichnen. In der Inszenierung des dialektischen Bildes aus Natur und Geschichte aber wird die Reihenfolge von Begründung und Rhetorik umgedreht. Weil in der eigensinnigen Logik des dialektischen Bildes Geschichte schon in Natur wirksam ist und Geschichte wieder zu Natur wird, ist die Naturwüchsigkeit der Geschichte sozusagen gesetzt. Und ab dann müssen Begründungen für diese eigentlich rhetorische Figur gefunden werden.

Ebenso verhält es sich mit der Konstellation von Mythos und Aufklärung. Ein Beispiel: Adorno und Horkheimer zeigen an einer Stelle, dass eines der Charakteristika des Mythischen ist, dass Ereignisse dort nur in Kategorien von Schuld, Rache oder Vergeltung gefasst werden. Nun würde es doch eigentlich genügen aufzuzeigen, dass die logischen Kategorien, die die mythischen aufklärend ablösen möchten, dieses Bedeutungsfeld von Schuld und Vergeltung erben und mitschleppen. Das wäre einer der Punkte, an dem gezeigt werden könnte, dass Aufklärung nicht eigentlich von dem loskommt, was sie abschaffend aufklären möchte. Das würde aber den rhetorischen Ambitionen des dialektischen Bildes nicht genügen. Um den Umschlag von Aufklärung in Mythos an dieser Stelle plausibel machen zu können, muss Aufklärung ihrerseits der Wille zur Vergeltung unterschoben werden: »Wie die Mythen schon Aufklärung vollziehen, so verstrickt Aufklärung mit jedem ihrer Schritte tiefer sich in Mythologie. Allen Stoff empfängt sie von den Mythen, um sie zu zerstören, und als Richtende gerät sie in den mythischen Bann. Sie will dem Prozeß von Schicksal und Vergeltung sich entziehen, indem sie an ihm selbst Vergeltung übt.«[20] Damit aber wird Aufklärung von einem zu analysierenden Phänomen zur psychologisch aufgeladenen Dramafigur.[21]

»Ich glaube, ich bin noch nicht zu alt, um zu lernen, es wirklich so zu machen, wie es sein müßte: unsre Auffassung wirklich zu gestalten, so daß alle Züge, der Pessimismus und die Freude am Leben, die Dialektik und die Absolutheit, das Politische und Antipolitische, der Materialismus und die Liebe zur Freiheit auch wirklich erscheinen – nicht als Doktrin, sondern in der Weise der Konstruktion, in der Art wie das wissenschaftliche oder literarische Material behandelt wird«,[22] schrieb Horkheimer an Pollock. Im ersten Kapitel der *Dialektik der Aufklärung* hat er das mithilfe der Formideen Adornos versucht.

Hass auf die Aristokratie

Der Marquis hilft bei der Titelfindung

Dass Horkheimer und Adorno sich einen Text gemeinsam erdiskutieren konnten, ist ein historischer Glücksfall. Pollock hat beschrieben, in welchem Maße Adorno über die gedankliche Schnelligkeit und Genialität verfügte, ein Argument Horkheimers ad hoc weiterzutreiben.[1] Und Horkheimer wäre es wohl schwergefallen, sich dieses Weitertreiben von jemandem gefallen zu lassen, der diese Genialität nicht bedingungslos in den Dienst der Horkheimer'schen Diktatur gestellt hätte. Dennoch gab es auch für das gemeinsame Schreiben von Horkheimer und Adorno Grenzen. Nicht nur wegen der ohnehin dauernd drohenden Unterbrechungen von außen. Sondern auch, weil es am Ende eben doch arbeitsökonomischer war, Abschnitte untereinander aufzuteilen. Das anschließende Korrigieren hatte sich ja bewährt. Und die grundsätzliche These, die sich aus dem dialektischen Bild von Aufklärung und Mythos ergibt – dass im Mythos schon Aufklärung wirke und dass Aufklärung in Mythos umschlage – ist zum Aufteilen ideal. Man kann sie das eine Mal an einem Beispiel für das Mythische durchspielen. Und das andere Mal an einem Beispiel für die historisch definierte

Aufklärung. Also nahm sich Adorno die Kommentierung von Homers *Odyssee* vor. Und Horkheimer das Werk des Marquis de Sade.

Adorno hatte seinen Entwurf des Kulturindustriekapitels »Schema der Massenkultur« genannt. Mit »Schema« war aber nicht gemeint, dass der Text noch eine Skizze, ein Rohentwurf war, der erst später mit Horkheimer in Form gebracht werden sollte. »Schema« benutzte Adorno hier als Terminus technicus, um auf Kants »Schematismus der reinen Verstandesbegriffe« aus der *Kritik der reinen Vernunft* zu verweisen, den Adorno und Horkheimer als zärtliches Wechselspiel von Subjekt und Außenwelt, als Erkenntnis-, Lebens- und Zartheitsideal gelesen hatten. »Dieser Schematismus unseres Verstandes [...] ist eine verborgene Kunst in den Tiefen der menschlichen Seele, deren wahre Handgriffe wir der Natur schwerlich jemals abraten«,[2] heißt es bei Kant. Für den Menschen der neuen Ära aber ist laut Adorno der Schematismus genau das, wonach er klingt: der Mechanismus der Anpassung an das Vorgefertigte. »Die Leistung, die der kantische Schematismus noch von den Subjekten erwartet hatte, nämlich die sinnliche Mannigfaltigkeit vorweg auf die fundamentalen Begriffe zu beziehen, wird dem Subjekt von der Industrie abgenommen. Sie betreibt den Schematismus als ersten Dienst am Kunden«,[3] heißt es relativ zu Beginn des Kulturindustriekapitels.

Diese Schwundform des Schematismus ist auch in Horkheimers Exkurs »Juliette oder Aufklärung und Moral« am Werk: »Kant hat intuitiv vorweggenommen, was erst Hollywood bewußt verwirklichte: die Bilder werden schon bei ihrer eigenen Produktion nach den Standards des Verstandes vorzensiert, dem gemäß sie nachher angesehen werden sollen«,[4] heißt es dort als Referenz an und als Reflex auf das Kulturindustriekapitel. »Die wahre Natur des Schematismus, der Allgemeines und Besonderes, Begriff und Einzelfall von außen aufeinander abstimmt, erweist sich schließlich in der aktuellen Wissenschaft als das Interesse der Industriegesellschaft.«[5] Horkheimer liest Kants Bestimmungen der menschlichen Erkenntnisvermögen gut materialistisch als Mechanismen des Industriezeitalters. Aber das ist natürlich nicht die eigentliche Provokation des Kapitels.

Die eigentliche Provokation besteht darin, dass es Kants bis zur Erschöpfung penibles System mit den brutalen sexuellen, mörderischen Exzessen im Werk des Marquis de Sade kurzschließt: De Sade ist, was man bekommt, wenn man Kant konsequent zu Ende denkt. Die Begründung des modernen Rationalismus führt zu blutrünstiger Raserei. Kant spielt in dieser Inszenierung eine Doppelrolle als der Begründer des neuzeitlichen Vernunftbegriffs und als Protagonist der historisch konkreten Aufklärung. Mit Kants berühmter Definition der Aufklärung beginnt denn auch das Kapitel. Sie sei »der Ausgang des Menschen aus seiner selbstverschuldeten Unmündigkeit. Unmündigkeit ist das Unvermögen, sich seines Verstandes ohne Leitung eines anderen zu bedienen«.[6] De Sade auf der anderen Seite soll verstehen helfen, warum die von den Idealen der Aufklärung getragene Französische Revolution im Terror kulminierte. Denn dieser Umschwung ist für die Kritischen Theoretiker der 1930er- und 1940er-Jahre ein geläufiger Vergleichshorizont für die eigene Gegenwart: So heißt es etwa im »Research Project on Anti-Semitism«, das Hannah Arendt in der Institutszeitschrift erbost gelesen hatte, »daß die Verfolgung der Adligen in der Französischen Revolution Ähnlichkeiten mit dem Antisemitismus im modernen Deutschland«[7] aufweise.

In seinem groß angelegten Essay »Egoismus und Freiheitsbewegung« hatte Horkheimer bereits 1936 das Wüten der Französischen Revolution gegen die Aristokratie mit dem Judenhass zusammengedacht und eine gesellschaftskritische Erklärung für das irrationale Ausmaß dieses Wütens angeboten: das Ausbleiben einer wahrhaften Revolutionierung der Verhältnisse, die alle Menschen berücksichtige anstatt einzelner Schichten. Der Bürger, der für eine Verbesserung seiner Existenz kämpft, bekommt von seinen Anführern suggeriert, dass sich an seiner Lage nichts Wesentliches ändern werde. Was er auch selbst spürt. Das Versäumnis einer wirklichen Revolution erzeugt in diesen Bürgern einen Hass auf das, was die Revolution an Glück für alle bedeutet hätte. Und je mehr ihnen eine Ideologie der Askese und des Verzichts zur Unterdrückung dieser Möglichkeit von Glück aufgezwungen wird, desto stärker wird ihr Hass auf alles, was nach einem solchen Glück aussieht. »Wenn der Genuß oder vielmehr schon die Genußfähigkeit, die sie seit ihrer Jugend in sich bekämpfen mußten, so verderblich sind, dann sollten auch die, welche dieses Laster verkörpern und in ihrem ganzen Wesen, in Aussehen, Kleidung, Haltung an es erinnern, ausgelöscht werden, damit das Ärgernis verschwinde und der eigene Verzicht bestätigt werde.«[8] Am Ende des Essays möchte Horkheimer diese These noch mit dem so vielversprechenden Begriffsapparat der Psychoanalyse untermauern[9] und bezeichnet diese Auslöschungslust als Sadismus. Was also liegt näher, als den Namenspatron gleich höchstselbst zum Gegenspieler des Aufklärers Kant zu machen?

Auch Adorno las, kurz bevor er Horkheimer an die Westküste folgte, ein Buch über de Sade. Der Autor Geoffrey Gorer zieht dort bereits 1934 Parallelen zum Faschismus. An einer Stelle entschuldigt er sich dafür, dass ihm dauernd Vergleiche zu Nazideutschland einfielen, aber »dessen Geschichte ist in all ihren Details so vergleichbar mit den Beschreibungen de Sades, dass es fast so anmutet, als läse man einen unbekannten Roman von ihm«.[10] In seinem letzten Brief an Horkheimer, bevor er in Los Angeles eintraf, berichtete Adorno von seiner Lektüre und nannte dabei zum ersten Mal den Ausdruck, der später zum Titel des gemeinsamen Buches werden sollte: »Ach Max, jetzt endlich ist es so weit, und wir wollen es zusammen schaffen. Ich las noch zuletzt das Sadebuch von Gorer, und es sind mir eine Menge Dinge dazu eingefallen, von denen ich glaube, daß wir sie werden brauchen können. Sie betreffen wesentlich die Dialektik der Aufklärung oder die Dialektik von Kultur und Barbarei.«[11]

Beide Exkurse setzen die beiden grundlegenden Thesen der *Dialektik der Aufklärung* gleichermaßen in Szene. Aber in dem Maße, wie es beim »mythischen« Exkurs dringlicher ist zu sehen, was am Mythos bereits Aufklärung sein soll, liegt im »aufgeklärten« Exkurs alle Beweislast darin zu zeigen, dass Aufklärung wieder in Mythologie umschlägt. Mit den Gewährsmännern Kant und de Sade steht die historisch verortete Aufklärung im Blickfeld. Aber Horkheimer wollte das Kapitel darauf nicht beschränkt wissen, sondern auch den momentanen Rückfall in die Barbarei mit erzählen. Doch dazu bedurfte es eines weiteren theoretischen Bausteins.

Die Gottesanbeterin

Oder die Verlockung aufzugeben

In den späten 1930er-Jahren gab es noch ein weiteres Institut für Sozialforschung. Es hatte sich 1937 in Frankreich als Collège de Sociologie gegründet. Walter Benjamin hatte als Kontaktmann des Horkheimer-Instituts an den Zusammenkünften von Georges Bataille, Michel Leiris und Roger Caillois teilgenommen und nach New York berichtet. Ein Anliegen des Collège: den Rausch, den Traum, das Primitive, das Heilige, die dunkle, unerkannte Natur – also all das, was der Rationalismus außen vor lässt – nicht als Aufputschinstrumente den Faschisten zu überlassen, sondern der Gesellschaft als konstruktives Lebensmittel bereitzustellen.[1] Das Austarieren der Gefahr, dass man dabei selbst zu sehr dem Irrationalen verfallen könnte, war einer der beständigen Streitpunkte zwischen Benjamin und Adorno. Adorno hatte die Technik des dialektischen Bildes von Benjamin übernommen. Dass die eigene Gegenwart oder das gerade vergangene 19. Jahrhundert als Mythos oder Natur enthüllt wird, darf in Adornos Augen aber nicht dazu führen, dass man in dieser Archaik stecken bleibt. Sie soll lediglich Diagnose sein, aufzeigen, dass die Gegenwart eben noch nicht das Ergebnis von vernünftiger, menschengemachter Geschichte ist. Erst, wenn man das Archaische dann »zersprengt«, gibt es die Möglichkeit, die Vorgeschichte zu verlassen. Das Beschwören des Archaischen als Selbstzweck war für Adorno ein Aufwärmen des Schlechtesten an der Romantik; das, was er an den theoretischen Entwürfen von Ludwig Klages und Carl Gustav Jung nicht müde wurde zu kritisieren. Und wohin Benjamin auf keinen Fall abgleiten sollte.

Beim Collège sah Adorno die gleiche Gefahr und wusste sich in diesem Fall mit Benjamin einig. Das hinderte Adorno und Horkheimer nicht daran, aus den Schriften des Collège, die Benjamin ihnen schickte, zu nehmen, was immer sie für ihre eigene theoretische Arbeit gebrauchen konnten. Ein Phänomen, dem sich Roger Caillois widmete, hatte es ihnen dabei besonders angetan: die Gottesanbeterin. Zwei Eigenschaften springen bei diesem seltsamen Lebewesen sofort ins Auge: Es kann sich sehr gut tot stellen, sodass Fressfeinde es bloß für ein weiteres Blatt halten. Und das Weibchen verspeist das Männchen nach vollzogenem Geschlechtsverkehr.[2]

Horkheimer und Adorno haben an den meisten Deutungen von Caillois etwas auszusetzen, aber in der Interpretation des Totstellens folgen sie ihm. Die Gottesanbeterin drücke damit das Verlangen aus, wieder zurückzukehren in die Natur, abzulassen von den Anstrengungen der Individuation. Diese Art von Todestrieb konnten sie umstandslos in ihr gerade entstehendes Konzept von der menschlichen Selbstwerdung integrieren. Das Subjekt macht sich die Natur untertan – aber damit eben auch die Natur, die es selbst ist. Im ersten Kapitel der *Dialektik der Aufklärung* heißt es dazu: »Furchtbares hat die Menschheit sich antun müssen, bis das Selbst, der identische, zweckgerichtete, männliche Charakter des Menschen geschaffen war, und etwas davon wird noch in jeder Kindheit wiederholt. Die Anstrengung, das Ich zusammenzuhalten, haftet dem Ich auf allen Stufen an, und stets war die Lockung, es zu verlieren, mit der blinden Entschlossenheit zu seiner Erhaltung gepaart.«[3] Adorno erzählt in seiner Kommentierung der Odyssee die Geschichte der Zivilisation als eine der Gewalt, auch gegen sich selbst. In jeder Etappe, in der Odysseus die mythischen Gewalten oder Figuren besiegt oder ihnen auch nur entwischt, zahlt er einen Preis der eigenen Verhärtung oder Verleugnung dessen, was er mehr sein könnte als der mordende Held, zu dem er am Ende geworden ist. Die Geste des Triumphs, mit den Fäusten gegen die Brust zu schlagen, ist auch eine Geste der Selbstverletzung.

Die Gottesanbeterin will sich in Adornos und Horkheimers Lesart das nicht länger antun. Ihr ist die Anstrengung der Selbsterhaltung zu viel geworden, sie gibt auf. Sie erliegt der Lockung, das so mühsam zusammengehaltene Ich wieder aufzugeben. Sie hat den Versuchungen nachgegeben, die Adorno mit großer Suggestivität nutzen wird, um in seinem Exkurs die Nacherzählung der Odyssee zu strukturieren. Der Gesang der Sirenen, das Rauschmittel der Lotophagen, die Verwandlung in Schweine durch Kirke: alles Bilder für die große Sehnsucht, die Anstrengungen der menschlichen Individuation abzuschütteln – freilich um den Preis der Selbstaufgabe.

Der blindwütige Hass der Menschen entsteht nun nicht mehr wie in »Egoismus und Freiheitsbewegung« in dem Versuch, das Versprechen auf eine emanzipierte Gesellschaft zu unterdrücken, in der Lust, Glück und Überfluss gerecht verteilt wären. Er entsteht in der Unterdrückung der verlockenden Selbstaufgabe. In dieser Konzeption ist nicht mehr die Aristokratie Ziel des Hasses. Opfer des Hasses werden vielmehr die, die auch vorher schon Opfer waren, denen man die Individuation von Beginn an nicht zugestanden hat. Der »verzweifelte Vernichtungswille« richtet sich gegen alles, »was die Lockung der Natur, des physiologisch, biologisch, national, sozial Unterlegenen verkörpert«.[4] Die Juden passen in beide Konzeptionen. In der neuen kommen auch die Frauen hinzu. Und das mimetische Vermögen der Gottesanbeterin wird zum Erklärungsmodell für die Pogrome der Nazis:

»Die Erklärung des Hasses gegen das Weib als die schwächere an geistiger und körperlicher Macht, die an ihrer Stirn das Siegel der Herrschaft trägt, ist zugleich die des Judenhasses. Weibern und Juden sieht man es an, daß sie seit Tausenden von Jahren nicht geherrscht haben. Sie leben, obgleich man sie beseitigen könnte, und ihre Angst und Schwäche, ihre größere Affinität zur Natur durch perennierenden Druck, ist ihr Lebenselement. Das reizt den Starken, der die Stärke mit der angespannten Distanzierung zur Natur bezahlt und ewig sich die Angst verbieten muß, zu blinder Wut. Er identifiziert sich mit Natur, indem er den Schrei, den er selbst nicht ausstoßen darf, in seinen Opfern tausendfach erzeugt.«[5]

Damit bietet Horkheimer ein Erklärungsmodell für den sadistischen Exzess. Aber wie kommt er zu der eigentlichen Provokation, zu der Gleichsetzung von Kant mit de Sade?

Ein Essay, der an Kants Philosophie aufzeigen will, dass die aufgeklärte Moral derart bankrott ist, dass sie dem perversen Regelwerk der Romane von de Sade nicht nur nichts entgegenzusetzen hat, sondern auf es hinausläuft, müsste doch eigentlich die Moralphilosophie Kants in den Fokus nehmen. Doch Horkheimer beschränkt sich gänzlich auf Kants erste Kritik, die Bestimmung der menschlichen Erkenntnisvermögen. Denn gerade das will er aufzeigen: dass ein System, das in der aufklärerischen Geste den Erkenntnisvorgang von allen nicht ordentlich ableitbaren Phänomen »säubert« – und am Ende also auch Gott, Unendlichkeit und Freiheit als nicht beweisbar konstatieren muss –, nicht in der Lage ist, aus sich heraus moralische Prinzipien aufzustellen. Kant muss die Moral auslagern, um dann in der Ästhetik mühsam eine Verbindung zwischen Verstand und Moral zu konstruieren. Dann sind moralische Grundsätze aber lediglich eine Zugabe. Aus dem System selbst heraus können sie jederzeit verworfen werden, sollten sie als hinderlich oder auch nur als lästig empfunden werden. In dieses Problem legt Horkheimer den Finger. Sätze aus einem solchen System klingen dann – wenn man sie so geschickt heraussucht wie Horkheimer – tatsächlich so seltsam nüchtern wie die provokant zynischen Anweisungen verschiedenster Sade'scher Übeltäter. »Die dunklen Schriftsteller des Bürgertums haben nicht wie seine Apologeten die Konsequenzen der Aufklärung durch harmonistische Doktrinen abzubiegen getrachtet. Sie haben nicht vorgegeben, daß die formalistische Vernunft in einem engeren Zusammenhang mit der Moral als mit der Unmoral stünde«,[6] schreibt Horkheimer. De Sade klärt somit die Aufklärung über sich selbst auf, ihm kommt, wie auch etwa Nietzsche, einem weiteren »dunklen Schriftsteller«, laut Horkheimer das Verdienst zu, die »Unmöglichkeit, aus der Vernunft ein grundsätzliches Argument gegen den Mord vorzubringen, nicht vertuscht, sondern in alle Welt geschrieen zu haben«.[7]

Mittels Zuspitzung, die er selbst zugibt, gelingt es Horkheimer so, mordlüsterne Barbarei und rationale Kühle zusammenzudenken. Aber dass es einem wie auch immer verengten positivistischen Wissenschaftsbegriff nicht möglich sein sollte, moralische Prinzipien außerhalb dieses Systems zu erzeugen und für sich in Anspruch zu nehmen: Diese Nichtakzeptanz kommt wiederum von dem Geltungsanspruch der Theorie Horkheimers, die bereits in der Trennung von Vernunft und Moral den Sündenfall sieht.

Liebe ist … wenn er ihr seine Affären diktiert

Philemon und Baucis am Pazifik

Wie sehr sie auch die Schönheit der Landschaft zu bewundern verstanden, mit wie viel Sehnsuchtsorten aus der europäischen Heimat sie die Westküste auch überzuckerten (Riviera, Fiesole) – die Emigranten blieben doch zumeist fremd in der neuen Welt. Obwohl sie vor den Nazis geflohen waren, galten die für »feindliche Ausländer« erlassenen Bestimmungen – etwa abendliche Ausgangssperren oder temporäre Einschränkungen des Bewegungsradius – auch für sie. »Sie sind, am Ende der Flucht, am Meer, wo im äußersten Westen wieder der Osten dämmert, gleichsam verbannt«,[1] schrieb Horkheimer. Also versuchten sie, das Beste aus dieser befremdlich paradiesischen Situation zu machen und installierten eine Art Ersatz-Sozialleben. »Man ist nicht so sehr Fremdling mit befreundeten Fremdlingen rundum«,[2] schrieb Ludwig Marcuse. Man traf sich, redete sich die Köpfe heiß, spielte. Beim Scharadespiel schrien die Gäste vor Entzücken, wenn Franz Werfel als Ratte durch die Wohnzimmer huschte – Thomas Mann feierte seine größten

Erfolge als Wald.[3] »Es fehlte an nichts, nur an der Wirklichkeit«,[4] schrieb der Komponist Georg Kreisler über diese Zusammenkünfte. Auch die Adornos luden ein und wurden eingeladen; Adorno war überrascht, dass er plötzlich über Marktwert als »Einladungsobjekt«[5] verfügte.

Natürlich schloss er dabei auch neue Bekanntschaften, insbesondere Frauen waren in der Lage, auf ihn Eindruck zu machen, denn sein Talent zum Beschwärmen weiblicher Schönheit war unerschöpflich. Ideal, wenn sich diese Schönheit mit etwas Antibürgerlichem verband, das bei Adorno auch gerne vorbürgerlich, also adelig sein durfte. Wenn also in der Nachbarschaft in Santa Monica eine Person wie Luli von Bodenhausen auftauchte, gab es für Adorno kein Halten mehr: eine Tochter aus »denkbar größten Verhältnissen« – der Vater war Generaldirektor der Kruppwerke, aber eben auch bekannt mit Hofmannsthal und Borchert, sie selbst Schauspielerin und nach einigen eher belanglosen Hollywood-Auftritten (zum Beispiel Königin Freia in *Flash Gordon Conquers the Universe*) auf immer verzweifelter werdender Suche nach neuen Engagements. Der Zauber von unbeschreiblichem Reiz am Rande des Verblühens, aristokratische Tapferkeit, der Traum eines Mädchens, funkelnd von Begabung – das sind nur einige der Eckdaten von Adornos Porträt, das er an die Eltern übermittelte. Größtes Kompliment: dass sie »wirklich so ist, als ob ich sie mir ausgedacht hätte«.[6]

Aber dieses Schwärmen war bloßes Spiel, war Schmieröl für die Theoriemaschinerie. Luli von Bodenhausens Aura des vergänglich Zarten bewunderte Adorno als Gleichnis für die Fragilität seiner eigenen intellektuellen Arbeit unter den Bedingungen des Exils.

Das Spielerische an diesem Schwärmen, die Unerlässlichkeit weiblicher Schönheit, um die eigene theoretische Arbeit dring-

Einer der »merkwürdigsten Menschen – wäre nicht Walter Benjamin, würde ich sagen: [der] merkwürdigste […], die uns in unserem Leben begegnet sind. Es ist das die Filmschauspielerin Luli Deste, mit ihrem wirklichen Namen Gräfin Goerz, geborene Baronesse Bodenhausen.« (Theodor W. Adorno)

lich zu machen, hätte Adorno auch als Rechtfertigung in Anspruch genommen, wenn sexuelles Begehren hinzugekommen wäre. So hat er seinerzeit die Affäre seines »Herrn und Meisters« Alban Berg, für die er als Postillon d'Amour fungierte, dessen Frau gegenüber verstanden wissen wollen: als unabdingbar für die künstlerische Produktion. Und so nutzte auch

Adorno eine unglückliche Affäre, um eine dramaturgische Struktur für die Kommentierung der Odyssee zu gewinnen. Denn über das grundsätzliche Argument, das dieses Kapitel leitet – dass bereits im Mythos Aufklärung am Werke ist und dass diese Aufklärung sofort wieder mythische Züge aufzeigt –, legt sich eine weitere theoretische Schicht, die freilich mit diesem Argument verknüpft ist. Ein Moment des Aufklärerischen besteht darin, der sofortigen Lustbefriedigung entsagen zu können. Odysseus lässt sich fesseln, um den Sirenen nicht zu erliegen und ihren Gesang dennoch zu hören. Er wird von Kirke nicht wie seine Gefährten in ein Schwein verwandelt, weil er ihrer Verführungskraft widersteht. Schlauheit ersetzt Kraft, List das archaische Opfer. Adorno kommentierte die Odyssee als kulturstiftende Entsagung, und während er dies tat, setzte er sich selbst dieser Erfahrung aus. Seine Sirene, seine Kirke: Renée Nell, eine alte Bekannte aus Berliner Tagen, die er in Pacific Palisades wiedertraf.

Renée Nell hieß eigentlich anders, mit ihrem bürgerlichen Namen hatte sie nach ihrer Ankunft in Amerika eine turbulente und in ihrer Abgründigkeit für die Nazizeit bezeichnende Geschichte hinter sich gelassen. Ohne Wissen ihrer vermögenden jüdischen Eltern hatte sie mit Göring verhandelt und ihm abgerungen, dass die Nazis vorerst das väterliche Möbelgeschäft verschonten, wenn sie und ihr Bruder im Gegenzug auf Ansprüche nach dem Tod des Vaters verzichteten. Das Angebot von Magda Goebbels, ihr Synchronaufträge zuzuschanzen, als Nell schon nicht mehr arbeiten durfte, lehnte sie allerdings ab – zu schwer wog der Verrat, der damals schon einige Jahre zurücklag, als Magda Nell den Freund ausgespannt und ihn anschließend in den Selbstmord getrieben hatte. Nell schrieb Drehbücher, die unter anderem Namen zu Erfolgen wurden, da

»Spiele keine Spielchen, nimm einen Vorschlag eindeutig an oder lehne ihn eindeutig ab« – aus dem Moralkodex, von dem Renée Nell, Adornos »Baudelairische Geliebte«, in ihren Erinnerungen berichtet.

Jüdinnen keine Drehbücher schreiben durften. Sie schloss sich der Widerstandsgruppe »Neu Beginnen« an und floh über die Schweiz nach Kalifornien, wo sie bei Columbia Pictures als Drehbuchautorin angestellt wurde. Als sich Adorno und Nell Anfang Dezember 1942 in Santa Monica trafen, hatte sie bereits begonnen, die Anregungen einer kurzen Lehrzeit bei C. G. Jung umzusetzen, sich einer Psychoanalyse zu unterziehen und Psychologie zu studieren. 1945 sollte sie nach New York gehen, um eine psychotherapeutische Praxis aufzubauen und später, in Connecticut, »The Country Place« zu gründen, einen Rückzugsort für benachteiligte, traumatisierte, schwer erziehbare Jugendliche.[7]

Luli von Bodenhausen verkörperte für Adorno das Glücksversprechen all dessen, was die bürgerliche Gesellschaft abgeschafft hatte. Nell verkörperte Formen von Lässigkeit, die als Modernisierungsschub der Weimarer Republik das Leben angenehmer gemacht hätten, wenn die Nazis sie nicht abgeschafft hätten: Gleichberechtigung; Etablierung einer Mittelschicht mit ihren Verkehrsformen des Alltäglichen; Sex als Selbstverständlichkeit anstatt eines wieder hervorzuholenden Verdrängten. Dass Adorno dieser Lässigkeit nicht in vollem Maße beikam, kann man an seinem Abstecher in Sachen Liebeslyrik sehen. Die Sonette, die er privat an Renée Nell schrieb, überraschen durch Schlichtheit in Form und Inhalt. Da fahren zwei Autos stellvertretend für die verhinderten Liebenden die »dreizehn ausgemessene[n] Meilen« hin und her, »Die Straße führt zum Stillen Ozean« reimt sich auf »Was hat man Dir, du armes Kind getan?«[8] Der ungleich überzeugendere schriftstellerische Ertrag lässt sich in Adornos Exkurs zu Homers Odyssee in der *Dialektik der Aufklärung* auffinden. Denn die unerfüllte Affäre ermöglichte Adorno die Kommentierung der Odyssee als eines Epos bürgerlicher Entsagung. »Heute ist es gerade vier Monate daß mein Schauerroman – halb Balzac, halb Monologue intérieur – anfing. Meine Baudelairische Geliebte und Manon Lescaut, oder wie man sie nennen will, hab ich seit Mitte Januar nicht mehr gesehen, wir sind, wie Kinder in Frankfurt es nennen würden, bös. Und ich lebe doch weiter, wenn auch mit einer sehr geringen Begabung zur Entsagung (die Homerarbeit ist eine Kritik der Entsagung)«,[9] schrieb Adorno seinen Eltern, nachdem das Odysseekapitel im Wesentlichen fertiggestellt war.

Zentraler Schauplatz dieser Entsagung ist für Adorno die bürgerliche Ehe. Das Verletzliche, Zarte, das das eigene Schreiben metaphorisieren darf, und die Verheißungen moderner Unabhängigkeit: Beides ist in Adornos Konstruktion aus der Ehe ausgeschlossen. Diese begreift er als einen typisch bürgerlichen »mittleren« Weg, um die Spannung zwischen der Unwiderstehlichkeit, die der Frau in der patriarchalen Gesellschaft zukommt, und der Ohnmacht, die sie auszuhalten hat, lebbar zu machen. Und als solche ist sie natürlich eine weitere zu kritisierende Etappe auf dem Zivilisierungsprozess der Gesellschaft, den die Kommentierung der Odyssee verfolgt. Aber der Dialektiker Adorno ringt der Ehe auch ein utopisches Moment ab. »Solidarisch, gemeinsam dem Tod standhalten«, heißt es in der *Dialektik der Aufklärung.* Allerdings schrieb Adorno das nicht einfach so hin. Das diktierte er seiner Ehefrau Gretel in die Schreibmaschine.

Schreibkräfte waren eine für die Arbeit des Instituts wesentliche Ressource. Auch darin war es beneidenswert gut ausgestattet. Dass das nicht nur eine Frage der Quantität war, musste Horkheimer erfahren, als er aushilfsweise auf eine Person ausweichen musste, deren Anwesenheit er nicht leicht ertrug und die ein zu starres Verhältnis zu gewöhnlichen Arbeitszeiten hatte. Gelegenheit, wieder einmal zu schätzen, was er an Kolleginnen wie beispielsweise Margot von Mendelssohn hatte, eine der Leib- und Magen-Sekretärinnen des Instituts. Sie erfüllte das Anforderungsprofil nahezu perfekt. Die Coolness ihres Wanderlebens, wie sie selbst es nannte, machte sie unempfindlich dafür, dass ihr die Diskussion über ihren Verbleib in New York oder Wechsel an die Westküste in die Schreibmaschine diktiert wurde. Sie hatte ein gänzlich entspanntes Verhältnis zu unkonventionellen Arbeitszeiten: Als sie 1942 endlich Horkheimer nachreisen durfte, bemühte sie sich bei den lokalen Sicherheitsbehörden darum, wegen der Ausgangssperre bei den Horkheimers übernachten zu können, wenn es mal wieder später wurde. Typoskripte korrigierte sie auf Zugfahrten zwischen weinenden Kindern, lärmenden Soldaten und kreischenden

Ladies.[10] Sie freute sich immer darauf, Manuskripte Horkheimers abtippen zu können, denn sie schätzte den »Zugang zu seinen Gedanken«. Ja, sie war ihm und seiner Frau in derart leidenschaftlicher Verehrung zugetan, dass sie die beiden als Ersatzfamilie empfand und ihren Lebensweg völlig den Entscheidungen Horkheimers anpasste.

Adorno war noch das eine Stückchen konsequenter und bezog die Ressource Schreibkraft tatsächlich aus der eigenen Familie. Er hatte mit seiner Ehefrau eine Technik der Textproduktion entwickelt, die sich auch an der *Dialektik der Aufklärung* bewährte. Gretel war die Instanz, die qua Abschrift des Diktats den Text für Adorno fremd machte, sodass er die Schreibmaschinenseiten bearbeiten konnte wie den Text von jemand anderem. Seit 1938 schrieb Adorno nahezu alle seine Texte auf diese Weise (beziehungsweise ließ schreiben), durchaus auch Briefe, in denen er von seinen Affären berichtete. Gretel machte den Text durch Abschrift fremd und markierte hier und da im Typoskript Übertreibungen, argumentativ noch zu verknotete Stellen, Widersprüchlichkeiten. »Dank aber gebührt dem, der das Diktat aufnimmt, wenn er den Schriftsteller durch Widerspruch, Ironie, Nervosität, Ungeduld und Respekt im rechten Moment aufscheucht«, schrieb Adorno später in den *Minima Moralia*. Allerdings braucht es eine Weile, bis der Dank sich äußern darf. Vorher herrscht oft die Wut des Autors gegenüber dem »lästigen Helfer«. Das ist undankbar, das weiß auch Adorno, aber da müssen Autor wie Helfer durch: Es »reinigt wohltätig die Beziehung zur Sache«.[11]

Wenn also Horkheimer und Adorno in dessen Garten in Brentwood mit dem Toscanablick saßen, dann war Gretel immer dabei. Sie übernahm die klassische Sekretärinnenfunktion: Bewirtschaftung und Überwachung der Idylle, innerhalb

»Die Sorge ums vernunftlose Tier aber ist dem Vernünftigen müßig. Die westliche Zivilisation hat sie den Frauen überlassen.« Gretel Adorno mit Ali Baba im eigenen Garten in Brentwood.

derer sich die Theorie entfalten darf, Verwaltung des Papierkrams. Backoffice der kritischen Theoriearbeit.

Für diese Position hatte sich Gretel, geborene Karplus, nicht beworben. Gretel Karplus war promovierte Chemikerin und Leiterin einer Lederfabrik. Als sie unter den Nazis die Fabrikleitung aufgeben musste, schrieb sie an Walter Benjamin ins Pariser Exil so etwas wie eine Stellenanzeige: »Also wenn Du zufällig etwas hörst: abgeschlossene akademische Ausbildung in

Chemie, weitgehende kaufmännische Kenntnisse, 10 Jahre Praxis, Spezialität: Handschuhleder – Lederhandschuhe.«[12]

Mit diesem Lebenslauf gehörte sie quasi zur ersten Generation von Frauen, die das neu erkämpfte Recht zu studieren nutzen konnten. Und doch erfüllte sie damit genau die Erwartungen, gegen die zum Beispiel die Fabrikantensöhne Horkheimer und Pollock aufbegehrten. Denn Gretel studierte Chemie, um in die elterliche Fabrik eintreten zu können, deren Leitung sie dann auch von 1930 bis 1932 innehatte. An den Treffen der Intellektuellenkreise ihres Freundes Teddie, den sie 1923 kennengelernt hatte, teilzunehmen, war sozusagen die Extravaganz, die sie sich zusätzlich zu der Extravaganz, es als Frau bis zur Fabrikleitung gebracht zu haben, leistete. Da mit der Verstetigung der Naziherrschaft die Aussichten auf eine Fortsetzung ihrer Karriere als Chemikerin immer unwahrscheinlicher wurden, machte sie diese zweite Extravaganz zum Hauptberuf. Eine Lebenskonstruktion, deren Risiko sich Gretel Karplus durchaus bewusst war. Als sie Adorno 1937 heiratete, beschrieb sie ihre Situation Benjamin gegenüber wie folgt: »Ich kenne Teddies Bedürfnis nach Glanz, Schönheit und Abwechselung, wo soll ich das alles stets herschaffen, jetzt, da ich längst nicht mehr ganz jung und ohne jedes Einkommen und ohne Besitz bin?«[13]

»Solidarisch, gemeinsam dem Tod standhalten«, tippte Gretel Adorno also in die Schreibmaschine. Das ist nicht irgendein beiläufiger Trost am Rande zivilisatorischer Gewaltgeschichte. Es ist das Luftholen vor dem Finale der Odyssee-Kommentierung. Die Ehe führt ins Zentrum, in den Maschinenraum des Epos. Denn für die Schilderung des Moments, an dem sich Odysseus und Penelope wiederbegegnen, benutzt Homer einen Vergleich. Penelope freue sich über den Anblick ihres Gemahls so, wie Schiffbrüchige freudig das rettende Land begrüßen. Dieser weder besonders gewichtige noch originelle rhetorische Vorgang, dieser bildhafte Vergleich wird bei Adorno zum »nackten Gehalt« der Erzählung. Denn laut Adorno wird mit diesem Bild nichts weniger als die Funktionsweise des epischen Erzählens selbst beschrieben: Das Rauschen, mit dem das Wasser vom Felsen des rettenden Landes wieder zurückströmt, sei der Laut der epischen Rede, die immer wieder aufs Neue versucht, das Besondere, also Berichtenswerte aus der gestaltlosen Flut des Immergleichen der mythischen Erzählungen herauszuholen.

Das solidarische Standhalten mittels Eheführung ist also die Grundlage, die das Epos ermöglicht; es beschreibt die Art und Weise des Erzählens, wodurch wir überhaupt Kunde von den Abenteuern des Odysseus haben. Die Ehe entrage »dem Mythos wie das kleine Inselreich dem unendlichen Meer«. Das alt gewordene Ehepaar hockt auf dem Felsen dessen, was ihre gemeinsame Geschichte besonders macht. Charakteristisch. Erzählenswert.

Gretel war Adornos Gefährtin im fremden Amerika, sie war die Komplizin im Aushalten der Entsagungsaffäre sowie weiterer Affären. Sie war bei allen gesellschaftlichen Zusammenkünften mit dabei, natürlich auch bei dem »Versöhnungsfest«, das Renée Nell im Juni 1943 nach ausgestandener Nicht-Affäre (und Beendigung des Odysseekapitels) gab. Bei dieser Gelegenheit lernten die Adornos Luli von Bodenhausen kennen (mit der sie sich auf dem Fest, das ihnen nicht gefiel, separierten. Was wiederum der Gastgeberin stark missfiel. Adorno: »die Wut meiner vormals grande passion ist schwer zu beschreiben«).[14]

Nach der Rückkehr nach Deutschland erledigte Gretel weiterhin auf eingeübte und bewährte Weise alle erdenklichen

Unterstützungsarbeiten für das neu aufgebaute Institut. Als 1969 mit Adornos Tod das kleine, dem bedrohlichen Mythos entragende Inselreich der ehelichen Solidargemeinschaft versank, brachte die 67-jährige Gretel alles Nötige für Adornos Werkausgabe auf den Weg, dann nahm sie Gift. Der Suizid misslang und machte sie für die circa 20 Jahre bis zu ihrem Tod zum Pflegefall. Der Schriftsteller Andreas Maier wusste in den späten 1980er-Jahren zunächst nicht, zu wem er da vom Pflegedienst, bei dem er als Student jobbte, geschickt wurde. Eine extrem schwierige, unleidige, unverschämte alte Dame wurde ihm angekündigt. Aber Maier entdeckte hinter der kratzbürstigen, üble Beschimpfungen ausstoßenden Philosophenwitwe eine eigentümlich liebenswürdige Person. Im Domino war sie, die ihm als dement geschildert worden war, nicht zu schlagen. Und manchmal hatte sie gänzlich luzide Momente und brachte zusammenhängende Sätze zustande. »Teddy mochte das nicht«[15] zum Beispiel.

Forschungsthema Frau

Wider die Vermuffelung

Dass Frauen innerhalb der Gruppe des Instituts bestenfalls als Schreibkräfte vorkamen, lag neben milieu- und generationstypischen Gründen auch daran, dass »die Frau« ein Forschungsobjekt war. Männlichen Theoretikern, die von der Analyse der Ware als Keimzelle der bürgerlichen Ökonomie herkamen, scheint es schwergefallen zu sein, nicht der Faszination für einen Sonderfall dieser Keimzelle zu erliegen: der Ware, die sich selbst verkauft, also der Hure. Walter Benjamin hatte in seinen frühen Schriften die Dirne in ein kühnes Projekt zur Metaphysik der Jugend sublimiert. Die Dirne ermöglicht dort dem in seine banale Gegenwart Verstrickten das sogenannte echte Gespräch, indem sie sein Gequassel als »Hörende« abtropfen lässt. Sie behütet »den Sinn vor dem Verstehen, sie wehrt dem Mißbrauch der Worte«.[1] Benjamins Konzepte zum 19. Jahrhundert machten die Hure dann zur Zentralfigur dieser Entzifferungsarbeit. In seiner Untersuchung des barocken Trauerspiels war die Allegorie der Schlüssel für eine Gesamtdurchleuchtung der Gesellschaft des 16. Jahrhunderts. Die Hure erbt diese Fähigkeit für den Beginn des kapitalistischen Zeitalters.[2]

Auch dieser Forschungskomplex fällt der Umstellung der Theorie von der Kritik der Ökonomie zu einer Genealogie der Gewalt zum Opfer. Und dennoch hinterlässt er in Adornos Kommentierung der Odyssee noch eine eigentümliche Spur. Kirke ist dort als »Prototyp der Hetäre« mit einer Schicht von 19. Jahrhundert überzogen: Der »Blick der Dirne« gleiche dem feuchten Reflex des Gestirns, ein Vergleich, der aus Baudelaires Gedicht »Le vin du solitaire« stammt.[3]

Ansonsten wird »die Frau« in der Hauptsache im Abschnitt »Mensch und Tier« in den »Aufzeichnungen und Entwürfen« abgehandelt. Sie befindet sich dort auf der Seite des Tiers: beide Opfer des Prozesses fortschreitender Naturbeherrschung. Daraus kann natürlich nur eine deprimierende »Frauen-Typologie« erwachsen: Als Megäre oder »soziale Hyäne« kommt der Frau immerhin noch die aufklärerische Rolle zu, den Männern die Fratze der verstümmelten Natur entgegenzuschleudern. Auch an der Lebenswelt des Männerklubs des Instituts lässt sich – banaler als aus der Zivilisationsgeschichte deduziert – studieren, woher diese Fratze kommt. Denn natürlich sind bei all den Projekten, an denen das Institut beteiligt ist, immer auch Frauen am theoretischen Werk. Marie Jahoda etwa, die mit ihrem damaligen Mann Paul Lazarsfeld noch im Österreich der 1930er *Die Arbeitslosen von Marienthal* verfasste. Oder Else Frenkel-Brunswik, eine der Mitautorinnen der *Studien zum Autoritären Charakter.* Im *inner circle* von Adorno und Horkheimer aber sind die Frauen entweder emotional unterstützende Ehefrauen, Sekretärinnen oder beides. Wenn eine Frau sich herausnimmt, auf theoretischer Augenhöhe mitwirken zu wollen, geht es schief. Selbst wenn die Ehefrau von Felix Weil tatsächlich der schwierige Charakter war, als der sie von allen dargestellt wird – ihr Vorhaben zu studieren, um gleichberechtigt mit Felix an den

Studien zum Antisemitismus teilzunehmen,[4] wäre wohl so oder so an den Rollenbildern gescheitert, die die Freunde ihren Frauen zubilligen. Das Einzige, was Pollock ihr zutraut, ist, Weils »heavy English« in ein bodenständiges zu verbessern.[5] Die Ehe geht in die Brüche, Knopping tobt und keift, gibt den Freunden und ihrem Einfluss auf Weil die Schuld. Und schwört Rache: Sie werde nicht ruhen, bis sie Horkheimer, Pollock und Weil hinter Gitter gebracht habe, berichtete eine gemeinsame Bekannte. Sie habe so viel belastendes Material, dass das ganze Land über die Herren sprechen werde.[6]

Doch gibt es noch einen weiteren Theoriestrang, der die Frau weder als sich selbst verkaufende Ware romantisiert, ihre Romantisierung als Natur anklagt, oder als Fratze der beschädigten Natur analysiert. Adorno traute sich 1937, dem Jahr seiner Heirat mit Gretel, das Untersuchungsthema nicht zu, obwohl er überaus detaillierte Vorstellungen dazu hatte, die er an Erich Fromm zu delegieren versuchte. Adorno wollte das Thema abkühlen. Nicht mehr die Ware Frau, sondern »das völlig irrationale Verhalten der Frauen zu Waren« wollte er eingehend analysiert wissen, »das shopping-Gehen, die Kleider, die Frisur u.s.w.«[7] Auch die Sexualität ist laut Adorno der Warenförmigkeit nicht entkommen. Der Gebrauchswert – also das, wofür das Ding, das dann zur Ware wird, eigentlich gemacht ist, in diesem Fall die sexuelle Lust – geht unter im Tauschwert. Letzterer meint das Preisetikett, das dem Ding anheftet und das es erst zur Ware macht. Was in diesem Fall bedeutet: Sex als Prestige, als Erhöhung des eigenen gesellschaftlichen Werts et cetera. Adorno möchte das nicht als kulturkritische Verfallsgeschichte erzählt wissen, er möchte nicht einfach zum Gebrauchswert zurück: »Es wäre freilich eine dialektische Spitze, wenn man zeigen könnte, daß er nur durch die vollständige Durchsetzung des Tauschwertes wieder herzustellen ist.«[8] Aber was hat man sich darunter vorzustellen?

Adorno las einen erotischen Zusammenstoß als Kernszene von Huxleys Dystopie *Schöne neue Welt*. Lenina ist im Roman eine typische Repräsentantin der neuen Welt, konditioniert auf Freundlichkeit, Fröhlichkeit und Freigebigkeit bezüglich ihrer Sexualität. Als sie in »pflichtgemäßer Promiskuität« den Wilden, also den nicht vom System Konditionierten, verführen will, fühlt der sich in seinen sublimen Gefühlen herabgewürdigt. Adorno ist nun gegen die Intentionen des Romans gänzlich auf der Seite von Lenina. »Die künstliche Anmut und zellophanhafte Schamlosigkeit Leninas macht keineswegs den unerotischen Effekt, der ihr zugewiesen wird, sondern einen überaus verlockenden. [...] Wäre sie die imago der Brave New World, so verlöre diese das Grauen«,[9] schreibt Adorno. Denn Lenina betreibt hier die vollständige Durchsetzung des Tauschwerts. »Durch die totale gesellschaftliche Vermittlung stellte gleichsam von außen nach innen zweite Unmittelbarkeit, Humanität sich her. Es fehlt nicht an solchen Ansätzen in der amerikanischen Zivilisation.«[10] Was meint Adorno damit? Möglicherweise die Art von sozialen Verhaltensweisen, die ihn in der angelsächsischen Welt in Staunen versetzt haben, weil er sie im in dieser Hinsicht zurückgebliebenen Deutschland oder Frankreich noch nicht erlebt hatte: »der flirt und das having a good time, das Herumlaufen von party zu party«.[11] Und vielleicht hatte er das nur deswegen nicht erlebt, weil er ganz einfach nicht mitbekommen hatte, wie sich schon im Deutschland der 1920er-Jahre zellophanhafte Schamlosigkeit zur sexuellen Emanzipation der neuen Generation durchzukämpfen versuchte. Renée Nell beschreibt ihren Moralkodex, der »für bestimmte weltläufige Kreise jener Zeit« mehr oder weniger Standard war, wie folgt: »1. Verliere keine Zeit mit Schlafen, verführe, spanne deiner Freundin jeden Freund aus; 2. benutze Sex nie, um etwas zu erhandeln; 3. spiele keine Spielchen, nimm einen Vorschlag eindeutig an oder lehne ihn eindeutig ab; 4. Frauen haben dasselbe Recht wie Männer, eine Beziehung zu initiieren; 5. lüge nicht, sprich nicht von Liebe, wenn du keine empfindest; 6. je nüchterner das ganze Verhältnis behandelt wird, desto besser für alle Betroffenen; 7. niemand schuldet dir etwas, noch schuldest du jemandem etwas, aus einer sexuellen Verbindung entstehen keinerlei ›Rechte‹; 8. zieh dich aus einer Situation zurück, die dir nicht gefällt: Szenen, Eifersucht, Besitzansprüche sind altmodisch; 9. Sex ist ebenso gesund und notwendig wie Essen und Schlafen, jede übermäßige Beschäftigung mit Sex ist passé; 10. wer nicht genug Sex bekommt, ist ein Dummkopf, und jemandem, der mehr Sex braucht oder hat als andere, Promiskuität vorzuwerfen, ist lächerlich.«[12]

In seinem Buch über de Sade, das Adorno kurz vor der Übersiedlung an die Westküste las, zieht Gorer nicht nur über die faschistischen Gewalttaten Parallelen zur Gegenwart. Er erzählt auch den Inhalt von *Blondinen bevorzugt*, den Roman von Anita Loos, der schon vor der Verfilmung 1953 mit Marilyn Monroe und Jane Russell als Musical ein Publikumsrenner war, auf eine Weise, dass er sich wie eine Fortsetzung von de Sades Roman *Juliette oder die Vorteile des Lasters* ausnimmt – der Roman, in dem die Titelfigur keine Gelegenheit zu Betrug und Mord auslässt.[13]

Aber dieser düstere Blick auf *Blondinen bevorzugt* entsteht nur aus der männlichen Fassungslosigkeit darüber, dass die Frauen beginnen, sich zu nehmen, was sie wollen. Henryk Grossmann, ein Institutsmitarbeiter der ersten Stunde, berichtete 1939 Horkheimer staunend über den »Markt des Sexuallebens«, den er beobachtete: »Keine altmodische ›romance‹, nein. Man ist darüber hinweg. Nicht mehr längere, einige Tage dauernde Bindungen! Man will freie Hand haben: Sie sucht sich für den Nachmittag einen anderen und für die Nacht wieder einen anderen. Geistige Qualitäten spielen überhaupt keine Rolle: die girls schauen den Mann mit dem Blick eines Sklavenhändlers an: Der Mann muß sein: big and strong.«[14] Nach Erhalt dieses Briefes nahm Horkheimer Haltung an, wenn er in den Spiegel schaute: »Ich mache mir nun fortwährend Gedanken darüber, ob die girls mit dem Sklavenhändlerblick mich als big and strong einschätzen oder als geistiger Qualitäten verdächtig zum Powel werfen würden. Komisch, daß man dann doch schließlich den Ehrgeiz hat, im ersteren Sinne beurteilt zu werden.«[15] Horkheimers Ambivalenz äußert sich hier noch als Amüsement. Im Kapitel zu de Sade führt sie zu mühsamen Suchbewegungen. Zunächst stimmt er Gorer gleichsam zu und präsentiert Juliettes Gedankengebäude als Symptom für den Verlust von wahrer Liebe und Lust in seiner Gegenwart. Das bezeugen Sätze wie: »Unter der großen Industrie wird die Liebe kassiert.«[16] Aber diese Sätze werden schwächer, sie verlieren die Schärfe ihres Vorwurfs: »Die Menschen gewinnen das rationale, kalkulierende Verhältnis zum eigenen Geschlecht, das in Juliettes aufgeklärtem Kreise als alte Weisheit längst verkündet wurde.«[17] Zunehmend kämpft sich aus dem Text ein nüchternes Konstatieren hervor: »Der illusionslose Wüstling, für den Juliette eintritt, verwandelt sich mittels des Sexualpädagogen, Psychoanalytikers und Hormonphysiologen in den aufgeschlossenen Mann der Praxis, der sein Bekenntnis zu Sport und Hygiene auch aufs Geschlechtsleben ausdehnt.«[18]

So ist es, und was genau ist das Problem?, hätte Renée Nell fragen können, die es ganz ähnlich in ihrem Lebensbericht beschrieb und als Zugewinn an selbstbestimmtem Leben begrüßte. Aber Horkheimer ist ja ohnehin am Ende fast auf Juliettes Seite übergelaufen. Er möchte zwar von der »sublimen Liebe« nicht lassen (also dem, worüber sich Adorno bei dem von Lenina verschreckten Wilden lustig macht). Aber gemeinsam mit dieser könnte auch Juliettes Grausamkeit und Amoralität eine Kritik am gegenwärtigen Zustand des Liebeslebens sein, als »Treue zur nahe gerückten Utopie«: der Utopie, dass die sexuelle Lust für alle frei sei.[19]

Das zweite bestaunenswerte Merkmal der Gottesanbeterin war, dass sie nach dem Geschlechtsakt das Männchen frisst. Diese Mischung aus dem Loslassenwollen und der männervernichtenden Weiblichkeit macht aus dem Insekt eine Ikone der Schwülstigkeit von Decadénce und Fin de Siècle. Unter Mühen verabschiedet sich Horkheimer von diesem Phantasma und lässt in seinem Kapitel zu Kant und de Sade einen modernen, emanzipierten Frauentypus entstehen, der ihm nicht gänzlich geheuer ist. So findet sich versteckt unter den zähen Sätzen von Kants funktionalistischer Vernunft und der Pogromstimmung der Sade'schen Romane ein Ausblick, den man in der *Dialektik der Aufklärung* nicht unbedingt erwarten würde: dass die vollständige Durchsetzung des Tauschwerts uns wieder auf den Gebrauchswert führen könnte. Dass sich in der komplett vollzogenen gesellschaftlichen Vermittlung wieder Humanität herstellen könnte. Adorno war offener als Horkheimer für diese amerikanische Erfahrung von Äußerlichkeit, die der Idee von Demokratie viel mehr entspreche als das europäische Beharren auf Konzepten wie Tiefe und Persönlichkeit. Schließlich sei deren Anfälligkeit für politischen Wahn ja in Europa gerade demonstriert worden. In der Rückschau schreibt Adorno:

»Ein Mensch, der unter äußerem Zwang, ja durch sein egoistisches Interesse zur Freundlichkeit gebracht wird, gelangt am Ende eher zu einer gewissen Humanität in seinem Verhältnis zu anderen Menschen als jemand, der nur, um mit sich selbst identisch zu sein – als ob diese Identität immer wünschbar wäre –, ein bösartiges, vermuffeltes Gesicht macht und einem von vornherein bedeutet, man sei für ihn eigentlich nicht vorhanden und habe in seine Innerlichkeit, die vielfach gar nicht existiert, nichts hineinzureden. Wir sollten hierzulande uns bemühen, nicht selber, indem wir über die amerikanische Oberflächlichkeit uns entrüsten, unsererseits oberflächlich und undialektisch uns zu verhärten.«[20]

Romaneskes Intermezzo

Eine Frau widersetzt sich der Weltregierung

Gott ist nicht tot. Gott ist eine Frau. Zu ihrer Unterstützung hat sich eine Art Weltregierung aus hingeschiedenen Staatsmännern, Politikern und Geschäftsleuten gebildet. Zur Routine der Weltregierung gehört es, immer mal wieder einen Welteroberer auftreten zu lassen, dessen desaströser Untergang am Ende den Glauben an die Größe des höchsten Wesens aufs Neue erstrahlen lassen soll. Das Problem: Jedes Mal verliebt sich dieses weibliche höchste Wesen in den Kraftkerl und verhindert dessen von der Weltregierung minutiös geplanten Untergang. Das war bei Alexander dem Großen nicht anders als bei Friedrich dem Zweiten. Deswegen hatte man diesmal mit Hitler ein besonders widerwärtiges Exemplar gewählt. Hat wieder nicht geklappt. Das höchste Wesen hat Hitlers Sturz, der auf November 1941 terminiert war, hintertrieben. Die Mitglieder der Weltregierung sind entsetzt, verzweifelt, Machiavelli etwa ist den Tränen nah.

Vielleicht liegt das Problem ja darin, dass die Weltregierung unter falschen Prämissen arbeitet. Könnte es nicht sein, dass das höchste Wesen »gar keine besondere Freude daran hat, daß die

Menschen fortwährend zu ihm aufblicken«? Was, wenn es am liebsten »zur Naivität des Urzustandes zurückkehren und die Menschen freigeben« möchte?

Das war Horkheimers Entwurf für den Inhalt des Romans, den er im Spätherbst 1942, neben der Arbeit zur *Dialektik der Aufklärung* verfassen wollte. Das Ende sah einen »Ausblick auf die Verwirklichung dieser Befreiung, die Abschüttlung der Weltregierung durch die Menschen selbst« vor.[1]

Herbert Marcuse sollte ihn bei dieser Arbeit unterstützen. Adorno war sehr dagegen.[2] Der Plan wurde nicht verwirklicht.

Wo Milch und Honig in Strömen fließen

Die Adornos laden zu einer Lesung

Am 9. Februar 1943, noch in den Ausläufern von Adornos Erschütterung durch die Nicht-Affäre mit seiner Baudelaire'schen Geliebten, gab es eine respektable Festlichkeit bei den Adornos. Knapp 30 Geladene lauschten der Lesung Alexander Granachs aus seinem autobiografischen Roman *Da geht ein Mensch*. Eine Welt tat sich ihnen auf, die von der kalifornischen Küste surreal weit entfernt schien: Granach erzählte von der schweren, großartigen Kindheit als neuntes Kind einer jüdischen Bäckerfamilie in einem ostgalizischen Schtetl, vom Erweckungserlebnis fürs Theater in Lemberg, von der Aufnahme an der Schauspielschule Max Reinhardts in Berlin. Er erzählte davon, wie er sich der Tortur unterzog, seine X-Beine zu begradigen, dem letzten Hindernis für eine Theaterkarriere. Selbst der Erste Weltkrieg kann nicht verhindern, dass er zum gefeierten Theater- und Filmstar wird, und nach seiner Emigration 1938 gelingt es ihm, sich auch in neu angeeigneter Sprache und dem neuen Medium des Tonfilms zu etablieren. Er spielt in *Ninotschka*« mit Greta Garbo, in Fritz Langs *Auch Henker sterben*, zu dem Brecht das Drehbuch und Eisler die Musik geschrieben haben. Adorno beschrieb 1943 das befremdliche Amüsement, mit wesentlichen Teilen der Hitler-Gang im gleichnamigen Film persönlich bekannt zu sein: Fritz Kortner spielte darin Gregor Strasser, Alexander Granach Julius Streicher.

Jetzt saß Granach also in Adornos Haus und las vor den Horkheimers, vor Salkas Mann Berthold Viertel, vor Hanns Eisler und vielen anderen. Granach war ein Kraftkerl, auch in der Sprache, er las von der verdrehten Logik der Wunderrabbiner, von nächtlichen Dämonenaustreibungen, von der Zuflucht bei einer Puffmutter, von der schwarzen, saftigen und schläfrigen Erde Ostgaliziens, vom alltäglichen Judenhass, vom Leben »mit seiner ganzen Pracht, mit seinem ganzen Reichtum, mit seiner ganzen Trunkenheit, das lachende, das weinende, das quellende Leben!«[1]

Die Zuhörenden wurden Teil einer Welt, die in Europa gerade vernichtet wurde. Ende 1942 hatten sich die Meldungen gehäuft, dass in Europa die Juden nicht mehr nur »sterben und verscharrt werden wie Hunde«,[2] wie Arendt 1940 nach Benjamins Tod an Scholem geschrieben hatte, sondern von den Nazis systematisch ermordet werden. Im September 1942 konnte Thomas Mann im *New Leader* über eine Goebbels-Rede lesen: »Nur vor ein paar Wochen warnte Dr. Goebbels die Juden Europas in einer Radiosendung: ›Es ist unser Ziel, die Juden zu vernichten. Ob wir siegreich oder geschlagen sind, wir müssen dieses Ziel erreichen. Sollten die deutschen Armeen auch zum Rückzug gezwungen sein, auf ihrem Weg werden sie noch den letzten Juden auslöschen.‹ Das ist buchstäblich Hitlers Programm in Bezug auf die Juden: eine schnelle Vernichtung mit den brutalsten Methoden.«[3] Im Dezember brachte die *New York Times* die gemeinsame Erklärung von elf Ländern auf der Titelseite, in der die »bestialische Politik einer kaltblütigen Vernichtung der Juden« angeprangert wird. Die Kaltblütigkeit wird für den Zeitungsleser deutlich ausbuchstabiert: Aus den polnischen Ghettos werden die Menschen verschleppt, »die Gesunden sterben einen langsamen Tod in den Arbeitslagern. Die Kranken werden dem Hunger- oder Kältetod überlassen oder willkürlich in Massenexekutionen hingerichtet. Die Zahl der Opfer dieser blutigen Grausamkeiten geht in die Hunderttausende, es sind völlig unschuldige Männer, Frauen und Kinder.«[4] Schon im November hatte Horkheimer an Löwenthal geschrieben: »Diese Tage sind solche der Trauer. Die Vernichtung des jüdischen Volkes hat Dimensionen wie noch nie zuvor in der Geschichte angenommen. Ich glaube, die Nacht im Gefolge dieser Ereignisse wird sehr lang sein und könnte die Menschheit verschlingen.«[5]

Adorno und Horkheimer hatten immer geschwankt, ob sie die Auseinandersetzung mit dem Antisemitismus in ihr gemeinsames Buch integrieren sollten. Im August 1940 unterbreitete Adorno Horkheimer den Vorschlag, die Analyse des Judenhasses ins Zentrum zu stellen, denn er hatte den Eindruck, »als wäre all das, was wir unterm Aspekt des Proletariats zu sehen gewohnt waren, heute in furchtbarer Konzentration auf die Juden übergegangen. Ich frage mich, ob wir nicht, ganz gleich wie es mit dem Projekt wird, die Dinge, die wir eigentlich sagen wollen, im Zusammenhang mit den Juden sagen sollten, die den Gegenpunkt zur Konzentration der Macht darstellen.«[6] Ein Vorschlag, den Adorno bald mit einem veritablen Exposé untermauerte.

Beide Autoren bemühten sich in dieser Zeit um Konkretisierung und Einschränkung, damit sich das Buch nicht zu sehr im Abstrakten verlor, und was hätte schon damals ein drängenderer Kristallisationspunkt sein können als der Antisemitismus? Noch im Februar 1942 schrieb Horkheimer an Löwenthal, dass sich das Buch »dem Antisemitismus widmen«[7] solle. Aber immer wieder geriet ihnen das Thema aus dem Blick, oder sie verknappten es zu einem eher strategischen Arbeitsfeld, um Projektfördergelder einzutreiben. Horkheimer hatte dafür die Sommermonate geopfert. Aber es hatte sich gelohnt, denn im Februar 1943 sagte das American Jewish Committee die Finanzierung für ein zunächst auf ein Jahr befristetes Projekt zur Erforschung des Antisemitismus zu.

Natürlich bedeutete das für Horkheimer erneut, aus der Konzentration der gemeinsamen Arbeit herausgerissen zu werden. Und fast schon reflexhaft wurde Löwenthal wieder Adressat seines Jammerns darüber: »Vor allem fürchte ich, daß der theoretische Fortschritt, den ich in meinem Denken erzielt habe, durch die Arbeit am Projekt verschüttet wird.«[8] Aber zu dem Gefühl einer Verantwortung für den *war effort* gegen Deutschland und für die finanzielle Lage des Instituts kam immer mehr ein Hauch von Genugtuung, ja Stolz hinzu, dass die Arbeit des Instituts zunehmend von außen als relevant anerkannt wurde. Franz Neumann und Herbert Marcuse arbeiteten inzwischen in Washington für das OSS (den Vorläufer der CIA), um Feindanalysen zu verfassen. Eine komfortable Konstellation für Horkheimer und Pollock, da diese damit nicht mehr auf der Gehaltsliste des Instituts standen, und man sich zugleich eine konkrete Wirkung der Institutsphilosophie versprechen durfte. Pollock seinerseits war Mitglied in diversen *boards* zu wirtschaftlichen Fragen der Kriegsführung und der Nachkriegsordnung und nahm teil an mehreren Diskussionen mit der First Lady Eleanor Roosevelt. Im Februar 1943 wurde er gar ins Weiße Haus eingeladen. Horkheimer reagierte mit deutlich vernehmbarer Feierlichkeit: »Ich möchte Dir mitteilen, daß die Einladung, mit der man Dich geehrt hat, für Maidon und mich eine große Genugtuung bedeutete. Du weißt, daß ich Erfolge nicht überbewerte, besonders wenn nur eine hauchdünne Chance besteht, daß sie handgreifliche Folgen haben könnten. Aber diesmal glaube ich wirklich, daß wir sehr dankbar sein sollten. Es war eine bedeutsame Erfahrung, und Du darfst stolz darauf sein, ob etwas daraus wird oder nicht. Ich habe Dir schon mehrfach gesagt, wieviel ich dafür geben würde, bei Gesprächen von historischer Bedeutung zuhören zu können. Indem man Dich einlud, ist etwas von diesem Wunsch in Erfüllung gegangen.«[9]

Durch diese vielfältigen Erfahrungen hatten Horkheimer und Adorno eine klare Vorstellung davon, wie sie ihre Arbeit für das AJC auszurichten hatten: keine philosophische Grundlagenforschung über Herkunft und Wesen des Antisemitismus, sondern Analyse seines momentanen Ausmaßes, seiner Gefährlichkeit und die Entwicklung von Methoden, ihn wirksam zu bekämpfen. Außerdem lag der Fokus auf der Analyse des Antisemitismus im Auftrags- und Gastgeberland. Horkheimer machte sich diesbezüglich keine Illusionen: Die judenfeindlichen Äußerungen so prominenter Figuren wie dem Autokonzerngründer Henry Ford oder dem Atlantiküberflieger Charles Lindbergh waren nur die Spitze des Eisbergs. Er war sich sicher, dass »niemals, noch nicht einmal im Nationalsozialismus der durchschnittliche Deutsche so bitter und so vollkommen feindlich den Juden gegenüber war wie der durchschnittliche Zivilist und umso mehr der Mann in Uniform in diesem Land. ›Die Nacht der langen Messer‹ ist hier der Tagtraum von Millionen.«[10]

Dieses Urteil speiste sich eingestandenermaßen nur aus sporadischen Beobachtungen. Für die deutschen Emigranten war es nach ihrer Ankunft in Amerika ein Schock zu erleben, dass es möglich war, als Jude bestimmte Hotels oder Restaurants nicht besuchen zu können – eine Spielart des alltäglichen Antisemitismus, die sie aus dem Deutschland der frühen 1930er nicht kannten.[11] Um diesen Eindruck wissenschaftlich belastbar und messbar zu machen, würde es geduldiger und ausdauernder empirischer Arbeit bedürfen. Dazu durfte endlich auch Löwenthal an die Westküste kommen, er und Adorno sollten die Reden und Artikel faschistischer Agitatoren analysieren. Adorno nahm sich den in den 1930er-Jahren vor allem im Radio umtriebigen Martin Luther Thomas vor. Seinen Eltern beschrieb er, was er mit dessen Analyse beabsichtigte:

»Über Antisemitismus im engeren Sinn kommt darin sehr wenig vor, dagegen habe ich möglichst systematisch alle typischen Tricks und Finten der fascistischen Propaganda entwickelt und mit Schlagworten bezeichnet, so daß man sie, wann immer sie in Propagandareden vorkommen, leicht erkennen und abfertigen kann. Ich hoffe, daß das wirklich ein wenn auch bescheidender Beitrag zum Kampf gegen das Übel ist.«[12]

Als 2019, zum 50. Todestag Adornos, seine 1967 gehaltene Rede »Aspekte des neuen Rechtsradikalismus« als Buch veröffentlicht wurde, waren viele Leser überrascht. Zum einen, weil die Techniken und Rhetoriken der damaligen Rechtsradikalen erstaunlich treffend die diskursiven Manöver der Neuen Rechten unserer Gegenwart beschrieben. Zum anderen, weil Adorno hier auf einmal so verständlich war, so praktisch anwendbar. Die empirischen Arbeiten der 1940er-Jahre zum Antisemitismus sind vom selben Geist getragen: immunisierend zu wirken, den Menschen Handreichungen zu geben, wie die rhetorischen Tricks zu durchschauen sind.

So ist denn auch sein Arbeitspapier zur »Psychologischen

Technik in Martin Luther Thomas' Rundfunkreden« eine Art Vademecum: Ohne weitere grundsätzliche oder theoretische Einlassungen wird sogleich die demagogische Trickkiste der Faschisten präsentiert. Der »Einsamer Wolf«-Trick zum Beispiel, bei dem beständig auf Eliten verwiesen wird, die die Gesellschaft im Verborgenen steuern und manipulieren, gefolgt von der Versicherung, als einsamer Wolf unabhängig von solchen Eliten zu sein. Oder der »Gefühlsbefreiungs«-Trick: das kalkulierte Einsetzen von Gefühlsausbrüchen und das Anstacheln der Zuhörer zu ebensolchen.

Löwenthal und Adorno konnten sich mit ihrer Auflistung propagandistischer Techniken in eine gewisse Tradition stellen. Beide verweisen in ihren Arbeiten auf eine Publikation des Institute for Propaganda Analysis, das einen solchen Katalog von Techniken bereits aufgestellt hatte. Als exemplarisches Analysematerial dienten dem IPA die agitatorischen Reden des Predigers Charles Coughlin.[13] Der jeweiligen Technik wird ein Piktogramm zugeordnet, sodass die Reden der Agitatoren detailliert markiert werden können. Ein strahlender Diamant zum Beispiel meint »glitzernde Verallgemeinerungen«: Etwas wird mit einem positiv aufgeladenen Begriff zusammengebracht, sodass der Zuhörer gewillt ist, es für gut zu befinden, ohne es genauer zu überprüfen. Ein Daumen nach unten steht für das Gegenteil des Glitzerns, die uns dazu bringen sollen, etwas ohne weiter darüber nachzudenken zu verurteilen.

Das ist hemdsärmelig praktische Aufklärung, an der mitzuarbeiten zum Ethos Adornos und des Instituts gehörte. »Ein ›Handbuch‹ der antisemitischen Methoden, möglichst als Pamphlet, das alle typischen Tricks – nicht nur die gängigen, oft zitierten – aufführt, mit drastischen, einprägsamen Etiketten kennzeichnet, die jeweils wirksamen psychischen Mechanismen

of these excesses as evils which must be eradicated from our social soil. For many weeks, I have been expressing the opinion that Nazism is only a defense mechanism against Communism. I believe the time is now opportune for Americans and Christians to erect a defense mechanism against both of them.[10] Unless we are successful in accomplishing this, we must content ourselves to permit these two social irregularities to fight it out. Both are adamant, and each is determined his side will conquer. To the victor we[11] will be forced to surrender our rights, our ideals, our liberties.

Thus, if Americanism and Christianity are opposed to both Nazism and Communism, the time has come for true Americans and true Christians to organize against both, to act against both, and this active organization should be characterized not so much by negative opposition as by a positive program. Let us be honest with ourselves.

Eine vom Institute of Propaganda Analysis markierte Rede von Charles Coughlin.

skizziert und dem Leser bestimmte Schutzmaßnahmen empfiehlt«,[14] so beschreibt es Horkheimer einmal. Adorno spielte die Bedeutung dieser Arbeit seinen Eltern gegenüber herunter. Sie müssten die Analyse nicht unbedingt lesen, es sei »eine, wie ich hoffe, gelungene, aber doch wesentlich technische und aus äußeren Gründen durchgeführte Arbeit, die ich von mir aus in keiner Weise belasten kann«.[15]

Um den Antisemitismus aber auch »belastbar« zu analysieren, schrieben Horkheimer und Adorno parallel zur empirischen Arbeit für das AJC das Kapitel »Elemente des Antisemitismus« und lieferten somit in der *Dialektik der Aufklärung* dann doch noch eine Art theoretische Grundlegung. Mit diesem Kapitel wird deutlich, warum Adorno und Horkheimer die Idee haben fallen lassen, den Antisemitismus zum Kernstück ihres Buches zu machen: weil er dieses Kernstück implizit längst war. In ihrer Konzeption ist Antisemitismus der Entwicklung westlicher

Zivilisation inhärent. Sie müssen in diesem Kapitel ihrem Konzept also nichts Grundsätzliches hinzufügen. Die Argumentationsfigur ist die aus den anderen Kapiteln bereits bekannte: Die Verlockung, die Individuation wieder aufzugeben, ist derart groß, dass man sie sich unter allen Umständen verbieten muss. Die faschistischen Führer bieten eine Simulation dieses Loslassens des eigenen Ichs. Mit Massenaufläufen, kalkuliert eingesetzten Gefühlseruptionen und der Entfesselung sinnloser Gewalt wird dem Individuum Entlastung von seinem Individuumsein ermöglicht. Man sieht daran, wie Adorno die scheinbar direkt aus der Empirie aufnotierten Tricks von Martin Luther Thomas aus der theoretischen Konzeption heraus entwickelt. Denn mit dem Raunen einer Elitenverschwörung reflektiert Thomas das laut Adorno und Horkheimer tatsächlich wirksame gesellschaftliche Verhältnis des Monopolismus, in dem die vereinzelten Individuen nur mehr pure Verfügungsmasse der Herrschenden sind. Und die inszenieren dann den Gefühlstaumel als vorgegaukelte Befreiung.

Jeder Einzelne und jede Gruppe, die auf irgendeine Weise an einen gesellschaftlichen Zustand erinnert, der im schmerzlichen Prozess der Individuation verlassen wurde, kann Opfer dieses Gefühlsausbruchs und dieser Gewalt werden. »Ahasver und Mignon, Fremdes, das ans verheißene Land, Schönheit, die ans Geschlecht erinnert, das als widerwärtig verfemte Tier, das an Promiskuität gemahnt, zieht die Zerstörungslust der Zivilisierten auf sich, die den schmerzlichen Prozeß der Zivilisation nie ganz vollziehen konnten. Denen, die Natur krampfhaft beherrschen, spiegelt die gequälte aufreizend den Schein von ohnmächtigem Glück wider.«[16] Man rächt sich an denen, die einen an die Natur erinnern, die man in sich selbst unterdrückt hat. So unterläuft das Kapitel zum Antisemitismus immer wieder das selbst gestellte Thema. Das Wesen der Klassengesellschaft ist Gewalt – so endet die erste These. Und unter den Gruppen, denen sie eine Nähe zum imaginierten vorzivilisatorischen Zustand unterstellen kann, sucht sich diese Gewalt ihr Objekt beliebig aus.

Ab dem Sommer 1943 war es in vielen amerikanischen Städten zu Übergriffen auf Schwarze und Südamerikaner und in der Folge zu weiteren Aufständen gekommen. Eine starke Bevölkerungszunahme, die Konkurrenz um Arbeitsplätze in der auf Kriegsproduktion umgestellten Industrie und um Wohnraum ließen soziale Spannungen kulminieren. Für Horkheimer und Adorno ein direkter Beweis für ihre These, dass die Opfer wahllos bestimmt werden. »Neger, mexikanische Ringvereine, Juden, Protestanten« seien untereinander austauschbar,[17] schrieben sie in »Elemente des Antisemitismus«.

Dennoch versuchen Adorno und Horkheimer zu bestimmen, warum gerade die Juden besonders prädestiniert zu sein scheinen, diese Art von Hass auf sich zu ziehen. Auch diese Erklärungen fügen sich in das Raster der Zivilisationstheorie der *Dialektik der Aufklärung*. Denn Adorno und Horkheimer versuchen, dasjenige am Judentum aufzuspüren, was die Verführung, das Ich loszulassen, verstärkt, und damit den Hass derer auf sich zieht, die verzweifelt versuchen, diese Verführung abzuwehren. Adorno hatte das bereits skizziert, als er im September 1940 eine, wie er selbst sagte, waghalsige geschichtsphilosophische Konstruktion entwickelte: Die Juden stehen für einen geschichtlichen Zustand vor einem der wesentlichen historischen Umschwünge, die die Erhaltung des eigenen Ichs so mühsam werden lassen. Wie beschwerlich der Zustand des Nomadentums auch immer gewesen sein mag – diejenigen, die den Übergang zur Sesshaftigkeit mit all der folgenden Mühsal von Triebverzicht und organisierter Arbeit vollzogen haben, projizieren auf diesen Zustand all das, was sie aufgeben mussten. Und entwickeln Neid und Hass auf die vermeintlichen Repräsentanten dieses Zustands. »Die Juden sind die heimlichen Zigeuner der Geschichte«,[18] schrieb Adorno.

Das wird in den »Elementen« wieder aufgenommen: »[W]as immer nicht ganz mitgekommen ist oder die Verbote verletzt, in denen der Fortschritt der Jahrhunderte sich sedimentiert, wirkt penetrant und fordert zwanghaften Abscheu heraus.«[19] Man spürt allerdings das Unbehagen, mit dem die Autoren den Juden ihrer Gegenwart eine Nähe zum Nicht-ganz-mitgekommen-Sein unterstellen müssen. Diese Nähe wird von den Antisemiten »künstlich gesteigert«. Aber sie muss eben in dieser gedanklichen Konstruktion bereits einen Anhaltspunkt haben, sonst ließe sich das Argument, dass es etwas gibt, das gerade die Juden zur prädestinierten Opfergruppe macht, nicht halten. Adorno und Horkheimer winden sich an dieser Stelle, retten sich in Metaphern von magnetischen Feldern und Induktionsströmen.[20]

Beim historisch Jüngsten, dem gerade vergangenen Liberalismus, fällt Adorno und Horkheimer die Argumentation leichter. Auf die Juden richte sich der Hass, weil sie vermeintlich die Hauptrepräsentanten der wirtschaftlichen Zirkulationssphäre, also des Handels seien. Hier ist das Klischee des gewitzten, alle anderen übervorteilenden jüdischen Händlers gemeint, das antisemitische Zerrbild vom Handlanger eines bloß raffenden Kapitals im Gegensatz zum Kapital der Produzenten, das Werte schafft. Adorno und Horkheimer argumentieren klassisch marxistisch, wenn sie das Ideologische an diesem Zerrbild aufzeigen: Dass die eigentliche Ungerechtigkeit durch die Aneignung des Mehrwerts in der Sphäre der Produktion stattfindet, ist für den Arbeiter, der um den Mehrwert gebracht wird, nicht transparent. Er bemerkt die Ungerechtigkeit erst dann, wenn er feststellen muss, wie wenig sein Lohn wert ist, wie wenig er dafür kaufen kann. Er fühlt sich erst in der Sphäre der Zirkulation ungerecht behandelt. »Darum schreit man: haltet den Dieb! und zeigt auf den Juden«,[21] schreiben Adorno und Horkheimer.

Und natürlich gehört zu den Elementen des Antisemitismus noch die Analyse, welchen Anteil die Religion an den Zerrbildern des Jüdischen hat. Dieser Abschnitt des Aufsatzes gehört zu den schwierigsten, verwickeltsten. Das Christentum ist laut Adorno und Horkheimer die »fortschrittlichere« Religion. Es ersetzt den strafenden Gott durch das Moment der Gnade, es ersetzt den Bann der Naturreligion durch Vergeistigung und überwindet die starre Selbsterhaltung durch das Beispiel von Jesu Selbstopfer. Wesentliche Schritte für die angestrebte Versöhnung von Natur und Geist. Aber sie gelingen laut Adorno und Horkheimer nur als ideologische. Mit »schlechtem Gewissen« redet man sich die Versöhnung als vermeintlich sicheren Besitz, als Sonderreservat in einer ansonsten unversöhnten Wirklichkeit ein. Die jüdische Religion verfügt dagegen über das klare Bewusstsein, dass das Heil so leicht eben nicht zu haben ist. Sie dulde »kein Wort, das der Verzweiflung alles Sterblichen Trost gewährte. Hoffnung knüpft sie einzig ans Verbot, das Falsche als Gott anzurufen, das Endliche als das Unendliche, die Lüge als Wahrheit.«[22] Dieser Satz steht nicht in den »Elementen des Antisemitismus«. Dieser Satz findet sich an der zentralen Stelle des ersten Essays der *Dialektik der Aufklärung*, wo die bestimmte Negation und Entzifferung von Bildern als einzig mögliches Erkenntnisinstrument etabliert wird. Ihre Utopie einer gewaltfreien Erkenntnis entwickeln Adorno und Horkheimer aus der jüdischen Glaubenstradition. Dieser

Widerstand dagegen, sich vom versöhnten Zustand ein Bild zu machen, und das Wissen darüber, dass man auf das Heil keine Garantie geben kann, erzeugt aber den Unmut derer, die das Heilsversprechen gerne sofort beim Wort nehmen würden: »Die Anhänger der Vaterreligion werden von denen des Sohnes gehaßt als die, welche es besser wissen. Es ist die Feindschaft des sich als Heil verhärtenden Geistes gegen den Geist. Das Ärgernis für die christlichen Judenfeinde ist die Wahrheit, die dem Unheil standhält, ohne es zu rationalisieren, und die Idee der unverdienten Seligkeit gegen Weltlauf und Heilsordnung festhält, die sie angeblich bewirken sollen.«[23] Das ist laut Adorno und Horkheimer der Anteil der Religion am Hass auf die Juden.

Man könnte den Gegensatz von positiv verstandener »unverdienter Seligkeit« des Judentums und kritisierter christlicher »Heilsordnung« auch einfacher zum Ausdruck bringen, zum Beispiel mit dem Spott der Mutter von Alexander Granach angesichts einer christlichen Prozession. So hat er diesen Spott in seinem Roman aufgeschrieben: »Unser, unser Großer Gott sitzt im Himmel auf einem feurigen Thron und schickte Moses, dass er für uns das brausende Meer spalte, und führte uns heraus, von dort, wo es noch schlechter, noch viel schlechter war, als es jetzt hier ist: führte uns in ein Gelobtes Land, wo in den Gassen Milch und Honig in Strömen floss und jeder davon essen und trinken konnte soviel er wollte, und gab uns noch dazu die *Thora* und alle Weisheit der Welt. Und *die* küssen Figuren und beten zu geschnitztem Holz.«[24]

Auf der Couch der Kritischen Theorie

An den Leser: Du musst dein Leben ändern

Zwei nicht mehr ganz junge, aber noch nicht alte Männer sind zusammen in einem Raum. Der acht Jahre Jüngere hat den anderen besucht, jetzt liegt er auf einer Couch, der Ältere sitzt hinter dem Kopfende. 1928, als diese Szene in Frankfurt stattfand, hätten zahlreiche Zeitgenossen dieses Setting sofort identifizieren können: Zweifellos handelte es sich um eine psychoanalytische Behandlung, jene *talking cure*, die Sigmund Freud seit der Jahrhundertwende entwickelt hatte und die inzwischen auf die jüngere Generation von Wissenschaftlern einen verführerischen Reiz ausübte. Auf aufgeschlossene Mediziner sowieso, erlaubte die psychoanalytische Behandlung doch, körperliche Störungen als Symptome psychischer Vorgänge zu identifizieren und ebenso zu behandeln: durch das Auffächern dieser Vorgänge allein mit den Mitteln des Zuhörens und Sprechens. Aber auch für alle philosophischen Wissenschaftszweige barg die Psychoanalyse ein großes Versprechen, manchmal auch eine Bedrohung: schien sie doch eine abenteuerliche, bis dato ungeahnte Möglichkeit zu bieten, den ungestalten, mythologisch überhöhten, wild verruchten Bereich des menschlichen Unbewussten zu kartografieren. Sie ließ die Möglichkeit aufblitzen, scheinbar rationale Verhaltensweisen als durch ebendieses Unbewusste bestimmt und gelenkt zu entlarven. Und nicht zuletzt war die Art und Weise, wie die Reise durch das Unbewusste angegangen und vollzogen wurde, ein unerschöpflicher Quell von dramaturgisch bezwingenden Höllenfahrten. Denn so einfach ließ sich der Analysand ja nicht in die eigenen Abgründe führen. Die *talking cure* war vielmehr ein Verhör, in dem der Analysierende durch passive List, durch Lauschen auf vermeintlich nebensächliche Versprecher den Analysanden zur Lösung des eigenen »Falls« zwang. Auf dieser gemeinsamen Reise begegneten ihnen zahlreiche Hindernisse, für die es ebenfalls neue Lösungswege gab: Der Widerstand, den der Analysand der Therapie irgendwann entgegensetzte, wurde beispielsweise durch Techniken wie die der Übertragung aller unerledigten Emotionen auf den Analytiker ausagiert und aufgebrochen.

Ist es das, was den beiden Männern nun bevorsteht? Karl Landauer heißt der ältere, hinter dem Kopf des jüngeren, liegenden – also ganz offensichtlich der Analytiker.[1] Er nimmt wieder die Position ein, die er beim letzten Mal gefunden hat. Ganz egal, was das für eine Position ist, sie muss bequem genug sein, damit er sie nicht nur die ganze Zeit halten, sondern auch die nächsten Male exakt reproduzieren kann. Eine der zahlreichen, vermeintlich oberflächlich peniblen Regeln, die aber entscheidend sein können für den Erfolg der Kur. Keine Äußerlichkeit darf dem Analysanden zum Vorwand gereichen, von der Tiefenbohrung ins eigene Ich abzulenken. Der Name des Analysanden: Max Horkheimer.

Horkheimer wollte die Erkenntnischancen dieser neuartigen Wissenschaft am eigenen Leib, am eigenen Kopf kennenlernen.

Allerdings hatte er nicht bedacht, dass es so einfach dann doch nicht ist, sich auf die Couch zu legen. Man braucht zumindest einmal ein Problem. Da ihm beim ersten Zusammentreffen diesbezüglich nichts eingefallen war, hatte Landauer ihn wieder weggeschickt. Dieses Mal ist Horkheimer besser vorbereitet, er hat das für die Behandlung notwendige Symptom bei sich gefunden. Er berichtet von seinen Seminaren, davon, wie schwer es ihm falle, frei zu sprechen. Dass er sein Seminar wie eine Vorlesung abhalten müsse, sich alles genau aufschreiben, sonst ginge es nicht. Auf diese Weise brauche er acht oder gar mehr Stunden, um sich für eine Viertelstunde Seminar vorzubereiten! Er wisse auch nicht, warum, aber er habe das Gefühl, dass die Studenten ihn für dumm hielten, wenn er frei spreche. »Na ja, dann sollen sie Sie eben für dumm halten.«[2] Damit hatte Landauer Horkheimers Problem relativ schnell gelöst, und die Analyse war zu Ende, bevor sie als richtige Psychoanalyse überhaupt angefangen hatte.

Karl Landauer, Sohn eines jüdischen Bankiers, studierte Medizin und war mit 25 Jahren Gast in der Mittwochsgesellschaft Freuds in der Berggasse, ab 1913 durfte er dort Vorträge halten. Damit geriet er gerade zu einem Zeitpunkt heftiger Abspaltungsbewegungen unter den Einfluss Freud'scher psychoanalytischer Theoriebildung. In der ersten Sitzung der Mittwochsgesellschaft, bei der Landauer anwesend war, gab Freud einen Bericht über das Treffen der Internationalen Vereinigung in München, wo es zum Bruch mit Carl Gustav Jung gekommen war – auch die Sezessionen von Alfred Adler und Wilhelm Stekel lagen noch nicht allzu lange zurück.

Dass Landauer 1928 überhaupt jemanden analysieren durfte, war keine Selbstverständlichkeit.[3] Denn die Abspaltungsbewegungen hatten zu einer Verschärfung des Lagerdenkens geführt und dazu, dass eifersüchtig darauf geachtet wurde, dass nur der sich Analytiker nennen durfte, der die genau festgelegten und institutionell festgeschriebenen Schritte der Ausbildung vollzogen hatte. In Deutschland wachte die Berliner Gruppe über die Einhaltung von Freuds Grundsätzen; wer immer sich zur Untergruppenbildung entschloss, wurde streng auf Loyalität verpflichtet. Insofern war es ein kühnes Unterfangen, als Landauer mit einigen Kollegen, darunter das Ehepaar Frieda Fromm-Reichmann und Erich Fromm, den Aufbau eines Frankfurter Instituts für Psychoanalyse betrieb. Schon das Wort »Institut« war riskant. Die Berliner Gruppe war streng darauf bedacht, auch nicht den kleinsten Zweifel an ihrer Oberhoheit in Sachen Therapeutikerausbildung aufkommen zu lassen. Angehende Analytiker mussten ihre Ausbildung in jedem Fall in Berlin abschließen, und es war umso besser, wenn sie sie gar nicht erst woanders anfingen. Deswegen bemühte sich Landauer in der Korrespondenz mit den Berlinern, rasch klarzustellen, dass die Ausbildung von Therapeutikern nicht das vordringliche Anliegen des neuen Instituts sei. Vielmehr gehe es darum, das Wissen und die Methoden der psychoanalytischen Theorie in ihrem Kern zu präsentieren, um Vereinfachungen und Verzerrungen entgegenwirken zu können. Ziel sei es, dieses Wissen den interessierten Kollegen und Studenten der Medizin und der Geisteswissenschaften zugänglich zu machen.

Das Frankfurter Institut, das Landauer bald darauf tatsächlich gründete, wollte aber noch mehr sein als eine Propaganda- und Informationsplattform der Psychoanalyse. Es sollte an deren Vergrößerung hin zu einer Gesellschaftstheorie arbeiten. Freud hatte bereits mit seinen großen kulturtheoretischen Essays wie »Totem und Tabu« damit begonnen, die Behandlungsmethode zur Menschheitserzählung auszudehnen. Landauer wollte nun mit seinen Mitstreitern die Möglichkeiten einer Theorie der aktuellen Gesellschaft verfeinern. Aus der individuellen sollte eine soziale Therapie werden.

Damit passte das Institut exakt zu dem Profil, das Horkheimer im Laufe der Zeit seinem Institut für Sozialforschung gab: eines Gravitationszentrums aus Spezialisten für die unterschiedlichen Wissenschaften vom Menschen – selbstverständlich also, dass auch die Psychoanalyse dabei sein musste. Das Institut für Psychoanalyse bezog Räume innerhalb des Instituts für Sozialforschung. Aber räumliche Nähe allein reichte noch nicht aus. Für die angestrebte Spezialistengruppe brauchte Horkheimer zudem einen Experten, der sich auf das grundsätzliche Ziel des IfS verpflichten ließ. Karl Landauer hat später darüber berichtet, wie schwer es ihm gefallen sei, in den gemeinsamen Sitzungen mit Horkheimer nicht sich selbst als diesen Spezialisten zu empfehlen.[4] Stattdessen nannte er den Kollegen, der bisher am stärksten an der Wechselwirkung von Soziologe und Psychologie gearbeitet hatte, an der Frage, auf welchem Weg die gesellschaftlichen Verhältnisse in den psychischen Apparat des Individuums geraten und wie die einzelnen individuellen (Un-) Bewusstseine ihrerseits Gesellschaft erzeugen: Erich Fromm.

Fromm wurde in Horkheimers Sozialforschungsteam der Mann für die Psychologie. Fromm wurde aber auch das erste Opfer des Rückbaus des Instituts. 1932 erkrankte er an Tuberkulose, Horkheimer schrieb direkt an Freud, um sich nach einem »jungen, aber tüchtig geschulten«[5] Ersatz zu erkundigen. Nach der Emigration des Instituts kam es zum hässlichen Bruch, samt Abfindung für den eigentlich fest angestellten Fromm. Damit wurde eine Entfremdung manifest, die sich im Theoretischen bereits angekündigt hatte. Denn in den Augen Landauers und auch Adornos weichte Fromm die Theorie Freuds zu sehr auf, drängte sie zu sehr in die Richtung eines bloßen Fitmachens des Einzelnen, auf dass auch die von diesen Einzelnen formierte Gesellschaft eine bessere werde. Adorno beharrte dagegen auf dem, wie er ihn verstand, materialistischen Kern der Freud'schen Psychoanalyse. Der ungebändigte, noch nicht sozialisierte Trieb: Das war für Adorno kein befremdlicher Biologismus, sondern die materialistische, asoziale Bewegung des Lebendigen, bevor es zu einem Subjekt sozialisiert wird. Und durch die Art und Weise, wie aus richtungslosen Triebbewegungen Mitglieder einer Gesellschaft werden, lässt sich die Verfasstheit dieser Gesellschaft analysieren und kritisieren. Nach seinem Weggang vom Institut verfasste Fromm *Die Furcht vor der Freiheit*, das den Auftakt zu mehreren großen Bucherfolgen bildete (bis hin zu *Haben oder Sein*). Das Institut hätte einen solchen Erfolg in seiner damaligen Situation gut gebrauchen können, doch für Adorno war und blieb das Buch eines der Beispiele für jene »revidierte Psychoanalyse«, die er nicht müde wurde, dafür zu kritisieren, dass sie der Freud'schen Theorie den kritischen Stachel genommen habe.

Nach der Diagnose der Zeitwende von der liberalen Ökonomie zum Monopolkapitalismus geriet die Psychoanalyse in den Augen von Horkheimer und Adorno noch stärker unter Druck. Denn mit dem bürgerlichen Individuum verschwand deren Gegenstand. Genau das macht wesentliche Teile der *Dialektik der Aufklärung*, vor allem das Kulturindustriekapitel, so trostlos: dass die individuelle Psychologie, der dynamische Prozess zwischen Über-Ich, Ich und Es im Individuum von den Autoren als abgeschafft deklariert wurde. Stattdessen herrscht der Monopolkapitalismus durch bloßes Kommandieren, durch mechanische Einübung in Verhaltensweisen: »Was der Einzelne jeweils tun soll, braucht er sich nicht erst mehr in einer schmerzhaften inneren Dialektik von Gewissen, Selbsterhaltung und Trieben abzuringen. Für den Menschen als Erwerbstätigen wird durch die Hierarchie der Verbände bis hinauf zur nationalen Verwaltung entschieden, in der Privatsphäre durchs Schema der Massenkultur, das noch die letzten inwendigen Regungen ihrer Zwangskonsumenten in Beschlag nimmt. Als Ich und Über-Ich fungieren die Gremien und Stars, und die Massen, selbst des Scheins der Persönlichkeit entäußert, formen sich viel reibungsloser nach den Losungen und Modellen, als je die Instinkte nach der inneren Zensur.«[6]

Psychologie war in einem solchen Konzept nur noch als Massenpsychologie denkbar. Umso kurioser, dass Adorno im Sommer 1941, also kurz vor seiner Übersiedlung an die Westküste, Horkheimer den Vorschlag entgegenrief, »ob nicht Sie, ich und Gretel uns in unserer Freizeit zu Analytikern sollen ausbilden lassen«.[7] Daraus wurde ebenso wenig wie aus der Idee, das gemeinsame Buch als Kritik der Psychoanalyse zu konzeptionieren oder zumindest mit einer solchen Kritik zu beginnen.[8]

Und dennoch ist die Psychoanalyse in der *Dialektik der Aufklärung* am Werk, ja sie bestimmt die Struktur des Buches. Mit der *Dialektik der Aufklärung* entwerfen die Autoren die kühne Konstruktion einer Psychoanalyse der Menschheit. Diese muss in die Situation ihrer Kindheit zurückversetzt werden, zu dem Augenblick, da sie, sich aus bloßer Natur befreiend, zur Menschheit überhaupt erst wurde. Dieser Übertritt von Natur zu mehr als Natur wurde durch das Erschrecken geleistet: »Was später Subjektivität heißt, sich befreiend von der blinden Angst des Schauers, ist zugleich dessen eigene Entfaltung; nichts ist am Subjekt, als daß es erschauert, Reaktion auf den totalen Bann, die ihn transzendiert.«[9] Laut Adorno und Horkheimer der Beginn allen Übels. Dieser Vorgang soll nun – gut psychoanalytisch – in der Gegenwart wiederholt werden. Dazu bedarf es aber eines Phänomens, an dem man erschrecken könnte. In der klassischen Psychoanalyse wird dieses Problem mit dem Konzept der Übertragung gelöst. Der Analytiker übernimmt im emotionalen Haushalt des Patienten die Rolle der Instanzen, die in der Kindheit wesentlich für das Trauma waren; dadurch kann der Patient dieses Trauma am Analytiker wiederholen, bewusst machen und durcharbeiten.

Wenn Adorno und Horkheimer das für ihr Konzept übersetzen wollen, dann müssen sie nicht lange nach der Instanz, an der man den Schrecken wiederholen soll, suchen. Es ist die zweite Natur aus Gewalt und Herrschaft, die vom Menschen selbst geschaffen wurde. Wenn das Ausmaß der Gewalt dieser Natur kenntlich genug ist, dann können die Menschen über sie erschrecken, genauso wie in Urzeiten angesichts der unverstandenen Natur. Und dann könnte der Vorgang der Selbstbesinnung beginnen und die zweite, von Menschen gemachte Natur wieder zu mehr als nur Natur werden. Dann könnte für die Menschen Geschichte im eigentlichen Sinn beginnen.

Deswegen ist die Form der Darstellung in der *Dialektik der Aufklärung* so entscheidend. Denn jedes Kapitel arbeitet auf den Auftritt dieser zweiten Natur hin, der mächtig genug sein muss, um daran erschrecken zu können. Am Ende des einleitenden Essays zum »Begriff der Aufklärung« hat sich Bacons Utopie der Naturbeherrschung »in tellurischem Maßstab« erfüllt. Angesichts dieses Offenbarwerdens kann dann die Selbstbesinnung über diese negative Utopie einsetzen. In der Entwurfsfassung lautet der letzte Satz des Kapitels: »In ihre Auflösung vermag das Wissen, in dem nach Bacon die ›Überlegenheit des Menschen‹ ohne Zweifel bestand, nun überzugehen.«[10]

Am Ende des nächsten Kapitels, der Odyssee-Kommentierung, bespricht Adorno Homers Schilderung von der gewalttätigen Rache Odysseus' bei dessen Heimkehr. Das Innehalten bei dem keinen Schrecken auslassenden Bericht einer Massenexekution – der Hinrichtung der Mägde – leistet für Adorno ebenfalls eine Form von Selbstbesinnung: »Nicht lange? fragt die Geste des Erzählers und straft seine Gelassenheit Lügen. Indem sie den Bericht aufhält, verwehrt sie es, die Gerichteten zu vergessen, und deckt die unnennbare ewige Qual der einen Sekunde auf, in der die Mägde mit dem Tod kämpfen.«[11] Auch am Ende des Kapitels über Kant und de Sade darf das Denken »im eigenen Spiegel vor sich selbst« erschrecken und eröffnet damit »den Blick auf das, was über es hinaus liegt«.[12] Und am Ende der »Elemente des Antisemitismus« schließlich wird das Schreckensbild konkret und gegenwärtig. Denn die Antisemiten »verwandeln die Welt in die Hölle, als welche sie sie schon immer sahen«, schreiben die Autoren. In diesem Offenbarwerden der Hölle steckt aber wiederum die Möglichkeit eines Wendepunktes: »Die Umwendung hängt davon ab, ob die Beherrschten im Angesicht des absoluten Wahnsinns ihrer selbst mächtig werden und ihm Einhalt gebieten.« Denn wenn das gelänge, dann wäre wieder die Situation zu Beginn der Menschheit hergestellt: »Mit der Überwindung der Krankheit des Geistes, die auf dem Nährboden der durch Reflexion ungebrochenen Selbstbehauptung wuchert, würde die Menschheit aus der allgemeinen Gegenrasse zu der Gattung, die als Natur doch mehr ist als bloße Natur, indem sie ihres eigenen Bildes innewird.«[13]

Das ist ein weit gefasster Bogen. Das ist der Anfang der Menschheit und ihr Ende, das vielleicht ein wirklicher Anfang sein könnte. Der historische Materialist lässt das Denken in »einer von Spannungen gesättigten Konstellation« innehalten, hieß es in Benjamins geschichtsphilosophischen Thesen. Damit schafft er eine revolutionäre Chance im Kampf um die unterdrückte, weil von den Siegern der Geschichte in ihrem Sinne geschriebene Vergangenheit: »Er nimmt sie wahr, um eine bestimmte Epoche aus dem homogenen Verlauf der Geschichte herauszusprengen«. Das versuchen Horkheimer und Adorno in der *Dialektik der Aufklärung* auf maximale Art und Weise. Durch das Sichtbarmachen der Hölle ihrer Gegenwart sprengen sie aus der Geschichte den Moment, an dem Geschichte überhaupt erst entsteht.

Horkheimer war kein Freund exaltierter Theoriekonstruktionen. Theorie hatte sich seinem Ethos nach in den Dienst der Gesellschaftskritik zu stellen, und es konnte jederzeit sein, dass sie ihre Konstruktion ändern musste, wenn sich die gesellschaftliche Situation änderte. Die Maßlosigkeit, mit der manche linke Theorieentwürfe die Welt in ihre Matrix spannten, stimmte ihn misstrauisch. Aber in der *Dialektik der Aufklärung* ließ er sich mit der Wiederholung der Urszene des menschlichen Geistes zu einem immens weit ausgreifenden Konstrukt hinreißen.

Für den Leser bedeutet das: Egal, wie wenig er versteht, das eine zumindest versteht er – er ist gemeint. Der Text möchte ihn erschrecken, zu seinem Besten. Er ist die Aufforderung zum Verstehen, Wiederholen und Durcharbeiten der Gewaltgeschichte, die »noch in jeder Kindheit«, also auch der des Lesers, wiederholt wird. Die *Dialektik der Aufklärung* zu lesen, ist ein Exerzitium der Selbstbesinnung.

Hoffnung im cis

Adorno spielt Thomas Mann Beethoven vor

Am 4. Oktober 1943 war Thomas Mann zum Abendessen bei den Adornos. Adorno hatte Mann im März bei Horkheimer zum ersten Mal getroffen. Er, der kultureller Prominenz nicht abgeneigt war, war kein übergroßer Liebhaber des Mann'schen Œuvres, deswegen hatte er die Begegnung mit dem Literaturnobelpreisträger nicht forciert. Doch für Mann war es eine günstige Fügung, dass sich einer seiner Nachbarn als genuiner und meinungsstarker Musikkenner entpuppte. Er schrieb nach der Beendigung der Joseph-Trilogie an einem neuen Roman; ein Künstlerroman sollte es werden, ein Komponist sein Held. Mann war umgeben von musikalischen Spezialisten. Sein Sohn Michael war Berufsmusiker, er selbst war mit dem Dirigenten Bruno Walter befreundet, der seit 1939 das Los Angeles Philharmonic Orchestra leitete, und pflegte gesellschaftlichen Umgang mit Schönberg, Eisler und Strawinsky, der seit 1940 an der Westküste war. Es war also nicht so, dass Thomas Mann verzweifelt auf der Suche nach einem Musikexperten gewesen wäre. Doch als ihm Adorno neben einigen einschlägigen Büchern auch das Typoskript der »Philosophie der neuen Musik«

gab, wurde Mann klar, dass Adorno auf besondere Weise für seinen Roman nützlich werden konnte. Denn die eigentliche Hauptfigur des Romans sollte das deutsche Wesen sein, und eine seiner untergründigen Fragen lautete, auf welche Weise die Drift in den Faschismus darin schon angelegt ist. Dazu schien die »Philosophie der neuen Musik« ideal zu passen, verknüpfte sie doch den gesellschaftlichen Umbruch der Zwischenkriegszeit zur »total integrierten« Gesellschaft mit der technischen Analyse musikalischer Mittel. Und das mit einer Konkretheit bis in kleinste Details hinein, die Mann, der sich eines Talents für das Schreiben über Musik rühmen durfte, bisher nicht erreicht hatte.

Als Mann Adorno im September 1943 zu sich einlud, konnte er darauf die Probe machen. Mann erzählte, an welcher – frühen – Stelle er im Roman gerade war und brachte die musikalischen Vorträge zu Gehör, die der Klavierlehrer des Komponisten, Wendell Kretschmar, in dessen provinzieller Heimatstadt Kaisersaschern hielt. Adorno nahm den diskursiven Ball sofort auf, gab Hinweise, denen »teils leicht, teils schwerlich Rechnung zu tragen«[1] war. Mann überarbeitete und präsentierte das Ergebnis beim Oktoberabendessen mit den Adornos. Aber Adorno lobte nicht einfach nur, dazu war sein musiktheoretischer Spieldrang zu ausgeprägt, er trieb das Gespräch weiter, schließlich setzte er sich an seinen Flügel, um an Beethovens Sonate op. 111 zu demonstrieren, wie eine einzige Note eine Art Erlösungsgeschehen evozieren kann. »Es war außerordentlich schwer, zugleich auf sein Geschrei und auf die hochverwickelte Musik zu hören, in die er es mischte.«[2] Das ist keine Beschreibung des Abends bei den Adornos. So beschreibt Manns Erzähler den Komponisten Kretschmar, als der auf den Höhepunkt seines Vortrags zusteuert. Das kleine arme Motiv

Katia und Thomas Mann mit den Enkelkindern Frido und Toni unter den Palmen von Pacific Palisades.

Beethovens »schwebt einsam und verlassen über einem schwindelnd klaffenden Abgrund«. Es ist das kurze, nur dreitönige Hauptmotiv der Sonate – um es in einem Text hörbar zu machen, »singt« es der Erzähler gleichsam mit den Worten »Him-melsblau« oder »Lie-besleid«. Mit einem weiteren Skandierungsbeispiel versteckte Mann einen Gruß an seinen musikalischen Berater, eine »Dankbarkeitsdemonstration«: Man kann das Motiv auch als »Wie-sengrund« singen. Nun schwebt dieses Motiv aber über dem Abgrund, es erschrickt darüber, »daß so etwas geschehen konnte«. Das ist ein Anwendungsbeispiel für Adornos Menschheitspsychoanalyse, die hier ausgedünnt ist auf den Abgrund und das Erschrecken über ihn. In der *Dialektik der Aufklärung* ist der Abgrund die von den Menschen wieder zur zweiten Natur gemachten Gesellschaft. Und wenn man angesichts dieser Natur erschrickt, dann vollzieht sich wieder das Wunder, dass Natur zu mehr werden kann als nur Natur. In

Opus 111 verändert sich nach dem Erschrecken das Motiv, es bekommt zwei zusätzliche Noten, wobei die erste zu vernachlässigen ist, sie ist nur ein Anlaut zu einem »cis«, sodass man jetzt statt »Wie-sengrund« »Grü-ner Wiesengrund« singen kann. Und dieses hinzukommende cis, das »-ner«, so führt Kretschmar weiter aus, sei die »rührendste, tröstlichste, wehmütig versöhnlichste Handlung von der Welt«. Aus »so viel Ingrimm, Persistenz, Versessenheit und Verstiegenheit« wird Milde und Güte. »Es ist wie ein schmerzlich liebevolles Streichen über das Haar, über die Wange, ein stiller, tiefer Blick ins Auge zum letzten Mal.«[3]

Thomas Mann begann gleich am nächsten Morgen mit der erneuten Überarbeitung – ungewohnt für ihn, den es enervierte, noch einmal zurückzugehen, wenn er bereits in den nächsten Kapiteln war. Aber alles sprach dafür, dass es sich lohnen würde. »Ich hielt ihn nahe neben mir fortan, wohl wissend, daß ich seines Beistandes, gerade des seinen, in tieferen Fernen des Werkes bedürfen würde«,[4] schrieb Mann später über Adorno und die »Entstehung des ›Doktor Faustus‹«.

Ein Geschenk zum Fünfzigsten

»It is going to be simply wonderful«

Nachdem das Projekt zur Erforschung des Antisemitismus bewilligt worden war, wurde Adorno und Horkheimer rasch klar, dass damit ein Abschließen der gemeinsamen theoretischen Arbeit in irgendeiner Form, möglicherweise gar als Publikation, in weite Ferne gerückt war. Aber sie wollten es wenigstens unter ein »provisorisches Dach«[1] bringen. Als technisches Mittel dafür hatte sich die Mimeografie[2] bewährt, mit der sie auch das Walter-Benjamin-Gedächtnisheft zumindest einem kleinen Kreis zugänglich machen konnten. Und als Gelegenheit bot sich Pollocks Geburtstag im Mai 1944 an. Keine Riesenüberraschung, denn Pollock kannte natürlich wesentliche Teile der Arbeit, aber immerhin.[3] Dazu mussten sie das, was bisher vorlag, in eine präsentable Form bringen. Sie entwarfen die Vorrede, nahmen das »Lieber Freund!«, mit dem sie begonnen hatte, aber wieder heraus. Ganz so privat sollte es nicht anfangen, denn so klein sollte der Kreis der Empfänger dann doch nicht sein. Horkheimer ließ Löwenthal unter anderem mit dem New Yorker Buchhändler Salloch Gespräche führen, ob er die *Philosophischen Fragmente*, wie sie das Buch nannten, nicht in seinen Katalog aufnehmen wollte. Wenn man schon in einer 300er-Auflage mimeografierte, dann könnte man mit dem Verkauf der nicht verschenkten Exemplare ja wieder etwas von den Kosten (circa 350 Dollar)[4] hereinholen. Mit 5 Dollar (inflationsbereinigt über 70 Dollar heute)[5] würde es auch einen stolzen Preis haben. Horkheimer dachte darüber nach, wen man dazu bringen könnte, ein paar werbende Sätze dazu zu sagen. Allerdings kam er mit diesen Überlegungen nicht allzu weit: Denn bei Huxley war nicht sicher, ob er Deutsch lesen konnte. Und James Joyce war tot. Andere Möglichkeiten kamen ihm nicht in den Sinn.[6]

Adorno und Horkheimer benannten das erste Kapitel um von »Mythologie und Aufklärung« in »Dialektik der Aufklärung«, womit jener Ausdruck zum Tragen kam, den Adorno kurz vor der Reise an die Westküste ins Spiel gebracht hatte. Trotzdem blieb dieses erste Kapitel ein Problem. Es ist so dicht und durch die spannungsgesättigte Darstellung so in sich gerundet, dass es schwerfällt, von seinem Ende aus einen Anknüpfungspunkt an die folgenden Kapitel zu finden. Das Kapitel über Kant und de Sade und das über die Odyssee sind Exkurse, sozusagen Ausspreizungen des Ineinanders von Mythos und Aufklärung. Das Kapitel zur Kulturindustrie lässt sich aber nicht unter diese Logik der Exkurse zwingen. Also versuchten die Autoren, eine direktere Anbindung zu schaffen und fügten dem ersten Kapitel einen Satz hinzu. »In die Auflösung von Herrschaft mag das Wissen nun übergehen« – das war der letzte, hoffnungsvolle Satz. Dann aber schrieben sie dazu: »Angesichts solcher Möglichkeit aber wandelt im Dienst der Gegenwart Aufklärung sich zum totalen Betrug der Massen um.«[7] Damit wurde direkt auf das Kulturindustriekapitel verwiesen, das deswegen den Untertitel »Aufklärung als Massenbetrug« bekam.

Das ist geschickt konstruiert, denn der Betrug wird theoretisch stark begründet: Die im ersten Kapitel starkgemachte Technik der Entzifferung der Bilder als Schrift wird durch den Tonfilm gleichsam geklaut. Damit werden die Menschen um diese laut Adorno so gewichtige Erkenntnistechnik betrogen. Das Kulturindustriekapitel endet mit dem Appell, dass es an den Menschen selbst liege, aus dem Angsttraum zu erwachen, »der solange nur sich zu verwirklichen droht, wie die Menschen an ihn glauben«.[8] Und am Ende des Kapitels »Elemente des Antisemitismus« wird dann die Möglichkeit des Umschlags vom menschengemachten Schrecken zur menschenwürdigen Gesellschaft wieder eröffnet. Damit ist die Geste des hoffnungsvollen Schlusspunktes gerettet – auch wenn sie im ersten Kapitel zugunsten der inneren Dramaturgie des ganzen Buches suspendiert wurde.

Allerdings ist diese innere Dramaturgie unsichtbar geworden, weil die Autoren mit dem gemeinsamen Durchsprechen des Kulturindustriekapitels doch nicht weitergekommen sind. Horkheimer hatte die Kommentierung bis ungefähr zur Mitte geschafft, der Rest wurde dann einfach abgeschnitten und mit einem »wird fortgesetzt« auf die nächste Publikationsmöglichkeit verschoben. Damit entfällt aber mit der Stelle der Absorption der Bilderentzifferung genau die Passage, auf die sich der »Betrug« am Ende des ersten Kapitels bezieht. Ohne diesen Bezug ist es nur mehr ein blindwütiger, weil bloß unterstellender Vorwurf gegen die Massenkultur. Damit wurde das Buch bereits in seinem ersten Veröffentlichungsschritt beträchtlich dunkler und hermetischer, als es eigentlich angelegt war.

Am Ende des Bandes versammelten Adorno und Horkheimer noch verschiedene »Aufzeichnungen und Entwürfe«: kleinere Stücke, die manchmal bei einem Bild oder einem

Gedanken verweilen, die sich manchmal zu einem Essay aufschwingen, das aber abbricht, bevor es die Mächtigkeit eines eigenen Kapitels bekommen könnte. Viele von diesen Stücken lagen schon 1939 vor, Horkheimer hatte sie gleichsam als Fortschreibung der *Dämmerung* verfasst. Einige davon haben – wahrscheinlich von Adorno – einen Zusatz erhalten, an dem man sehen kann, wie das früher allein stehende Gedankenbild in den Strudel der neuen negativen Geschichtstheorie hineingezogen wird.

Entgegen der auf den ersten Blick zwar nicht mehr nachvollziehbaren, aber grundsätzlich doch streng geplanten Komposition der vorangehenden Kapitel, sind diese »Aufzeichnungen und Entwürfe« von vornherein fragmentarisch angelegt und rechtfertigen den Titel »Philosophische Fragmente«. Sie widersetzen sich dem Zwang eines philosophischen Systems nicht durch die Inszenierung des Schreckens wie die Kapitel zuvor, sondern durch den gezielt gesetzten Widerspruch im Kleinen, auf der Ebene einzelner Sätze. Das macht sie in Teilen so mitreißend. Nachdem zum Beispiel ein Aphorismus keinen Zweifel daran gelassen hat, dass es in der Logik der Dinge liegt, dass kulturelle Leistungen mit Leid und Zwang verknüpft sind, leistet er sich als Nachklapp zu einer möglichen Konsequenz aus dieser Einsicht: »der Logik spotten, wenn sie gegen die Menschheit ist.«[9] An anderer Stelle wird die Frage gestellt, die dem Leser nach der Erfahrung der vorangegangenen Kapitel auf den Lippen brennen mag: »Kannst du nicht die guten Seiten darlegen und die Liebe als Prinzip verkündigen anstatt der endlosen Bitterkeit!«[10] Und auch wenn diese Bitte verneint wird, so ist doch zumindest einmal das Ethos der unnachgiebigen Kritik in einer positiven Formulierung aufgeblitzt. Die *Fragmente* könnten also eine Art Entspannung der Theorie sein: Am Ende wird auch formal der Zwang eines dichten Systems aufgehoben, so wie in den Kapiteln davor im Erschrecken angesichts der zweiten Natur das Versprechen lag, diese abzuschaffen. Aber mit der letzten »Aufzeichnung« setzt Horkheimer wieder ein Zeichen der Hoffnungslosigkeit. Sie heißt »Zur Genese der Dummheit« und ist Horkheimers Referenz an Karl Landauer, auf dessen Essay »Intelligenz und Dummheit« explizit verwiesen wird. Auch wenn Erich Fromm bis zur Emigration die prägende Person für die Psychologie am Institut war, war für Horkheimer die Vertrauensperson der theoretische Lehrer Karl Landauer. Und aus dessen Essay destillierte Horkheimer den Schlusspunkt der *Dialektik der Aufklärung*: dass Dummheit nicht angeboren ist, sondern sich zusammensetzt aus vielen kleinen Narben. Jedes Mal, wenn ein Versuch, eine Hoffnung, ein Ausprobieren, ein Wagnis enttäuscht wird und man seine Fühler wie die Schnecke wieder zurückziehen muss, bleibt eine Verletzung. Auch deswegen die große Skepsis gegenüber den optimistischen Psychologen Erich Fromm, Karen Horney et cetera. Die schienen von einem nur leicht beschädigten und deswegen leicht zu kurierenden Individuum auszugehen. Für Horkheimer aber waren die Verletzungen vernarbt, hatten sich eingegraben, bildeten eine Art Evolution des Schmerzes: »Wie die Arten der Tierreihe, so bezeichnen die geistigen Stufen innerhalb der Menschengattung, ja die blinden Stellen in demselben Individuum Stationen, auf denen die Hoffnung zum Stillstand kam, und die in ihrer Versteinerung bezeugen, daß alles Lebendige unter einem Bann steht.«[11] So wird die *Dialektik der Aufklärung* enden, so endeten auch schon die *Philosophischen Fragmente*, das ist ihr letzter Satz.

Frau von Mendelssohn wurde mit der pragmatischen Abwicklung des Geschenks für Pollock betraut. »It is great fun and it is going to be simply wonderful«,[12] schrieb sie an Löwenthal. Bestimmt aus wirklicher Begeisterung über eine Freundschaftsaktion, bei der jeder auf Geheimhaltung eingeschworen wurde. Zum Teil aber auch, um Löwenthal zu motivieren, unter Zeitdruck das Manuskript – wie üblich – auf taktische Dinge hin zu überprüfen. »Fun ist ein Stahlbad«,[13] würde Pollock im Kulturindustriekapitel lesen können.

Ein Handbuch für Juden

Der Antisemitismus der Antisemitismusanalytiker

Adorno und Horkheimer waren beide zum Fünfzigsten von Pollock in New York. Mit dem Geburtstag konnten sie auch die überstandene wichtige Konferenz des AJC feiern, bei der es unter anderem um die Frage nach der Errichtung eines Scientific Department ging, das für die Weiterführung und den Anbau des Antisemitismusprojektes verantwortlich wäre.[1]

Erst im Sommer erfuhren sie, dass sie erfolgreich waren. Und dass Horkheimer erneut Pacific Palisades verlassen musste, um seine Stelle als Leiter des neu geschaffenen Departments anzutreten. Ein weiteres Mal setzte sich Horkheimer also dem Widerspruch zwischen Wirksamkeit und Konzentration aus. Er bezog in New York ein »respektables« Büro mit Blick auf das Empire State Building. Als er nachfragte, warum die obersten Stockwerke trotz allgemeiner Wohnungsnot abends nicht beleuchtet waren, also ungenutzt schienen, wurde ihm erklärt, dass dort oben die Winde zu heftig seien und die Vögel, die dauernd an die Scheibe klatschten, zu störend. »So mahnt das nicht ganz beleuchtete Empire State Building den nächtlichen Betrachter an die Hemmnisse des Fortschritts«,[2] schrieb er an

Adorno. Horkheimer hatte reichlich Gelegenheit, nachts aus seinem Bürofenster zu blicken, weil er tagsüber zur wirklichen Arbeit nicht kam. Ständig waren Telefonate und Sitzungen zu absolvieren, Broschüren und Redeentwürfe zu prüfen, Bewerbungsgespräche zu führen. Und wenn er dann Gelegenheit dazu fand, etwas zu diktieren, stand meist ein »freundlicher Executive« in der Tür, begehrte mit einem legeren Verhältnis zu Horkheimers Vornamen Auskunft zu diesem und jenem »und verläßt mich dann mit dem Gefühl, daß ich es halt auch nicht besser weiß«.[3] Deswegen war Adorno in dieser Phase der Aufbauarbeit des Departments unerlässlich, er sollte Horkheimer die inhaltliche Arbeit abnehmen und ihn mit Entwürfen zu möglichen Forschungsvorhaben beliefern. Adorno stellte sich dieser Aufgabe mit überbordender Energie, ja er war kaum zu stoppen im Skizzieren von immer neuen Projekten. Er entwarf eine Untersuchung zur Ikonografie der Antisemiten, zum Imaginären des unbewussten Antisemitismus, zum Antisemitismus bei Hausfrauen und zu den soziologischen, politischen und ökonomischen Mechanismen hinter dem amerikanischen Antisemitismus.

Zu seinen Lieblingsideen zählte eine Art Handbuch für Juden. Es sollte Juden mit dem Wissen über die gängigsten antisemitischen Stereotypen ausrüsten und ihnen Argumente liefern, um dagegen anzugehen. Der erste Teil sollte eine knappe und präzise Entlarvung von nachweislich falschen Behauptungen sein (zum Beispiel: »Die Juden haben sich verschworen, um die Weltherrschaft zu erringen«, »Die jüdischen Bankiers finanzieren den Kommunismus«). Die zweite Sektion wäre heikler gewesen. Sie sollte Charakterzüge versammeln, die als typisch jüdisch unterstellt werden und die laut Adorno eine gewisse Basis in der Realität haben. Diese sollten historisch, soziologisch und psychologisch erklärt und anschließend aufgeteilt werden in die, die problemlos sind (zum Beispiel gutes Essen mögen) und jene, die von den Lesern des Handbuchs bei sich selbst unter Kontrolle gehalten werden sollten (zum Beispiel besondere Privilegien im Alltag einfordern). Entscheidend bei dieser Idee war für Adorno die Form. Das Büchlein durfte natürlich auf keinen Fall trocken, belehrend oder defensiv sein. Es musste vielmehr auf einen weiteren vermeintlich jüdischen Charakterzug zielen: den laut Adorno tief verwurzelten Sinn für Selbstironie und Selbstkritik. Den würde man nur unter Aufbietung der brillantesten Talente für scharfen Witz (noch eine jüdische Eigenschaft, die auf sich selbst angewandt werden sollte) aktivieren können, Adorno dachte an den *editorial staff* des *New Yorker.* Und an Alexander Granach und Soma Morgenstern als Experten für die jüdischen Gemeinden.

Abschließend sollte es ein Quiz geben, bei dem jeder Leser selbst überprüfen könnte, in welchem Maße er Antisemitismus provozierte. Auch hier war natürlich Geschick vonnöten. Man durfte nicht einfach fragen: »Fordern Sie für sich besondere Privilegien im Alltag?«, sondern zum Beispiel eher: »Sagen Sie zu der blonden Verkäuferin: ›Aber Sie werden mir doch bestimmt diese Flasche Whisky verkaufen, das werden Sie doch?‹«[4]

Dieses Projekt gehörte zu den vielen, die nicht verwirklicht wurden. Es zeigt den habituellen Antisemitismus, der den Antisemitismusanalytikern Adorno und Horkheimer durchaus zu Gebote stand. Einige Mitarbeiter des Instituts hatten sich zumindest eine Zeit lang für ein Leben nach jüdischem Ritus entschieden – manche aus Protest gegen die assimilierten Väter, manche aus Faszination für den charismatischen Frankfurter Rabbi Nehemia Anton Nobel, zu dessen Kreis zum Beispiel Leo Löwenthal, Siegfried Kracauer und Ernst Fromm gehörten.

Manche aus beiden Gründen. Adorno und Horkheimer standen jüdischen Lebenswelten umso reservierter gegenüber, je orthodoxer diese waren. Als Adorno nach seinem ersten New-York-Besuch 1937 zurück über den Atlantik gefahren war, schrieb er an Horkheimer: »Das Schiff war überfüllt mit Ostjuden, die mit ihren Kappen auf dem Kopf saßen, religiöses Geheul ausstießen und sich überhaupt benahmen, daß es eine Rassenschande ist; am Samstag hielt einer ihrer Medizinmänner oder Ritualmörder in dem allgemeinen Lesesaal eine lange Ansprache auf Jiddisch.«[5] Nach dem Offenbarwerden des Ausmaßes der Judenvernichtung ließ sich Adorno zu solchen Äußerungen nicht mehr hinreißen. 1946 fühlte er sich verpflichtet, antisemitische Gesten dieser Art in seinem engsten Umkreis abzuwehren. Nachdem ihm sein Vater geschrieben hatte, was ihm in New York für »finstere Dinge aus den Lägern der wirklich ›frommen‹ Judenschaft in Brooklyn« berichtet wurden (»Direct mittelalterlich«),[6] antwortete Adorno: »Nur über die Juden korrespondiere ich ungern [...]. Nachdem 6 Millionen ermordet worden sind, geht es mir wider den Strich, mich über die Manieren der paar Überlebenden, die mir im übrigen auch nicht zu gefallen brauchen, aufzuhalten. Dazu kommt, daß die 50 % Goj in mir sich irgendwie an der Judenverfolgung mitschuldig fühlen und daß ich deshalb ganz besonders allergisch auf alles reagiere, was gegen das auserwählte Volk gesagt wird, z. B. auch von Max, dessen Antisemitismus hinter dem des WK [Adornos Vater] kaum zurücksteht, wofür er allerdings die Entschuldigung des Jahres beim American Jewish Committee hat.«[7]

Kreuzchen mit Gummistempel

Was man wählen darf oder muss

Am 7. November 1944 stellte sich Franklin D. Roosevelt zur Wiederwahl. Es war das erste Mal in der Geschichte der USA, dass sich ein Präsident um eine vierte Amtszeit bewarb. So zwiespältig ihre Haltung zum »plebiszitären Diktator« auch sein mochte, war für die Institutsmitarbeiter doch klar, dass jetzt, um die absehbare Niederlage Hitlers nicht zu gefährden, Roosevelt unbedingt Präsident bleiben sollte.

Thomas Mann verehrte Roosevelt ohnehin, er wählte ihn mit voller Überzeugung. »Fein und stark, hochentwickelt und einfach wie das Genie, erleuchtet von intuitivem Wissen um die Notwendigkeit der Zeit, den Willen des Weltgeistes [...] – So sehe ich ihn, so kannte, bewunderte, liebte ich ihn«,[1] sollte Mann später schreiben. Er war erst im Juni eingebürgert worden, die Horkheimers traten dabei als seine notwendigen Zeugen auf und beglaubigten ihn als »desirable citizen«.[2] Ein halbes Jahr später vollzog er also in einer Wahlkabine am Sunset Boulevard sein staatsbürgerliches Recht: »Kreuzchen mit Gummistempel. Bequeme, schmerzlose Prozedur.«[3] Horkheimer, der bereits seit 1940 den amerikanischen Pass hatte, votierte per

Briefwahl.[4] Adorno, der das »Wiesengrund« bei seiner Einbürgerung im November 1943 verloren hatte, erwartete das Wahlergebnis nervös auf einer großen Gesellschaft bei Fritz Kortner. Und war erleichtert: »Die Wiederwahl von FDR ist ein größeres Glück, als man sagen kann, vor allem als Garantie dafür, daß die Nazis wirklich gebrochen werden.«[5]

Dass Horkheimer und Adorno 1944 wählen durften, verhinderte nicht, dass der Vorgang des Wählens als ein Sinnbild für stereotypes Denken in die letzte These der »Elemente des Antisemitismus« gelangte, die sie dem Typoskript noch hinzufügten, als es zur Buchpublikation kam. Man hat die Wahl. Aber man kann nur die Partei wählen und muss mit ihr die Liste der Politiker, die die Partei dem Wähler »oktroyiert«, wie Adorno und Horkheimer sagen, mitwählen. Man wählt ein *ticket*, so der amerikanische Begriff dafür, ohne sich eigenständig für jede der Personen, die sich hinter diesem Ticket verbergen, entschieden zu haben. Ticketdenken wird eine Zeit lang zum Synonym für den mentalen Zustand des postliberalen Zeitgenossen. Man lässt sich die Meinungen vorfertigen wie die Ausstattung seines Autos. Juden zu hassen zum Beispiel, ist keine Entscheidung mehr, die aus Begegnungen mit Juden entsteht, sondern Bestandteil eines Tickets, den man dann halt mitkauft. Wer das faschistische Ticket wählt, »subskribiert mit der Zerschlagung der Gewerkschaften und dem Kreuzzug gegen den Bolschewismus automatisch auch die Erledigung der Juden«.[6] Deswegen können die Autoren die These mit dem provokanten Satz »Aber es gibt keine Antisemiten mehr«[7] beginnen. Es gibt nur noch Menschen, die das Potenzial eigener Erfahrung an die Entscheidung für ein Ticket abgegeben haben. Auch in dieser These wird das im Übrigen wieder auf Kants Schematismus zurückgeführt: »In der Welt als Serienproduktion ersetzt deren

Schema, Stereotypie, die kategoriale Arbeit. Das Urteil beruht nicht mehr auf dem wirklichen Vollzug der Synthesis, sondern auf blinder Subsumtion.«[8]

Auch wer für sich in Anspruch nimmt, menschenfreundliche und gesellschaftlich progressive Positionen zu vertreten, ist vor dem Ticketdenken nicht gefeit. Er kauft dann nur eine andere Liste von Meinungen und Haltungen ein. Und verhält sich damit, so Adorno und Horkheimer, potenziell antisemitisch: »Nicht erst das antisemitische Ticket ist antisemitisch, sondern die Ticketmentalität überhaupt.«[9]

1944 aber war das Wahlergebnis wichtiger als das Ticketproblem und stimmte Adorno hoffnungsfroh. Er wollte sogleich Kontakt mit dem französischen Verlag Alcan aufnehmen, in dem die Institutszeitschrift nach der Emigration bis 1941 erschienen war, um deren Fortsetzung und die Publikation der *Philosophischen Fragmente* als Buch anzubahnen. »Natürlich würde kaum etwas erscheinen können, solange der Krieg noch währt, aber bis man sich über alles verständigt hat, wird der Krieg ja wohl zu Ende sein«,[10] schrieb er im Dezember 1944 an Horkheimer. Im Januar 1945 begegnete er dem Verleger Felix Guggenheim, bei dem er ebenfalls die Idee einer Wiederaufnahme der Institutszeitschrift testete und dem er sogleich zahlreiche seiner Manuskripte schickte, darunter auch die *Philosophischen Fragmente*. Guggenheim musste Adorno ein wenig bremsen, denn er erwartete »in den ersten Monaten nach dem deutschen Zusammenbruch« zwar einen Hunger nach Literatur, aber weniger nach musikalischen, historischen oder philosophischen Themen, sondern eher nach »escape-Literatur«.[11] Die Pläne zerschlugen sich denn auch, doch sie zeigen, wie vehement für die Zeit nach der bald erwarteten deutschen Niederlage geplant wurde.

Eine deutsche Affäre in Amerika

Die Faschismus-Skala

Für den Februar war Adornos Besuch in New York anvisiert. Adorno hätte es als überaus adäquat empfunden, bei der Gelegenheit mit Horkheimer gemeinsam »das Ende der Hitlerei«[1] zu erleben. Wenn die Weltregierung endlich im Einklang mit Frau Gott handeln würde, dann hätte sie es auf den 14. Februar gelegt: Horkheimers 50. Geburtstag, den er im imposanten kathedralenartigen Gebäude der Theologischen Hochschule nicht weit von der Columbia University feierte.[2] Wie schon zu Pollocks Fünfzigsten, hatte Adorno auch diesmal ein besonderes Geschenk. Er nahm das Gemeinsamschreiben derart ernst, dass er die erzwungene räumliche Trennung dazu genutzt hatte, alleine zu zweit weiterzuschreiben. Er überreichte Horkheimer den ersten Teil der Aphorismen, die später die *Minima Moralia* werden sollten: »Zeugnis eines dialogue intérieur«, wie er schreibt: »kein Motiv findet sich darin, das nicht Horkheimer ebenso zugehörte wie dem, der die Zeit zur Formulierung fand.«[3] Und tatsächlich sind die Aphorismen vom selben Prinzip durchwirkt, das wesentliche Teile der *Dialektik der Aufklärung* strukturiert: dem Wechsel vom liberalen zum Monopolkapitalismus. 1944 begannen die »Minima Moralia« noch nicht mit den melancholischen Meditationen zur Situation des Intellektuellen oder zum Verhältnis zu den Eltern, wie es in der Druckfassung der Fall sein wird, sondern mit einem ätzenden Gesellschaftsbild. »Die netten Leute« war damals der Titel des ersten Aphorismus, aber das ist bitterste Ironie.[4] Denn die Nettigkeit ist eine gespenstische, es ist die Verhaltensweise, die in Zeiten des liberalen Kapitalismus zum Geschäftsgebaren gehörte. Obwohl die Monopole inzwischen die »Sphäre der Zirkulation« abgeschafft haben, ist dieses unsinnig gewordene Verhalten immer noch da, führt laut Adorno eine »geisterhafte Postexistenz«.[5] Die netten Leute wimmeln herum, ihre Umtriebigkeit, ihre Freundlichkeit ist unnützer Rest einer vergangenen Zeit, sie sind von »einer rätselhaften Geschäftigkeit, die alle Züge der kommerziellen trägt, ohne daß es eigentlich dabei etwas zu handeln gibt«.[6]

Adorno war nach New York gekommen, um Horkheimer, Löwenthal und Pollock bei den Besprechungen mit dem AJC zu unterstützen. Aus den vielen Projektvorschlägen sollte das endgültige Programm für die Fortsetzung der Antisemitismusanalyse festgelegt werden. Ziel für das Institut und vor allem für Adorno und Horkheimer war es, eine möglichst breit gefächerte Palette von Projekten so auf den Weg zu bringen, dass die analytische Strahlkraft des Instituts unübersehbar würde – und sich Adorno und Horkheimer so bald es irgend ging, aus den laufenden Arbeiten zurückziehen konnten.

Beide hatten dafür immense Vorarbeit geleistet. Adorno durch das breit gefächerte Bündel an inhaltlichen Ideen und Horkheimer durch Anwendung seines Talents zum Zusammenführen unterschiedlicher Institutionen und Gruppen. Bereits 1943 war Horkheimer auf eine Gruppe von jungen Psychologen an der University of California in Berkeley aufmerksam geworden, die mit innovativen empirischen Methoden jene Anteile der menschlichen Persönlichkeit analysieren wollten, die zu Vorurteilen führen. Eine Chance, europäische Konzepte mit amerikanischen Methoden zu verbinden, wie es das Institut von Anfang an in Amerika angestrebt hatte.[7] Horkheimer machte Adorno zum Verbindungsmann zwischen dem Institut und der Public Opinion Study Group, wie die Berkeley-Gruppe sich nannte. Eigentlich eine hochriskante Idee. Denn diese Art von empirischem Arbeiten war 1938 die Möglichkeit gewesen, Adorno eine Stelle in einem Research-Projekt zum Radiohören zu vermitteln und ihn so überhaupt nach Amerika zu holen. Adorno war damals Feuer und Flamme, europäische Theoriekonzepte mit amerikanischen Methoden zusammenzubringen, ja, es war für ihn der einzig gangbare Weg, Hegel auf die Gegenwart anzuwenden: Theorie sollte sich durch die empirisch ermittelten Daten korrigieren lassen, zu neuen Thesen führen, die dann wieder empirisch überprüft würden et cetera. Aber die Zusammenarbeit mit dem österreichischen Soziologen Paul Lazarsfeld, der sich mit der Studie zur den *Arbeitslosen von Marienthal* einen Namen gemacht hatte, ging schrecklich schief. Adornos Enthusiasmus war echt und ernst gemeint, und Lazarsfeld hatte mit der Absicht, neue Impulse zu ermöglichen, gezielt einen in der amerikanischen Methodik Unerfahrenen gesucht. Beide schätzten sich. Aber Adornos Glaube daran, dass die Reaktionsweise der Radiohörer ohnehin schon standardisiert waren, dass Fragebögen also gar nichts nützen würden, sondern dass man auf der Seite der Produktion von Radiosendungen forschen musste, war für Lazarsfelds Forschungsdesign dann doch zu einseitig. Zudem hatte Adorno seine Überzeugungen in einem noch ungelenken Englisch in ein Exposé gegossen, das von strategischen Rücksichten nichts wusste. Irgendwann platzte Lazarsfeld der Kragen: »Sie sind uninformiert, was empirische Forschung anlangt, aber schreiben darüber in einer autoritären Sprache, so dass der Leser gezwungen ist, an Ihrer Autorität auf Ihrem ureigenstem Gebiet, der Musik zu zweifeln. Sie attackieren andere Leute als Fetischisten, als neurotisch und schlampig, zeigen aber sehr deutlich Ihrerseits solche Züge.«[8] Adorno war Horkheimer überaus dankbar dafür, als der die erste Gelegenheit nutzte, ihn aus dem Projekt herauszunehmen. Was also veranlasste Horkheimer 1943 zu der Hoffnung, dass es diesmal anders laufen würde?

Dieses Mal hatte Adorno die spekulative Seite der Arbeit bereits absolviert: mit dem Verfassen der *Dialektik der Aufklärung*. Die Theorie lag also bereits vor, Adorno musste niemanden mehr damit behelligen,[9] sondern konnte sich frank und frei auf die Empirie stürzen. Die *Dialektik der Aufklärung* schleuderte als Glutkern einer theoretischen Grundlegung einen empirischen Trabanten nach dem anderen aus sich heraus. In ihr war dargelegt, warum die modernen Individuen die Welt nur mehr schematisch und standardisiert – also vorurteilsbeladen – wahrzunehmen imstande waren. Da das erledigt war, konnte sich Adorno im Teamwork auf die Feinanalyse dieser Schematisierung einlassen. Das war anspruchsvoll genug. Denn es galt ja, an Persönlichkeitsstrukturen heranzukommen, die der Person nicht grundsätzlich bewusst waren. Und wenn doch, würde sie darüber nicht unbedingt bereitwillig Auskunft geben. Die Berkeley-Gruppe nutzte deswegen Fragebögen, die auch offene Fragen enthielten. Diese gaben den Probanden keinen Hinweis darauf, dass und welche Vorurteile abgefragt werden sollten (zum Beispiel: »Welche großen Persönlichkeiten, lebend oder tot, bewundern Sie am meisten?«).[10] Außerdem verwendete die

Forschungsgruppe qualitative, ein- bis dreistündige Interviews und eine Art Rorschachtest, bei dem statt Tintenklecksen Szenen mit Menschen zum Einsatz kamen. Horkheimer und Adorno hätten gerne noch einen Film produziert, in dem bei einer Pöbelszene in der Metro bei unterschiedlichem Publikum die Rolle des Juden anders verteilt ist: manchmal Opfer, manchmal Aggressor, manchmal kommt die Zuschreibung gar nicht vor.[11] Doch zu einem solchen Film kam es nicht.

Bald hatte Adorno eine Idee für ein weiteres Werkzeug zur Ermittlung der potenziell antisemitischen Persönlichkeit. Wäre es nicht hilfreich, einen Fragebogen zu entwickeln, auf dem keine einzige Frage auf den eigentlichen Zweck der Untersuchung hinweist, auf dem es keine direkt politischen Fragen, keine Fragen zur Haltung gegenüber Minderheiten und Juden gibt? Man müsste also Fragen entwickeln, die ausreichend zwingend im Verhältnis zu antisemitischen Meinungen und Haltungen stehen. Auf diese Idee konnte Adorno kommen, weil er mit Horkheimer im »Elemente«-Kapitel den Antisemitismus derart grundsätzlich in das Konzept der Zivilisierung der Menschheit eingetragen hatte, dass daraus Komplexe extrahiert werden konnten, die sich weit unterhalb der Aktualität von Politik oder gezielter Diskriminierung befanden. »Eine Anzahl der Fragen habe ich durch eine Art von Übersetzungsarbeit aus den ›Elementen des Antisemitismus‹ ausdestilliert, was mir viel Spaß machte«,[12] schrieb Adorno an Horkheimer. Diese Übersetzung von theoretischen Punkten in Fragegruppen funktionierte ähnlich wie bei der Analyse der psychologischen Techniken von Martin Luther Thomas. Dass man vorgefertigten Waren, Meinungen, Lebensformen ausgesetzt ist, führt zu starkem *Konventionalismus* (in diesem Fragenkomplex findet sich zum Beispiel der Satz: »Man sollte in der Öffentlichkeit Dinge vermeiden, die anderen falsch erscheinen, auch wenn man weiß, daß sie in Wirklichkeit in Ordnung sind.«)[13] Der gewöhnliche psychologische Prozess der Individuation fällt bei solchen stark angepassten Menschen aus. Statt ein starkes Ich auszubilden, unterwerfen sie sich äußeren Charakteren, entwickeln also *Autoritäre Unterwürfigkeit.* (»Jeder Mensch sollte einen festen Glauben an eine übernatürliche Macht haben, die über ihm steht, der er gänzlich untertan ist, und deren Entscheidungen er nicht in Frage stellt.«)[14] Was sich diese Individuen in ihrer Selbstbeschränkung versagen, projizieren sie – verzerrt – auf andere (»Die sexuellen Ausschweifungen der Griechen und Römer sind Kindergartengeschichten im Vergleich zu dem, was heute bei uns zuweilen getrieben wird, selbst in Kreisen, wo man es am wenigsten erwartet«), an denen sie es dann hassen, was zu *Autoritärer Aggression* führt (»Wer unsere Ehre kränkt, sollte nicht ungestraft bleiben«).[15] Weil diese Individuen nicht gelernt haben, mit ihren Trieben und Bedürfnissen umzugehen, vermeiden sie es, über ihr Innenleben oder das anderer zu sehr nachzudenken (»Muße ist zwar eine feine Sache, aber gute harte Arbeit macht das Leben erst interessant und der Mühe wert.«)[16] Und so weiter und so fort.

Horkheimer war von der Idee begeistert und erschrak, als er die Überfülle möglicher Fragen sah, die in einer ersten Auflistung zusammengestellt waren. Aber das war erst der Beginn. Rückblickend schrieb Adorno über die Arbeit in der Berkeley-Gruppe: »Wir brachten Stunden damit zu, sowohl ganze Dimensionen, ›variables‹ und Syndrome, als auch besondere Fragebogenitems uns einfallen zu lassen, auf die wir um so stolzer waren, je weniger ihnen die Beziehung auf das Hauptthema anzusehen war, während wir aus theoretischen Motiven Korrelationen mit Ethnozentrismus, Antisemitismus und politischökonomisch reaktionären Ansichten erwarteten.«[17] Dann musste in der Praxis getestet werden, ob man zu Recht stolz auf diese *items* sein konnte, weil die erwünschte Korrelation tatsächlich vorhanden war, oder ob Letztere sich als eine bloß zufällige erwies. Die empirische Rückmeldung führte zu einer Verfeinerung des Katalogs, die wieder mit neuen Ideen angereichert und getestet wurde, bis man bei der endgültigen Liste angekommen war, aus der die oben zitierten Beispiele stammen. Es ist die berühmt gewordene F-Skala, mit der das unbewusste antidemokratische »Potenzial« der Menschen gemessen werden sollte.

Adorno schwärmte in der Rückschau von der Zusammenarbeit: »Diese Art von Kooperation in einem demokratischen Geist, der nicht in Formalien steckenbleibt, sondern bis in alle Details von Planung und Durchführung hineinreicht, war für mich wohl das Fruchtbarste, was ich, im Gegensatz zum akademischen Herkommen in Europa, in Amerika kennenlernte.«[18] Es habe »keine Reibereien, keine Widerstände, keine Gelehrtenkonkurrenz« gegeben, schreibt er. Vielleicht lag es an Löwenthals nicht nachlassen wollenden Hass auf Adorno, dass er Horkheimer mit einiger Ausführlichkeit von seinem Gespräch mit einem Mitglied der Berkeley-Gruppe, Else Frenkel-Brunswik, erzählte, das ein anderes Bild zeichnet. Möglicherweise verstärkt er die negativen Punkte zu sehr, wenn er deren Bericht über Adornos ermüdende Diskussionslust referiert, wie er sich ungebührlich als Chef aufspiele und dass er es gerne an andere delegiere, die ungenügende empirische Brauchbarkeit seiner Entwürfe zu beheben.[19]

Adorno fuhr also alle zwei Wochen von Los Angeles nach San Francisco, um als Mittelsmann des Instituts die Projektarbeit zu organisieren. Er lernte dabei den Arzt Robert Alexander kennen – ein nützlicher Kontakt, denn Gretel hatte mit schlimmen rheumatischen Schmerzen zu kämpfen, was auch ihre Schreibarbeit für das Institut in Mitleidenschaft zog. Weil Alexander mit Gretels Behandlung überaus erfolgreich war, ließ auch Adorno sich gründlich durchchecken. Die vermutete »allgemeine Vergiftung«[20] diagnostizierte Alexander als »Neuralgie auf rheumatisch-infektiöser Grundlage«,[21] deren Herd die Weisheitszähne oder Mandeln seien. Weil Adorno Alexander völlig vertraute, ließ er sich in der Folge beides entfernen, auch Horkheimers Herzprobleme empfahl Adorno Alexanders Expertise an. Das hinderte Adorno nicht daran, mit Alexanders Frau Charlotte eine Affäre anzufangen. Die Ehe der Alexanders war laut Adorno ohnehin nicht mehr existent, der Mann wusste Bescheid, was allerdings Charlotte wiederum nicht wissen durfte – etwas kompliziert, aber zumindest aus Adornos Sicht ein Arrangement, mit dem alle gut leben konnten. Das änderte sich im Herbst 1945, als Adorno erfuhr, dass Charlotte mit dem Gedanken spielte, sich wieder zu verheiraten. Er setzte daraufhin ein romanhaftes Komplott in Szene, mit sich selbst in der Rolle des immer manischer werdenden Strippenziehers. Er schrieb an seinen alten Freund Hermann Grab in New York und bat ihn darum, Informationen über den Ehemann in spe zusammenzutragen: »Ueber diesen Mann möchte ich soviel wie möglich erfahren. Sowohl was für ein Mensch er ist, von welchem Niveau, ob anständig oder nicht (ich wiederhole: ich weiss absolut nichts von alledem), ob ein geistiges oder ein primitives Wesen, kurz alles dieser Art; wie auch seine äusseren Verhältnisse, sein Ruf, sein Lebensstil; ob er sehr egoistisch oder Anteil an anderen Menschen nehmend; auch wie er aussieht, kurz, was immer du erfahren kannst. Vor allem aber seine erotische Situation; ob er wirklich unverheiratet ist; ob er viele

Frauengeschichten hat und welche gerade jetzt; ob er eine dauernde Geliebte in N.Y. hat, ob sie eine Dame ist oder eine femme entretenue. Die Möglichkeit der Geliebten, die rein hypothetisch ist, wäre mir das wichtigste; auch deren Namen; ob die Beziehung fest ist, seit wann sie spielt, ob sie sich während des letzten halben Jahres gelockert hat usw. Bitte halte mich nicht für wahnsinnig …«[22]

Grab spielte das Spiel eine Weile mit, er und Adorno entwarfen Szenarien, die sie mit Anspielungen auf die großen Intrigen der französischen Romanliteratur von Laclos bis Proust garnierten. Als sich keine äußerlichen Hinderungsgründe für die Heirat auftaten, fantasierte sich Adorno in ein Ränkespiel zur anderweitigen Verkupplung von Charlottes Heiratskandidaten hinein (»Mit anderen Worten, der Egon muss raschestens, schlagartig in N.Y verheiratet werden«) und nannte sogleich einige Kandidatinnen. Gretel, der er die Briefe natürlich diktierte, lachte sich kaputt. Diese Briefe sind anrührende Dokumente, denn in ihnen kommt schmerzlich zum Ausdruck, dass die Welt der Proust'schen Romane, denen sie melancholisch nacheifern, zerstört ist: Im P.S. notierten Grab und Adorno Schätzungen über die Anzahl der in Russland geretteten Juden und wer von den gemeinsamen Bekannten in welchem KZ ermordet worden war. Man vermeint Adornos Stoßseufzer aus diesen Briefen förmlich herauszuhören: Wie herrlich waren doch die Liebeshändel im guten alten Europa, als es das Gute, das Alte, Europa und die Liebe noch gab!

Am Grauen vorbeidefilieren

Die Befreiung von Buchenwald

Im April 1945 war das Konzentrationslager Buchenwald von den Amerikanern befreit worden. General Patton hatte angeordnet, dass die Einwohner Weimars an den Verbrennungsöfen und den Leichenbergen vorbeimarschieren müssen. Thomas Mann übernahm das in den *Doktor Faustus*: »Unterdessen läßt ein transatlantischer General die Bevölkerung von Weimar vor den Krematorien des dortigen Konzentrationslagers vorbeidefilieren und erklärt sie – soll man sagen: mit Unrecht? – erklärt diese Bürger, die in scheinbaren Ehren ihren Geschäften nachgingen und nichts zu wissen versuchten, obgleich der Wind ihnen den Stank verbrannten Menschenfleisches von dorther in die Nasen blies, – erklärt sie für mitschuldig an den nun bloßgelegten Greueln, auf die er sie zwingt, die Augen zu richten.«[1]

Mann hatte in seinen Reden an die »Deutschen Hörer« immer versucht, einen gangbaren Weg aus dem Nazirausch aufzuzeigen, der es den Deutschen ermöglichen würde, von der Weltgemeinschaft wieder als vernünftiger, ebenbürtiger Partner akzeptiert zu werden. Das musste schon vor den ersten Nachrichten über den Holocaust schwerfallen, wenn man Naziwahn und Deutschtum nicht voneinander trennen wollte. Für Mann gehörte das Dunkle der Romantik, der Hang zum Irrationalen zum deutschen Wesen, im *Doktor Faustus* war das das untergründige Programm. Im August 1941 hatte er eine Möglichkeit formuliert, wie Deutschland trotz dieser Annahme wieder eine Nation unter anderen werden könnte. Das »Dritte Reich« hätte demzufolge seinen weltgeschichtlichen Nutzen darin gehabt, dass das deutsche Wesen einmal seine Fratze gezeigt hat, sodass es danach schlichtweg nicht mehr zu verharmlosen oder zu relativieren wäre. Der Nationalsozialismus wäre »ein Experiment letzterreichbarer Unmoral und Brutalität, das sich nicht übersteigern und nicht wiederholen läßt«,[2] gewesen, der irrationale Teil des deutschen Wesens hätte sich für immer und ewig erschöpft: »mehr kann man nicht tun, weiter kann man nicht gehen«.[3]

Ließ sich diese Gedankenfigur auch noch anwenden, nachdem das Ausmaß der Menschenvernichtung offenbar geworden war? Im *Doktor Faustus* heißt es: »Man nenne es finstere Möglichkeiten der Menschennatur überhaupt, die hier zu Tage kommen, – deutsche Menschen, Zehntausende, Hunderttausende, sind es nun einmal, die verübt haben, wovor die Menschheit schaudert, und was nur immer auf Deutsch gelebt habt, steht da als ein Abscheu und als Beispiel des Bösen.«[4] In den *Philosophischen Fragmenten* wird der Holocaust explizit nicht benannt.[5] Implizit ist er dauernd präsent als Vollzug des Wahns, alles ausrotten zu müssen, was die eigene Verdrängungsleistung fragwürdig macht. »Die Antisemiten sind dabei, ihr negativ Absolutes aus eigner Macht zu verwirklichen, sie verwandeln die Welt in die Hölle, als welche sie sie schon immer sahen«, heißt es am Ende der »Elemente des Antisemitismus«[6]. In der geschichtsphilosophischen Konstruktion der *Dialektik der Aufklärung* ist der Holocaust die Konsequenz der menschengemachten zweiten Natur, ihre schlimmstmögliche Realisierung, die »letzterreichbare Unmoral und Brutalität«. Und die *Dialektik der Aufklärung* zwingt den Leser, wie die Bevölkerung Weimars daran vorbeizudefilieren und derart zu erschrecken, dass sich ein neuer kategorischer Imperativ ausbildet: so zu leben, dass der Holocaust sich nicht wiederholen könne.

Höllenklänge

Noch einmal der Engel der Geschichte

Am 30. Dezember 1945 nutzte Thomas Mann den eifersüchtig für die Arbeit an seinen Romanen verteidigten Vormittag für einen Brief. Eigentlich war dieser Brief an die Nachwelt adressiert, aber erst mal ging er ab an Adorno. Mann fragte nicht an, ob er wesentliche Teile der *Philosophie der neuen Musik* für die Begegnung seines fiktiven Komponisten mit dem Teufel benutzen dürfe – er erläuterte die Notwendigkeit dieser Prozedur durch seine schriftstellerische Technik der Montage. Er bat Adorno nicht darum, sich mehrere Werke von Leverkühn auszudenken und sie musikalisch exakt und trotzdem eindringlich genug zu beschreiben –, er rief ihn zum gemeinsamen Nachdenken auf. Denn obwohl sein Verhältnis zur Musik »einigen Ruf«[1] habe, wisse er, Thomas Mann, über die Musik nach Richard Wagner einfach zu wenig, um das zu leisten.

Adorno hatte sich in Manns Augen bewährt. Sein Freund Bruno Walter war begeistert, als Mann ihm die Kretschmar-Vorträge zu Gehör brachte. »Nun, das ist grossartig! Nie ist Besseres über Beethoven gesagt worden! Ich habe keine Ahnung gehabt, dass Sie so tief in ihn eingedrungen seien!«[2]

Jetzt galt es, das erste Hauptwerk Leverkühns zu entwerfen, das nach dem Pakt mit dem Teufel entsteht. Ein Werk, das nach gewöhnlichen Maßstäben gar nicht möglich wäre, das eine Größe und Einheit erreicht, die dem modernen Zeitalter nicht abzuringen wäre, wollte man nicht regressiv oder kitschig werden, das also irrationale, dämonische, teuflische Kräfte aktivieren muss. Wie er, Adorno, es machen würde, »wenn Sie im Pakt mit dem Teufel wären«, schrieb Mann. So etwas ließ sich Adorno nicht zweimal fragen. Mit präziser Fantasie komponierte er das unmögliche Stück, erfand explodierende Altertümlichkeit, Chöre, die aus Flüstern, geteiltem Sprechen und Halbsingen zu reichster Vokalpolyfonie wurden, gab den Part der babylonischen Hure einem höchst graziösen Koloratursopran und der Hölle das Tonale als Ausdruck des Gemeinplatzes. Mann war äußerst zufrieden und spendete das größtmögliche Lob: »Das alles hätte ebenso gut von mir sein können.«[3]

Der beste Vorschlag aber, den Adorno Mann für die »Apocalipsis« machte, war »die substanzielle Identität des Höllengelächters mit dem Engelschor«.[4] Der Abschluss des ersten Teils des Musikstücks bildet ein »Pandämonium des Lachens«, eine aus »Johlen, Kläffen, Kreischen, Meckern, Röhren, Heulen und Wiehern schauderhaft gemischte[...] Salve von Hohn- und Triumphgelächter der Hölle«. Der zweite Teil beginnt mit einem Kinderchor, einem »Stück kosmischer Sphärenmusik«, das aber dasselbe musikalische Material benutzt wie das Höllenstück: »in dem sirrenden, sehrenden Sphären- und Engelsgetön ist keine Note, die nicht, streng korrespondierend, auch in dem Höllengelächter vorkäme«.

Für Adorno war die Hölle immer schon ein mächtiges dialektisches Bild des Ineinanders von tiefstem Abgrund und Erlösung. Die Höllenfahrt ist der strukturelle Moment seiner

Philosophie, an dem sich der Umschlag in Erkenntnis ereignet. Schon Kierkegaard führte er in seiner Habilitation in die Hölle, wo es »den Menschen aus der Verzauberung in seiner heillosen Immanenz [reißt], indem es ihn zersprengt«.[5] Erst nach dieser Station kann Adorno die Trümmer des »Zersprengten« zu dessen ideologiekritischer Analyse zusammenfügen. In der Kommentierung der Odyssee in der *Dialektik der Aufklärung* ist zwischen dem Inselreich der Ehe und dem hoffnungsvollen Ende die Fahrt in die Hölle platziert; dabei wird Odysseus selbst zum Bilderentzifferer, indem er die Gestalt seiner Mutter als Trugbild begreift. Noch in kleinen Arbeitsaufträgen, wie der Korrektur des Filmskripts von Dieterle, nutzt Adorno die Höllenfahrt als strukturellen Höhepunkt des Plots: In einem Jazzplattenladen hören viele Kunden in den Vorführboxen unterschiedliche Platten, was zu einem riesigen Radau, zu einem »Höllenkonzert« führt, das aber allmählich zu einem dissonanten, aber sinnvollen Jazzstück wird, einem »riesige[n ...] Jazztraum«.[6]

In Adornos »Aufzeichnungen zu Kafka«, mit deren Entwürfen er 1942 beginnt, wird das Bild der Hölle explizit auf die Konzentrationslager angewandt: »Diese Hölle hat das späte Bürgertum selber eröffnet. In den Konzentrationslagern des Faschismus wurde die Demarkationslinie zwischen Leben und Tod getilgt. Sie schufen einen Zwischenzustand, lebende Skelette und Verwesende, Opfer, denen der Selbstmord mißrät, das Gelächter Satans über die Hoffnung auf Abschaffung des Todes.«[7] Auch diese Hölle wird zum strukturellen Moment des Umschlags in Adornos Theorie. Dass Himmel und Hölle identisch sein können, ist eine Konsequenz aus der ungeheuerlichen gedanklichen Konstruktion, dass der Holocaust die letzte, notwendige Etappe zur Erlösung ist. Der Holocaust ist das schrecklichste »Bild«, an das sich der Bilderentzifferer Adorno wagt. Und er entziffert selbst aus den Menschheitsverbrechen der Nazis eine Utopie. Der Zwischenzustand aus lebenden Skeletten und Verwesenden wird zum Versprechen von Unsterblichkeit. Im Kafka-Essay heißt es weiter: »Das ist die Kehrseite der Kafkaschen Lehre vom mißlingenden Tod: daß die beschädigte Schöpfung nicht mehr sterben kann das einzige Versprechen von Unsterblichkeit, das der Aufklärer Kafka nicht mit dem Bilderverbot ahndet.«[8]

Auch dieses dialektische Bild aus Hölle und Himmel, diesen Gleichklang von tiefster Finsternis und Freiheit, hatte Adorno von Benjamin gelernt und aus der Lektüre von Benjamins Trauerspielbuch in seine Philosophie übertragen. Am Ende des Trauerspielbuchs war, 13 Jahre vor dem »Engel der Geschichte«, schon einmal ein Engel in Benjamins Werk geflogen. Damals nicht vom Paradies immer weiter weggeweht, sondern in die Tiefe gestürzt. Der Engel war dort Sinnbild für eine Subjektivität, die die Welt in einen riesigen Plunderhaufen verwandelt hat. Alles kann etwas anderes bedeuten, es kommt nicht besonders aufs Detail an. Benjamin hatte die Welt des Barock auf eine Weise dargestellt, die jeder, der wollte, auf die Gegenwart der späten 1920er-Jahre beziehen konnte. Der barocke Grübler hat die Dinge ihres Eigenwerts beraubt, und jetzt hockt er da und versteht deren eigentliche Bedeutung nicht mehr. Vom »Triumph der Subjektivität und Anbruch einer Willkürherrschaft über Dinge« spricht Benjamin, und man kann dort die Analyse der Naturbeherrschung der *Dialektik der Aufklärung* schon heraushören. Dieser Engel stürzt also, er stürzt ins Bodenlose, in den »leeren Abgrund des Bösen«. In diesem Fallen macht er alles kaputt, was ihm begegnet. Alles wird ihm zu einem weiteren Stück für seinen »bodenlosen Tiefsinn«, alles wird zum »bloßen Fundus«, er kriegt nicht genug von seiner Willkürherrschaft, auch vor den anderen Menschen macht er nicht halt, er erzeugt Berge von Leichen. Er verwandelt »Paradise in Kirchhöfe«, ja »unser gantzes Wesen [ist] in ein Bildnüß deß Todes verwandelt worden«. So zitiert Benjamin 1928 den barocken Dichter Johann Christian Hallmann.

Aber dann geschieht etwas Erstaunliches. In dieser Hölle, inmitten der »Visionen des Vernichtungsrausches, in welchen alles Irdische zum Trümmerfeld zusammenstürzt«, ereignet sich ein Umschwung. Und die Schädelstätte enthüllt sich als Allegorie der Auferstehung. Man muss nur den Bildausschnitt vergrößern, dann zeigt sich, dass der stürzende Engel an einem Faden einer Altarkonstruktion hängt. »Subjektivität, die wie ein Engel in die Tiefe niederstürzt, [...] wird am Himmel, wird in Gott durch ›Ponderación misteriosa‹ festgehalten«[9], schreibt Benjamin.

Das abgrundtief Böse, das Leichenberge produziert, ist Bestandteil des göttlichen Heilsplans. Mächtiger kann der bucklichte Zwerg Theologie die Puppe des Materialismus aus Benjamins Bild zu Beginn der geschichtsphilosophischen Thesen nicht führen, als wenn Adorno diese Konstruktion auf seine Gegenwart 1945 projiziert.

Denn dann kommt dem Holocaust die Funktion als letzte – notwendige – Etappe vor der Erlösung zu. Materialistisch übersetzt: als letzte Etappe vor dem Übergang in eine menschenfreundliche Gesellschaft. Denn für Horkheimer und Adorno war der Faschismus ja nicht auf das deutsche Wesen beschränkt. Er zeigte nicht dessen Fratze, sondern den Schrecken, zu dem die sich nach dem liberalen Kapitalismus organisierende Gesellschaft wird, wenn sie den Übergang zu einer menschenfreundlichen Gesellschaft verpasst. Und in Adornos Theorie hat sich in den Konzentrationslagern die Lage des Individuums in der postliberalen Gesellschaftsform insgesamt enthüllt: »Die Vorstellung, die in der Behandlung der Juden in den Konzentrationslagern und in den Todesfabriken zum Ausdruck kam, daß sie reine Objekte der Manipulation seien, lebende Leichen, ja im Grunde ein Stück Seife, könnte durchaus eine Projektion der dumpfen Wahrnehmung des vorurteilsgeleiteten Individuums von seiner eigenen sozialen Lage sein«.[10] Die kleine Melodie aus Beethovens Opus 111 erschrickt also nicht nur darüber, »daß so etwas geschehen konnte«. Sondern sie erschrickt, dass so etwas die ganze Zeit geschieht. Ein »Experiment, das sich nicht übersteigern und nicht wiederholen läßt«.[11] Solange für Adorno der menschenfreundliche Zustand noch nicht erreicht ist, so lange soll man als Leser vor den Höllenbildern, die Adorno in seinen Texten erzeugt, vorbeidefilieren und an ihnen erschrecken. Um durch dieses Erschrecken die Hölle als die letzte Etappe vor dem menschenfreundlichen Zustand zu enthüllen und sie dadurch zu überwinden. Das ist die »inverse Theologie«, wie Adorno es nennt, die seinen Texten inhärent ist, die seine Texte zu so mächtigen Schachpartien werden lässt. Die aber die »Puppe« des materialistischen Denkens stark in den Hintergrund drängt.

Das Raubtier Charlie Chaplin

Monsieur Verdoux schlägt Diktator Hynkel

1946 begegnete Adorno Charlie Chaplin. Endlich. Zuvor, bei den zahlreichen Gesellschaftseinladungen, etwa bei Salka Viertel, wo Adorno auch die Garbo zufällig treffen konnte, hatte er ihn immer verpasst. Im März 1947 sind die Adornos dann gar zu einer Vorführung von Chaplins neuem Film *Monsieur Verdoux* im kleinen Kreis eingeladen. Ein Abend, der sich bis in die Nacht zog, Adorno und Chaplin sangen und spielten Klavier, erfanden gemeinsam Parodien von Verdi-, Wagner- und Mozartopern.[1] Wie alle, die Chaplin persönlich begegneten, hatte Adorno die Überraschung zu überwinden, dass der reale Chaplin ganz anders aussah als die schon damals ikonische Figur des Tramps auf der Leinwand. Aber das erleichterte Adorno die Bewunderung für Chaplin. Denn Adorno hatte für die modernen Clowns nicht allzu viel übrig, für ihn waren sie unfreiwilliger Ausdruck seiner düsteren Anthropologie, der zufolge der Mensch nur mehr ein lebendiger Leichnam ist und sein Zappeln ein ebenso erbärmlicher wie vergeblicher Versuch, sich noch Charakter, Spontanität und Individualität zuzuschreiben. Im Kino erschrak Adorno über die sadistische Freude der anderen Besucher angesichts der Missgeschicke der Chaplin-Figuren.[2] Deswegen war er begeistert, als er den virilen, fast angsteinflößenden, »echten« Chaplin kennenlernte, ein zum Sprung bereites Raubtier, keine Spur mehr von dem Sympathie heischenden Opfer, das der Tramp in Adornos Augen war. Das ermöglichte ihm, theoretisch präzise zu erklären, warum ihm Chaplin intuitiv immer schon besser gefallen habe als zum Beispiel Harold Lloyd. Das Gute an Chaplin sei so begeisternd, weil es dem Bösen abgerungen ist, dem Gewaltsamen und Beherrschenden, das Chaplin nicht in der Umwelt, sondern in sich selbst aufsucht und von dort auf die Umwelt projiziert.[3]

An der Freiheitsrede am Ende des *Großen Diktators* klagt Adorno in der *Dialektik der Aufklärung* die Ährenfelder als Trugbild unberührter Natur an. Bestimmt war er in den Diskussionen um deren Pathos, die im Institut heftig geführt wurden,[4] auf der Seite der Kritiker. Von *Monsieur Verdoux*, Chaplins Film über einen Frauenmörder, war er hingegen haltlos begeistert. Denn so leicht wie am Ende des *Großen Diktators* war für Adorno gesellschaftliche Emanzipation und Versöhnung mit der beherrschten Natur eben nicht zu haben. Statt kitschigschöner Versprechungen forderte er das Sichtbarmachen der Gewalt. Auch Monsieur Verdoux geht laut Adorno gegen die Gewalt bürgerlicher Selbstbeherrschung an – dadurch, dass er schizophren ist. Auch er hält am Ende eine Rede und erklärt in seinen letzten Worten vor Gericht, dass er als Serienmörder doch ein blutiger Amateur sei angesichts der Massenvernichtungswaffen, die die Welt mit wissenschaftlicher Präzision fertigt und nicht zögert anzuwenden. »Ein Massenmörder zu sein: Ermutigt einen die Welt nicht dazu?« Um der Zensurbehörde zuvorzukommen, hatte Chaplin folgende Sätze aus dem Monolog gestrichen: »Schockiert zu sein angesichts meiner Ver-

»Eher mahnt seine kraftvolle, jähe und geistesgegenwärtige Beweglichkeit ans zum Sprung bereite Raubtier.« (Theodor W. Adorno über Charlie Chaplin)

brechen ist nichts als ein Vorwand … eine Augenwischerei! Ihr suhlt euch im Mord … ihr habt ihn legalisiert … ihr schmückt ihn mit goldener Borte! Ihr feiert ihn und stellt ihn stolz zur Schau! Töten ist das Unternehmen, durch das euer System prosperiert, durch das eure Industrie floriert!«[5]

Aus leicht zu habendem Pathos wurde das, was für Adorno an Heilsversprechen allein möglich war. Aus dem Kitsch der »christlichen Heilsordnung« wurde die jüdische »unverdiente

Seligkeit«, die man laut Adorno nur in der bestimmten Negation des Vorfindlichen gewinnt. Bei Manns *Doktor Faustus* bekam Adorno die Gelegenheit, einen ähnlichen Prozess der Verbesserung in seinem Sinne durch direkte Mitarbeit zu forcieren.

Als Thomas Mann fast am Ende des *Doktor Faustus* angelangt war – der Teufel hat den Komponisten schon in die private Hölle geschickt, und auch in Deutschland ist die Hölle, die die Nazis geschaffen haben, offenbar geworden –, besprach er mit Adorno das Ende eines weiteren Musikstücks von Leverkühn. Es sollte »nach all der Finsternis um die Hoffnung, die Gnade«[6] gehen. Adorno fand die »höchst belasteten Seiten zu positiv, zu ungebrochen theologisch. Ihnen schien abzugehen, was in der entscheidenden Passage gefordert war, die Gewalt bestimmter Negation als der einzig erlaubten Chiffre des Anderen«.[7] Thomas Mann sah es ein: »Ich war zu optimistisch, zu gutmütig und direkt gewesen, hatte zuviel Licht angezündet, den Trost zu dick aufgetragen.«[8] Also setzte er sich noch einmal daran und arbeitete Adornos bestimmte Negation in den Roman ein. Das Ergebnis: »Nein, dies dunkle Tongedicht läßt bis zuletzt keine Vertröstung, Versöhnung, Verklärung zu. Aber wie, wenn der künstlerischen Paradoxie, daß aus der totalen Konstruktion sich der Ausdruck – der Ausdruck als Klage – gebiert, das religiöse Paradoxon entspräche, daß aus tiefster Heillosigkeit, wenn auch als leiseste Frage nur, die Hoffnung keimte? Es wäre die Hoffnung jenseits der Hoffnungslosigkeit, die Transzendenz der Verzweiflung.«[9]

Das ist der Sound, mit dem Adorno seine Variante des Bilderentziffers perfektionieren wird: dass Hoffnung nur in der tiefsten Heillosigkeit aufzufinden ist. Dass, nachdem die Menschen zur fabrikmäßigen Vernichtung von Menschen fähig waren, kein Hoffnungsschimmer möglich wäre, der sich diesem Faktum nicht ausgesetzt hätte. Aber eben auch andersherum: Diese tiefste Heillosigkeit vermag auf einmal zur Chiffre von Hoffnung zu werden.

1946 begannen Adorno und Horkheimer, an einem neuen gemeinsamen Buch zu arbeiten, es sollte so etwas wie die Fortsetzung der *Dialektik der Aufklärung* werden. »Der zweite Teil wird noch besser«,[10] hatte Horkheimer Löwenthal schon kurz nach Fertigstellung der *Philosophischen Fragmente* zugerufen. Nachdem sie aufgezeigt hatten, dass der Rückfall in die Barbarei der Aufklärung schon eingeschrieben ist, wollten sie nun einen Begriff der *richtigen* Vernunft[11] erarbeiten und eine »Rettung der Aufklärung«[12] unternehmen. Aber diesmal verhedderten sie sich in dem doch eigentlich eingeübten Format der gemeinsamen Diskussion. Horkheimer wollte von der aktuellen Politik ausgehen, vom sich abzeichnenden Konflikt zwischen Russland und den Demokratien, um »von dort aus fortzuschreiten zu einer Kritik der politischen Ökonomie der Gegenwart und schließlich zu den eigentlichen Fragen der Philosophie«.[13] Diese Marschroute wollte Adorno auf jeden Fall vermeiden, er plädierte für den gegenteiligen Gang, er wollte zunächst die philosophischen Kategorien als gesellschaftliche entziffern. Aber sobald er das genauer ausführte, gab er eine Kurzform des Buches, das sie gerade geschrieben hatten. »Dann behandeln wir wieder die Dialektik der Aufklärung«,[14] beschwerte sich Horkheimer. Damit hatte er das Problem exakt benannt. Für Adorno war die Rettung der Aufklärung in ihrer Dialektik bereits fest verortet und wurde im Erschrecken über ihre Barbarei durch das ganze Buch hinweg ja immer wieder beschworen. Eine Konstruktion, deren Überspanntheit Horkheimer nicht mehr folgen wollte. Die »inverse Theologie« des Ineinanders von tiefster Finsternis und Erlösung konnte oder wollte Horkheimer seiner Theorie nicht anverwandeln.

Adorno dagegen konnte mit der *Dialektik der Aufklärung* seine in den wesentlichen Scharnierstellen schon vorliegende Theorie auf entscheidende Weise zuspitzen, konnte die Hölle des Holocaust in ein mächtiges, suggestives, unerbittlich mahnendes Werk integrieren. Der darin evozierte gesellschaftliche Umsturz wird zwar dann in einem Ungefähr von Erlösung oder Rettung unwahrscheinlich gemacht, aber in genau dieser Unwahrscheinlichkeit entfaltet Adornos Theorie einen wesentlichen Bestandteil ihrer Kraft.

Für Horkheimer war die *Dialektik der Aufklärung* ein Schlusspunkt. Er verstummte umso mehr, je ferner die Perspektive eines wirklichen gesellschaftlichen Umsturzes rückte. In einem Brief an den S. Fischer Verlag wird er 1965 zur Frage der Herausgabe seiner frühen Essays schreiben: »Mein Zögern entspringt der Schwierigkeit, die alten Gedanken [...] wieder auszusprechen, ohne dem, was heute mir als wahr erscheint, Eintrag zu tun, dem Glauben an die nahe Verwirklichung der Ideen westlicher Zivilisation zu entsagen und für die Ideen trotzdem einzustehen.«[15] Auf Herbert Marcuses beständiges Drängen, an den gesellschaftskritischen Impetus anzuknüpfen, antwortete Horkheimer in den 50ern: »Sie haben recht, wir müssen versuchen, ›es‹ zu sagen. Zu bedenken ist nur, daß auch meine gegenwärtige Existenz eine Art ›sagen‹ ist, wenn auch nur für recht wenige.«[16] Horkheimer wirkte in seinen repräsentativen Rollen als Professor und Rektor der Frankfurter Goethe-Universität, er legte sein »Sagen« in die Sphäre des Äußerlichen, gegen die er sein ganzes Leben die theoretische Arbeit zu verteidigen suchte und in der er so erfolgreich sein konnte. Und er wirkte als Dozent, im Vermitteln der modernen empirischen Methoden der Sozialforschung und durch seine Autorität als ins Land der Täter zurückgekehrter jüdischer Emigrant: »Meine wichtigste Aufgabe besteht darin, die Studenten in einer solchen Weise zu erziehen, dass der Rückfall in ein totalitaeres System unmoeglich wird.«[17] Für diesen neuen kategorischen Imperativ braucht es nicht notwendigerweise das waghalsige Konstrukt einer inversen Theologie aus dem Gleichklang von Himmel und Hölle.

Die Fragmente werden zur Dialektik

Hoffen auf die Fortsetzung

1948 wurden die *Philosophischen Fragmente* endlich veröffentlicht.[1] Sie erschienen im Amsterdamer Exilverlag Querido, der bereits Werke von Döblin, Feuchtwanger, Vicki Baum und einigen Mitgliedern der Familie Mann publiziert hatte. »Ganz europäisch – die erste *wirkliche* Kommunikation mit der Heimat«[2], schrieb Adorno seinen Eltern, als er die ersten 80 Seiten Korrekturfahnen »des großen deutschen Buches von Max und mir, in Amsterdam gedruckt«, erhielt.

Um »den Verkauf zu erleichtern«,[3] wie Horkheimer Fritz Landshoff, dem Verlagsleiter, schrieb, galt es, einen neuen Titel zu finden. Landshoff hatte einige Vorschläge (»Mythos und Aufklärung«, »Aufklärung und Mythos«, »Der Mythos der Aufklärung«, »Der Untergang der Aufklärung«, »Mythos und Ratio«, »Die unvollendete Vernunft«),[4] aber nichts schlug die Formulierung »Dialektik der Aufklärung«, die vom Titel des ersten Kapitels zum Haupttitel wurde (»Herrschaft und Aufklärung« wäre Horkheimers zweite Wahl gewesen).[5] Der bisherige Titel »Philosophische Fragmente« wurde zum Untertitel.

Das Institut würde ab dem 2001. verkauften Exemplar

10 Prozent vom Ladenpreis (8,90 holländische Gulden) erhalten, ab dem 3001. 15 Prozent. Allerdings musste es mit 1500 Dollar in Vorleistung gehen, die nach 2000 beziehungsweise 3000 verkauften Exemplaren hälftig zurückgezahlt werden sollte.[6]

Jetzt wäre für die Autoren die Gelegenheit gewesen, den Text noch einmal anzupacken. Sie hätten die Erfahrungen, die Beispiele aus der empirischen Arbeit zum Radio, zur Filmmusik, zu den Rhetoriken faschistischer Prediger, zum Autoritären Charakter integrieren können. Alles das, worauf sie als Ausblick schon in der Vorrede 1944 hingewiesen hatten, zusammen mit einer klar formulierten Absicht: »Wenn das Glück, ohne den bösen Druck unmittelbarer Zwecke an solchen Fragen zu arbeiten, auch weiterhin fortdauern sollte, hoffen wir, das Ganze in nicht allzuferner Zeit zu vollenden.«[7] Sie hätten die Ergebnisse der Arbeiten integrieren können, die seitdem dazugekommen waren, wie beispielsweise eine Analyse der politischen und ökonomischen Situation Argentiniens – die Felix Weil dann doch noch geschrieben hat.[8] »Es ist ja Unsinn, daß ich, wenn auch mit Teddie gemeinschaftlich, der Arbeit die notwendige Präzision und Konkretheit verleihen könnte. Sie muß mit historischem und ökonomischem Material bis zum Platzen gefüllt sein, sonst wirkt sie als Raisonnement«,[9] hatte Horkheimer Weil 1942 geschrieben, um den Mäzen zur gemeinsamen Arbeit zu rufen.

Horkheimer und Adorno haben nichts von alledem integriert oder darauf hingewiesen, sie haben stattdessen den Hinweis in der Vorrede von 1944 getilgt. Sie waren ja bereits mitten in der Arbeit am nächsten Buch.

Aber dann hätten sie wenigstens die gröbsten Unstimmigkeiten beheben können, die durch die hastige Zusammenstellung für Pollocks Geburtstag entstanden waren. Sie hätten beispielsweise das Kulturindustriekapitel fertigstellen oder dessen momentanes Ende zumindest so bearbeiten können, dass der Verweis im ersten Kapitel Sinn ergibt.

Sie haben nichts dergleichen getan, im Gegenteil. Zwar heißt es in der Vorrede immer noch: »Mehr noch als die anderen Abschnitte ist der über Kulturindustrie fragmentarisch.« Aber sie strichen die beiden Sätze, die folgten: »Große Teile, längst ausgeführt, bedürfen nur noch der letzten Redaktion. In ihnen werden auch die positiven Aspekte der Massenkultur zur Sprache kommen.«[10]

Sie hätten in einem Zusatz eine Perspektive entwerfen können, wie der Kampf gegen Faschismus, Antisemitismus und Vorurteile jetzt zu führen wäre, nachdem Hitler besiegt war. Auch das haben sie nicht getan. Sie haben zwar den »Elementen des Antisemitismus« eine weitere These hinzugefügt, die mit der provokanten Feststellung anhebt, dass es keine Antisemiten mehr gebe. Aber damit wiederholen sie nur den Grundsatz ihrer Konzeption: dass sich Judenhass grundsätzlich aus den Zwängen menschlicher Naturbeherrschung erzeugt.

»Die geistige Problematik unserer Zeit wird von hoher Warte gedeutet«, heißt es im Katalogtext des Verlages – wohl wahr. Aber der folgende Satz bezieht sich auf das Buch, das die *Dialektik der Aufklärung* hätte sein können, das es aber nun nicht mehr war: »Aus der Analyse ergibt sich der konstruktive, schöpferische Beitrag zur Überwindung der Krise.«[11]

Ansonsten praktizierten sie Feinkorrektur. Sie neutralisierten das marxistische Vokabular, ersetzten also Begriffe wie »Monopolismus«, »Proletarier« und »Kapitalismus« durch »System«, »Wirtschaftsapparatur«, »Arbeiter« oder ähnliche. Dass eine Theorie, die den Wechsel von der Marx'schen Kritik der politischen Ökonomie zur Genealogie der Gewalt in Zivilisationsprozessen vollzieht, auch das Vokabular ändert, folgt einer gewissen Logik. Natürlich spielte auch Horkheimers politische Vorsicht eine Rolle. Was auch diesmal durchaus berechtigt war, denn 1947 kulminierte die antikommunistische Hetze des *Komitees für unamerikanische Umtriebe*, das eigentlich zum Aufspüren nazistischer Umtriebe in der USA gegründet worden war, in den Anhörungen zahlreicher Kulturschaffender. Unter anderem von Brecht und Eisler, die danach beide das Land verließen – Brecht freiwillig, Eisler, um einer Ausweisung zuvorzukommen.

Und schließlich strichen sie noch Details, die für eine deutsche Leserschaft zu voraussetzungsreich waren. Manches konnten sie ersetzen. Aus »Kaugummi und Sportpalast« wird beispielsweise »Volkswagen und Sportpalast«. Das meiste strichen sie gänzlich. Etwa Wrigleys Monumentalbau in Chicago.[12] Auch der Hinweis auf die Weltausstellung am Anfang des Kulturindustriekapitels fiel der Revision zum Opfer. Oder die »Neger« und »mexikanischen Ringvereine«,[13] die in der Reihe der zahlreichen potenziellen und vor allem beliebigen Opfergruppen des Antisemitismus standen und auf Aufstände gegen rassistische Gewalttaten anspielten, die Horkheimer und Adorno in ihrer Zeit in Amerika beobachtet hatten. Sie wurden zu »Vagabunden«.

Der Torso blieb Torso. Lediglich die Bruchstellen wurden auf eine Weise poliert, dass sie auf den ersten Blick nicht mehr als solche zu erkennen sind.

Rückkehr?

Schicksalsjahre eines Buches

Horkheimer und Pollock arbeiteten beständig an ihrer Freundschaftsbeziehung, in regelmäßigen Intervallen befragten sie schonungslos deren Status quo in Bezug auf die gemeinsamen Ziele und gossen die Ergebnisse in streng juristisch gefasste Memoranden. Im März 1949 notierten sie: »Wir sind uns bewußt, daß dieser Bescheid einer der schwersten unseres Lebens ist, weil wir durch ihn für immer die Möglichkeit aufgeben, das Institut in Deutschland wiederaufzubauen und damit die Aufgaben zu erfüllen, an deren Ausführung die Nazis uns verhindert haben.«[1] Es war der Bescheid, ein Angebot abzulehnen, das sie im Oktober 1946 erreicht hatte: mit dem Institut nach Deutschland zurückzukehren. Das Frankfurter Universitätskuratorium, die wirtschafts- und sozialwissenschaftliche Fakultät und der Rektor der Goethe-Universität hatten Briefe an das Institut für Sozialforschung an Pollock in New York und Felix Weil in Santa Monica geschickt.[2] Weil schrieb sofort zurück, um nur einige der Punkte anzutesten, derer es bedürfte, um diese Einladung zu mehr als zu einer leeren Geste werden zu lassen: Rückübertragung des Institutsgebäudes, Rücknahme der Löschung der Gesellschaft für Sozialforschung aus dem Vereinsregister, Wiederherstellung der Institutsbibliothek. Die eher formelle Antwort vermehrte die Skepsis. Alles, was Adorno, Horkheimer, Pollock und Weil über das besiegte Deutschland hörten, entsprach ihren pessimistischen Erwartungen. »Man hat das Gefühl der völligen Hoffnungslosigkeit und der totalen intellektuellen und politischen Stagnation«, schrieb Franz Neumann 1946 über seine Deutschlandreise: »Was man hört und liest, ist der Müll des deutschen Idealismus in seinen verschiedenen Formen oder ein Marxismus, der auf jeden Pfurz des Soviet Militärkommandanten abgestellt ist.«[3]

Außerdem war das Institut gerade dabei, sich in den USA mit den Arbeiten für das AJC auf eine Weise zu etablieren, wie es einige Jahre zuvor noch unvorstellbar schien. Pollock plante für die Zeit danach eine Anbindung an die University of California in Los Angeles. Er hatte 1946 die Cousine von Felix Weil geheiratet, und da damit sein Zimmer im Haus der Horkheimers unpraktisch geworden war, ein eigenes Haus in Pacific Palisades gebaut. Schließlich hatte Weil 1945 dem Institut eine weitere Stiftung von 100.000 Dollar (entspricht heute über 1 Million) angekündigt: »Sie ist im Hinblick darauf getroffen, daß in Zukunft das Institut sich nicht mehr auf einen großen Betrieb einlassen sondern sich auf die entscheidenden Arbeiten konzentrieren soll«,[4] schrieb Horkheimer an Adorno.

Nichts sprach für eine Rückkehr nach Deutschland. Aber im Beschluss von Horkheimer und Pollock stand ja bereits ex negativo, was am Ende die größere Sehnsucht auslöste: die Aufgabe zu erfüllen, mit der sie mit der Gründung des Instituts angetreten waren. Und so überführten sie das Institut dann doch – über zahlreiche Etappen, mehrere Erkundungsreisen und vielfältige Verhandlungsschritte – wieder zurück nach Frankfurt.

Anfangs immer darauf bedacht, die amerikanische Staatsbürgerschaft und die Häuser an der Westküste zu behalten. Löwenthal und Herbert Marcuse blieben ohnehin in den USA.

Bei den Verhandlungen mit der Frankfurter Universität hätte allerhand in die Quere kommen können. 1949 begann das Lagerdenken des Kalten Krieges, und es wäre für das Institut ungünstig gewesen, zu sehr einem orthodoxen Marxismus zugerechnet zu werden. Adorno versuchte denn auch, eine Rezension der *Dialektik der Aufklärung* im *Merkur* zu verhindern, weil sie das Buch in Verbindung mit Georg Lukács und Ernst Bloch brachte,[5] die für Adornos Empfinden schon zu vehement in die Richtung einer offiziellen Ostphilosophie eingeschwenkt waren. Kurz zuvor war das Kapitel zur Odyssee im ersten Jahrgang von *Sinn und Form* erschienen, der von Johannes R. Becher in der sowjetischen Besatzungszone gegründeten Zeitschrift. Ohne Zustimmung der Autoren, wie sie behaupten, und zu ihrem vernehmbaren Unbehagen.

Das war ein Jahr zuvor noch anders. Noch bevor die *Dialektik der Aufklärung* 1948 ausgeliefert wurde, gab es autorisierte Abdrucke einzelner Passagen in der *Umschau*, einer Zeitschrift aus Mainz, also der französischen Besatzungszone, die dem deutschen Publikum ermöglichen wollte nachzuholen, was es während der Nazizeit verpasst hatte. Zunächst brachte sie französische Literatur, dann vermehrt, durch pointierte Ausschnitte pädagogisch aufbereitet, Eckpfeiler des Marxismus. Darin ließen sich Aufsätze aus der Institutszeitschrift gut einbetten. Pollocks »Staatskapitalismus« erschien in Übersetzung, ein Aufsatz Horkheimers zur Massenkunst. Aus der *Dialektik der Aufklärung* wurden eine der »Aufzeichnungen« und der Abschnitt über den Stil aus dem Kulturindustriekapitel vorabgedruckt. 1949 gab es *Die Umschau* dann schon nicht mehr.

Als sich das Institut wieder in Deutschland etabliert hatte, hätte Adorno gegen eine breite Verfügbarkeit der *Dialektik der Aufklärung* als Buch nichts einzuwenden gehabt. Im Gegensatz zu Horkheimer, der mit zunehmender Strenge darauf achtete, dass die alten Publikationen des Instituts unter Verschluss blieben, konnte Adorno dem Buch einen organischen Platz innerhalb einer Theorieentwicklung zuweisen, die sich in seinen zahlreichen Publikationen immer deutlicher abzuzeichnen begann. In rascher Folge war erschienen, was Adorno in der Emigration vorbereitet hatte und ihn bald laut Selbstaussage bekannt »wie ein bunter Hund«[6] machte: Der *Versuch über Wagner*, der auszugsweise in der Institutszeitschrift erschienen war, die *Philosophie der neuen Musik*, die er um den Teil über Strawinsky erweitert hatte, und die auf drei Teile gewachsenen *Minima Moralia*. Adorno konnte vieles davon als Seitenstück, Fortführung der *Dialektik der Aufklärung* begreifen.

Doch für den Querido Verlag waren die Importbedingungen nach Deutschland und die Fusion mit dem Verlag von Behrmann Fischer 1948 letztendlich ruinös, sodass die 2000 Exemplare der Erstauflage ein eher unbemerktes Dasein im Auslieferungslager des rechtsnachfolgenden S. Fischer Verlages fristeten. 1960 ließ der Verlag auf Nachfrage verlauten, dass der Bestand noch für ein Jahr reichen würde. Und manches Vorabdruckbegehren war kompromittierend nicht nur im politischen Sinne, sodass auch Adorno vor Unternehmungen in dieser Richtung eher zurückschreckte. 1958 zum Beispiel nahm Klaus Rainer Röhl die halbe Zusage von Adorno für den Abdruck des Kulturindustriekapitels in der *konkret* als Freigabe und bebilderte ihn spektakulär eigenwillig. Adorno war entsetzt und schritt sofort anwaltlich ein, um die weitere Verbreitung zu unterbinden.

konkret · Die Unabhängige Deutsche Studentenzeitung für Kultur und Politik. Herausgegeben im Auftrage des Arbeitskreises Progressive Kunst an der Universität Hamburg, Sektion Literatur, von Claus Rainer Röhl, Hamburg. Verlag: Selbstverlag. Anschrift für Verlag und Redaktion der Deutschland-Ausgabe: Hamburg 36, Kaiser-Wilhelm-Str. 76 · Ruf: 347233 Verantwortl. Redakteur: Cl. R. Röhl

13

58

UNABHÄNGIGE ZEITSCHRIFT FÜR KULTUR UND POLITIK

40 Pf, Studenten 10 Pf · Postverlagsort Hamburg 1. Oktober-Ausgabe 1958

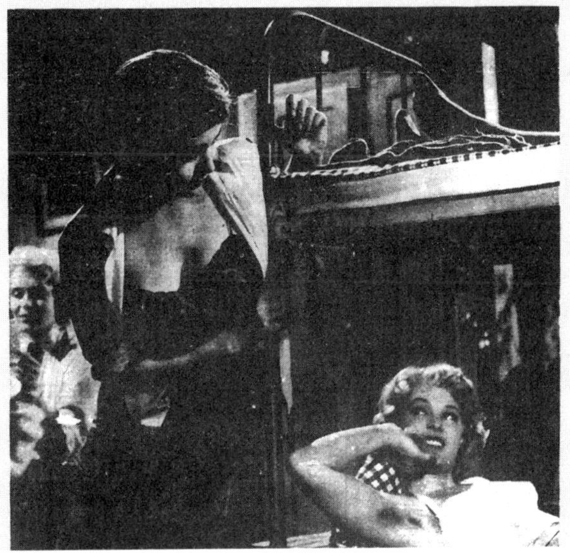

»Kalkuliert wie ein Gerüst«. Mit dieser Zeile und einem Still aus dem Film *Blitzmädels an die Front* kündigte die *konkret* auf der Titelseite den Abdruck des Kapitels zur Kulturindustrie an.

Die fehlende Sichtbarkeit und die ab Mitte der 1960er-Jahre tatsächlich schwindende Verfügbarkeit des Buches aber war wesentlich für die starke Rezeption durch die Studentenbewegung. Zum Selbstverständnis der Revolte gehörte, dass die wichtigen Dinge erst ausgegraben werden mussten. Nur was von den restaurativen Tendenzen der BRD vergessen oder versteckt wurde (und sei es von den Autoren selbst), versprach eine wirklich subversive Kraft gegen ebendiese Tendenzen: »Der Wert eines Gedankens schien mit der Mühe der Bergungsarbeit der Publikation zu wachsen, in der er erschienen war«,[7] berichtet der Soziologe und Psychoanalytiker Reimut Reiche: »Lebhaft erinnere ich mich an die Gefühlsmischung aus Ehrfurcht, Hochgefühl und Scham, in der wir 1963 die ersten hektografierten Abschriften von Horkheimers Aufsatz ›Die Juden in Europa‹ (1939) entgegennahmen.«[8]

Das Hermetische der *Dialektik der Aufklärung* tat ein Übriges. Denn auch sprachlich galt es, Ausgrabungsarbeit zu leisten. Was leicht zu verstehen war, konnte nicht das echte, jüdische, linke Denken sein, das vom Nationalsozialismus so vehement bekämpft wurde. Die Mühsal der Textexegese war der Initiationsritus in eine Tradition, die umso aufregender erschien, je unverständlicher sie aus der Perspektive der bleiernen Zeit war.

Bald aber setzte sich das Hochgefühl gegen Ehrfurcht und Scham durch, und die Studenten befragten die Autorität der heimgekehrten Emigranten zunehmend. »Zielen Ihre Bestrebungen auf eine Veränderung der Welt ab?«,[9] war eine 1965 von einem Studenten noch höflich und vorsichtig an Adorno gerichtete Frage. Sie würde immer dringlicher angemahnt werden. Und als die Antwort darauf für die Studenten weiterhin unbefriedigend blieb, begann die Entkoppelung der *Dialektik der Aufklärung* von ihren Autoren. Die Änderungen, die Adorno und Horkheimer für die italienische Übersetzung, die 1966 noch vor der deutschsprachigen Neuausgabe entstand, vornahmen, wurden in einer Frankfurter Studentenzeitung penibel aufgelistet. Das Fazit des Artikels: »Was hat es noch auf sich mit dem Anspruch der kritischen Theorie, kritisch zu sein, wenn sie sich der Stacheln entledigt, wie die Edition auf Italienisch zeigt?«[10] Der deutsche Part des Autorenduos des Artikels war ebender Student, der Adorno die Frage bezüglich der Veränderung der Welt gestellt hatte.

Die Theorie musste vor dem Revisionismus ihrer Erfinder geschützt werden, das Buch vor seinen Autoren. Als der S. Fischer Verlag juristisch gegen die Verbreitung der Raubdrucke[11] vorging, schrieb eine Buchhandlung: »Werden praktische Konsequenzen aus der kritischen Theorie gezogen, reagieren diese kritischen Kritiker mit eben der Sanktionsgewalt, gegen die sich ihre Theorie richtet.«[12] Der Druck, eine Neuauflage zu ermöglichen, wurde immer größer. Selbst in New York stieg das Interesse an den *Philosophischen Fragmenten*: Weil er ein Exemplar ums andere verkaufte, nahm ein Buchhändler der Institutssekretärin Alice Maier die Hälfte der Auflage ab, also die 150 Stück, die noch im New Yorker Büro lagerten – für 1 Dollar pro Stück.[13] Was natürlich riskant war, denn wenn sich herausstellen sollte, dass die Autoren Änderungen an ihrem Text vorgenommen hatten, die den Verdacht der Zurücknahme von politisch konkreter Terminologie nähren konnten, würde das die Entkopplung von Buch und Autoren noch weiter befördern. Dann konnten sich die Leser als Anwälte einer Theorie begreifen, die es gegen die vermeintlich müde, feige, anpasserisch gewordenen Autoren durchzusetzen galt. Man konnte sozusagen noch tiefer graben, selbst aus dem Text der Raubdrucke der Querido-Fassung der *Dialektik der Aufklärung* noch eine darunter liegende Schicht freilegen.

Mit den Büchern von Erich Fromm und Herbert Marcuse gab es aus dem Kreis zumindest des früheren Instituts starke Handlungsimpulse für die Protestbewegungen der 68er. Die *Dialektik der Aufklärung* bot nichts dergleichen. In der Form, die sie letztendlich angenommen hatte, konnte man sich nur verirren. Verständnisschneisen ließen sich nur schlagen, indem man hermetische Stellen mit den Früchten der Relektüre der marxistischen und marxistisch inspirierten Texte gleichsam auffüllte – und damit verzerrte. Der Torso, der das Buch war, konnte auf verschiedenste Weise für den eigenen Gebrauch vervollständigt werden, die *Dialektik der Aufklärung* vervielfältigte sich mit der Anzahl ihrer Leser.

Aber auch wenn die *Dialektik der Aufklärung* die Gestalt gehabt hätte, die sie hätte haben sollen, wäre ihre Rezeption wohl eine inadäquate gewesen. Denn die Praxis der inversen Theologie, das Erschrecken an dialektischen Bildern, die Exerzitien der Selbstbesinnung waren bei Weitem nicht die Praxis, die die Studentenbewegung im Sinn hatte. Darin bestand letztlich die Entfremdung zwischen Adorno, der im Jahr der 1969 endlich veranstalteten Neuauflage der *Dialektik der Aufklärung* starb, und den Studenten. Wenn das Individuum so beschädigt war, wie Adorno diagnostizierte – und Adorno sah in der Bundesrepublik der 1960er-Jahre keinen Anlass, diese Diagnose wesentlich zu korrigieren –, konnte jegliche Praxis, die von diesem Individuum ausging, ja nur eine lächerliche sein. Adorno hatte mit der Selbstbesinnung, mit dem Erschrecken an der eigenen Beschädigung ein aus seiner Sicht starkes Angebot für *wirkliche* Praxis gemacht. Am besten würde diese im Nachvollzug der zwingendsten Schreckensbilder gelingen, die Adorno kannte: im Nachvollzug der eigenen Texte. So wie man musikalische Werke am besten selbst nachspielt oder wenigstens mit der Partitur mitverfolgt.

Die strukturelle Eigentümlichkeit, die »Komponiertheit« der *Dialektik der Aufklärung*, ist tatsächlich das, was sie zu mehr als einem beeindruckenden Dokument einer bestimmten Theoriebildung macht. Die rhetorische Ausgestaltung ist ja grundsätzlich auch für theoretische Texte nie Schmuck, sondern inhärentes Charakteristikum. Bei der *Dialektik der Aufklärung* aber ist sie der Kern des Nachdenkens über und der Kritik an der Gesellschaft. Dadurch wird das Buch zu einem Sprachkunstwerk im besten Sinn. Auch wenn man auf der Ebene des Oberflächenzusammenhangs kaum etwas versteht oder zahlreiche Elemente auf dieser Oberfläche nicht mehr aktuell sein mögen – die Inszenierungskraft einer spannungsgesättigten Konstellation dialektischer Bilder erzeugt auf einer gänzlich anderen Ebene den Impuls, das, was da ist, nicht bedingungslos zu akzeptieren. Sondern mit ihm über es hinauszudenken. Bestimmte Negation als große Sprachmusik.

Anhang

Dank

an Michael Gaeb, Antje Korsmeier und Jens Dehning für Idee, Anregungen und fruchtbare Kritik; an Oliver Kleppel, Katrin Kokot, Michael Schwarz und Michaela Ullmann für die Unterstützung bei Nachlässen und Archivbeständen;

an das Theodor W. Adorno Archiv, das Archivzentrum der Universitätsbibliothek Frankfurt und Susanne Löwenthal und Peter-Erwin Jansen für die freundliche Genehmigung des Abdrucks der unveröffentlichten Zitate von Theodor W. Adorno, Max Horkheimer und Leo Löwenthal;

an Nicola Behrmann, Martha Helfer, Regina Karl, Michael Levine und Nicholas Rennie und den Studentinnen und Studenten des Department of Germanic, Russian, and East European Languages and Literatures an der Rutgers University in New Brunswick für die Gespräche und Diskussionen. Das Charlotte M. Craig Visiting Research Scholar und Max Kade Writer/Scholar in Residence Program des Departments ermöglichte mir Recherchen zu und Arbeit an dem Buch.

Anmerkungen

Der Engel der Geschichte

1 Arendt; Anders: *Schreib doch mal ›hard facts‹ über dich: Briefe 1939 bis 1975*, S. 29.
2 Schöttker: *Arendt und Benjamin*, S. 66.
3 Ebd., S. 48.
4 Die Quellenlage zu Benjamins Tod ist alles andere als eindeutig. Siehe zum Beispiel den Film *Wer tötete Walter Benjamin* von David Mauas (http://www.whokilledwalterbenjamin.com/watch-deu.html). Dennoch ist die Wahrscheinlichkeit eines Selbstmords, vor allem wegen Benjamins früheren Äußerungen dazu, hoch.
5 Schöttker: *Arendt und Benjamin*, S. 65.
6 Benjamin: *Gesammelte Schriften*, Band I, S. 704.
7 Ebd., S. 697 f.
8 Brecht: *Journale 2*, S. 12.
9 Schöttker: *Arendt und Benjamin*, S. 82.
10 Arendt; Scholem: *Der Briefwechsel*, S. 8.
11 Benjamin: *Gesammelte Schriften*, Band I, S. 693.
12 Ebd.
13 Zitiert nach Auer: *Arendt und Adorno*, S. 8.
14 Arendt spricht zwar 1967 in einem Brief an Adorno davon, ihm damals das Manuskript gegeben zu haben (Schöttker: *Arendt und Benjamin*, S. 175). Adorno aber schreibt kurz nach dem Besuch von Arendt 1941 an Horkheimer, dass sie ihm »eine Kopie der geschichtsphilosophischen Thesen« gegeben habe. Für diese Version spricht auch, dass

die Zählung der Thesen, die Adorno in dem Brief benennt, nicht der Zählung in dem handschriftlichen Manuskript entspricht. Deswegen folge ich der These der Herausgeber der neuen Kritischen Gesamtausgabe von Benjamins Werken, dass Arendt neben dem Manuskript noch über ein Typoskript verfügte, das oder dessen Abschrift sie Adorno übergab. (Benjamin: *Über den Begriff der Geschichte*, S. 168).

15 »Walters Manuskripte scheinen in Sicherheit zu sein und wir machen alle Anstrengungen, sie hierher zu bekommen.« (in: Tiedemann: *Frankfurter Adorno Blätter* V, S. 152).

16 Na 1, 575, S. 359.

17 Adorno; Benjamin: *Briefwechsel*, S. 18.

18 Ebd., S. 73.

19 Ebd., S. 145.

20 Adorno, Gretel; Benjamin, Walter: *Briefwechsel*, S. 306.

21 Schöttker: *Arendt und Benjamin*, S. 152.

22 Diese hier ist erzählt von z. B. Erazo Heufelder: *Der argentinische Krösus*, S. 149 f.

23 Jay: *Dialektische Phantasie*, S. 144.

24 Tiedemann: *Frankfurter Adorno Blätter* V, S. 151 f.

25 In Benjamin: *Über den Begriff der Geschichte*, S. 175.

26 AGS 3, S. 11.

Verbissene Kleinrentner

1 AHB II, S. 155.

2 Adorno: *Briefe an die Eltern*, S. 107 f.

3 Nenik; Stumpf: *Seven Palms*, S. 59.

4 HGS 17, S. 332.

5 ZfS 6, S. 254, 272.

6 AHB II, S. 149.

7 Na 1, 56, S. 225.

8 AHB II, S. 263.

9 Mann: *Tagebücher 1940–1943*, S. 293.

10 HGS 17, S. 102.

11 Na 1, 83, S. 49.

12 AHB II, S. 197 f.

13 Ebd., S. 184.

14 Nach Schöttker: *Arendt und Benjamin*, S. 159.

15 Lukács: *Theorie des Romans*, S. 17. Noch die neueste Biografie der Frankfurter Schule von Stuart Jeffries trägt das »Grand Hotel Abgrund« im Titel.

16 HGS 12, S. 229.

17 HGS 12, S. 231.

18 AGS 2, S. 72.

19 AGS 2, S. 65.

20 »Dialektik hält im Bild inne und zitiert im historisch Jüngsten den Mythos als das Längstvergangene: Natur als Urgeschichte. Darum sind die Bilder, die gleich dem des Intérieurs Dialektik und Mythos zur Indifferenz bringen, wahrhaft ›antediluviale Versteinerungen‹. Sie dürfen dialektische Bilder heißen mit einem Ausdruck Benjamins.« AGS 2, S. 80.

21 »Einzig das Bild der Hölle jedoch reißt hier den Menschen aus der Verzauberung in seiner heillosen Immanenz, indem es ihn zersprengt.« AGS 2, S. 120.

22 AGS 3, S. 41. Dass hier die »Schrift« als Metapher hergenommen wird für das, was aus dem Bild wird, wenn dessen Macht der Wahrheit zugeeignet wird, ist der Herkunft dieser Theorie aus Benjamins Trauerspielbuch geschuldet. Schon in seinem Vortrag zur »Idee der Naturgeschichte« zitiert Adorno folgenden Satz aus Benjamins Trauerspielbuch: »Wenn mit dem Trauerspiel die Geschichte in den Schauplatz hineinwandert, so tut sie es als Schrift. Auf dem Antlitz der Natur steht ›Geschichte‹ in der Zeichenschrift der Vergängnis.« AGS 1, S. 357.

23 Marx: »Brief aus den ›Deutsch-Französischen Jahrbüchern‹«, in: MEW 1, S. 346.

24 Adorno; Kracauer: *»Der Riß der Welt geht auch durch mich«*, S. 235.

Zeitenwende

1 Na 1, 803, S. 203.

2 Lenhard: *Friedrich Pollock*, S. 33.

3 Möglicherweise hat ihnen auch Felix Weil, der Sohn des Stiftungsgebers des Instituts, Hermann Weil, den Erwerb des Hauses in Kronberg ermöglicht. Das behauptet zumindest der Historiker Mario Rapoport, siehe Erazo Heufelder: *Der argentinische Krösus*, S. 182, FN 71.

4 Löwenthal; Dubiel: *Mitmachen wollte ich nie*, S. 247.

5 HGS 18, S. 219.
6 Ebd.
7 Horkheimer (Hg.): *Studien über Autorität und Familie*, S. X.
8 Es gab schon eines auf Englisch, aber das war empirisch ausgelegt und dem Bedürfnis geschuldet, dem akademischen Feld in Amerika Genüge zu tun: »Wir müssen einmal etwas für das Interesse tun, das in der amerikanischen Soziologie solchen Gegenständen gewidmet wird.« HGS 17, S. 11.
9 AHB II, S. 139.
10 ZfS 3, S. 19.
11 ZfS 2, S. 167.
12 HGS 2, S. 380.
13 ZfS 1, S. 11.
14 ZfS 1, S. 12.
15 ZfS 1, S. 20.
16 Engels: *Die Entwicklung des Sozialismus von der Utopie zur Wissenschaft*, MEW 19, S. 224.
17 Fromm: *Arbeiter und Angestellte am Vorabend des Dritten Reiches.*
18 Zur detaillierten Analyse der Etappen der Theoriebildung des Instituts siehe Dubiel: *Wissenschaftsorganisation und politische Erfahrung.*
19 Wiggershaus: »Friedrich Pollock – der letzte Unbekannte der Frankfurter Schule«, in: Die Neue Gesellschaft/Frankfurter Hefte, 8/1994, S. 755.
20 Pollock: »Staatskapitalismus«, S. 82 f.
21 Erd (Hg.): *Reform und Resignation*, S. 87.
22 HGS 17, S. 107 f.
23 Gangl: »Staatskapitalismus und Dialektik der Aufklärung«, S. 159.
24 AGS 17, S. 10.
25 AHB II, S. 139.
26 AHB I, S. 173.
27 Reckwitz: »Verblendet vom Augenblick«, S. 45.
28 HGS 5, S. 300.
29 Na 1, 636, 1a, S. 11.
30 HGS 5, S. 304.
31 ZfS 9, S. 225, Übersetzung in Dubiel (Hg.): *Wirtschaft, Recht und Staat im Nationalsozialismus*, S. 106.
32 ZfS 2, S. 347.
33 HGS 4, S. 417.

34 »Die Sätze, die sich auf die hiesigen Verhältnisse beziehen, enthalten, nicht ganz ohne Absicht, eine Inkonsistenz. Es ist unklar in wie fern die conditions, under which a real accord of men permeates the whole, mit der Gegenwart identisch sind.« AHB II, S. 178.

35 HGS 4, S. 308 f.

Philosophen am Rande des Nervenzusammenbruchs

1 HGS 17, S. 70.

2 Na 1, 576, S. 102.

3 Na 1, 576, S. 39.

4 Na 1, 536, S. 500.

5 Adorno: *Briefe an die Eltern*, S. 107.

6 HGS 5, 191.

7 AGS 10.1, S. 112.

8 »In Adornos Entwurf des Kulturindustriekapitel. Na 1, 802, S. 101.«

9 AHB II, S. 77. Auch Schivelbuschs Analyse der *Entfernten Verwandtschaft* von Faschismus und Roosevelts New Deal beginnt mit dem Baustil.

10 »Gräfenberg hat, wie Sie wohl wissen, das einzige wirklich zuverlässige, unschädliche und nicht hemmende Anticonceptionsmittel, die ›Ringe‹ erfunden. Ein Verdienst, das gerade wir kaum hoch genug einschätzen können«, schrieb Adorno 1938 an Horkheimer als Empfehlung, für Gräfenberg den Einfluss des Instituts geltend zu machen. AHB II, S. 37 f.

11 Adorno: *Briefe an die Eltern*, S. 110.

12 Ebd., S. 325.

13 HGS 17, 236 f.

Diktatorischer Schreibstil

1 Adorno: *Briefe an die Eltern*, S. 108.

2 Ebd.

3 HGS 17, S. 312.

4 Na 1, 638, 1k, S. 1.

5 Die Selbsteinschätzung zu den Aufsätzen: »Diese enthalten unsere Ansichten – aber nur in notdürftigster Formulierung, zu abgekürzt, ungeschliffen, mißverständlich. Es ist zu wenig Kunst dabei, ich

meine die Mittel der Darstellung sind quantitativ und qualitativ armselig.« HGS 16, S. 219.

6 HGS 16, S. 10.

7 HGS 3, S. 116.

8 HGS 3, S. 314.

9 Theodor W. Adorno Archiv (Hg.): *Adorno. Eine Bildmonographie*, S. 139.

10 Ebd., S. 142.

11 AHB I, S. 31.

12 Ebd., S. 175.

13 Na 1, 533, S. 97.

14 AHB I, S. 323.

15 Na 1, 574, S. 261.

16 Sohn-Rethel verortete das Genie Adornos in ebendieser Fähigkeit des Schliffs. Sohn-Rethel: *Soziologische Theorie der Erkenntnis*, S. 265.

17 Mittelmeier: »Es gibt kein richtiges Sich-Ausstrecken in der falschen Badewanne«, S. 3.

18 Na 1, 638, 1 f, S. 1.

19 HGS 17, S. 322.

20 HGS 17, S. 315.

21 AGS 3, S. 144.

22 Na 1, 638, 1 b, S. 1.

23 TWA, Ts 53230, S. 1.

Regierungsarbeit

1 Siehe dazu später: *Vansittart*, S. 132 ff.

2 Mann: *Deutsche Hörer!*, S. 36.

3 Adorno: *Briefe an die Eltern*, S. 143.

4 Ebd., S. 132.

Hoher Besuch

1 Erazo Heufelder: *Der argentinische Krösus*, S. 43.

2 HGS 17, S. 279.

3 Adorno: *Traumprotokolle*, S. 26 f.

4 Na 1, 576, S 76.

5 HGS 17, S. 274.

6 HGS 17, S. 275.
7 HGS 17, S. 278.
8 HGS 11, S. 296.
9 Horkheimer: *Zur Kritik der instrumentellen Vernunft*, S. 22.
10 AGS 11, S. 388.
11 AGS 3, S. 213.
12 Ebd.
13 AGS 3, S. 214.
14 HGS 17, S. 282 f.

Angst essen Aufklärung auf

1 Adorno; Kracauer: *»Der Riß der Welt geht auch durch mich«*, S. 275.
2 AHB I, S. 104.
3 Ebd., S 310 f. u. 352.
4 »Solange, bis wir einmal gemeinsam arbeiten werden, müssen die wissenschaftlichen Gespräche ohnehin eine blosse Aushilfe bleiben.« AHB I, S. 408.
5 HGS 12, S. 452.
6 HGS 12, S. 453.
7 HGS 12, S. 448.
8 Na 1, 801, S. 133.
9 HGS 12, S. 451.
10 HGS 12, S. 456. Koschorke hat darauf hingewiesen, dass dem »Motiv ursprünglicher Angstbewältigung eine fragliche, stark durch die Ethnographie der Kolonialzeit geprägte Prämisse einbeschrieben« sei. Koschorke: *Wahrheit und Erfindung*, S. 11.
11 AGS 3, S. 20.
12 AGS 3, S. 21 f.
13 Na 1, 801, S. 122.
14 AGS 3, S. 32.
15 Ebd.
16 Na 1, 801, S. 122.

Gestatten: Archibald Stumpfnase Kant v. Bauchschleifer

1 AHB I, S. 498.
2 HGS 12, S. 344.

3 Benjamin: *Gesammelte Schriften I.2*, S. 699.
4 HGS 17, S. 629.
5 AHB II, S. 463.
6 Ebd., S. 464.
7 AGS 3, S. 171.
8 Na 1, 805, S. 321.
9 AHB II, S. 463.
10 Adorno: *Briefe an die Eltern*, S. 263.
11 »Naturbeherrschung, ohne die Geist nicht existiert« (AGS 3, S. 57), heißt es in der *Dialektik der Aufklärung*.
12 AGS 4, S. 54.
13 AGS 7, S. 172.

Atome atomisiert

1 Reichenbach: *Atom und Kosmos*, S. 21.
2 Brecht: *Journale 2*, S. 70.
3 Schrödinger: *Was ist ein Naturgesetz*, S. 10.
4 Ebd., S. 11.
5 Ebd., S. 15.
6 AGS 3, S. 41.
7 Reichenbach: »Die philosophische Bedeutung der modernen Physik«, S. 69.
8 ZfS 6, S. 18 f.
9 Ebd., S. 27.
10 Ebd., S. 46.
11 AHB I, S. 332.
12 HGS 4, 114.

Wortklauberei

1 Schöttker: *Arendt und Benjamin*, S. 146.
2 Ebd., S. 157.
3 Erazo Heufelder: *Der argentinische Krösus*, S. 44 f. Siehe auch Joseph Maier, einen Stipendiaten und späteren Mitarbeiter des Instituts: »eine Sprache voller Anspielungen auf Hegel und Marx, ohne daß Marx – im Gegensatz zu Hegel – immer genannt wurde. Es gab eine äsopische Sprache, die mit einem Blick auf den Zensor oder den mög-

lichen Zensor gebraucht wurde und die nur für den völlig Eingeweihten verständlich war.« In: Erd (Hg.): *Reform und Resignation*, S. 89.

4 Horkheimer bemerkt an einer Stelle, dass er grundsätzlich »schon immer dagegen gewesen« sei, »daß die Idee der vernünftigen Gesellschaft, die mit derjenigen der Assoziation freier Menschen zusammenfällt und kraft der kritischen Theorie näher bestimmt wird, sich stillschweigend in den Begriff der Planwirtschaft verwandelt« (HGS 16, S. 356).

5 Siehe z. B. wenn Horkheimer bemerkt, dass »der einzige Grund, warum wir Berichte von Freunden gewöhnlich gerne zuerst zu sehen bekommen, der Wunsch war, eine Verbindung unserer wissenschaftlichen Arbeit mit unmittelbaren politischen Begriffen und Zielen, die in einem solchen Bericht aus dem richtigen Bewußtsein der persönlichen Solidarität mit einfließen könnten, im Interesse unserer akademischen Situation zu entfernen oder wenigstens zu mildern. Unsere Gegner sehen es ohnehin als ihre Spezialaufgabe an, uns in diesem Sinn zu denunzieren.« (HGS 16, S. 524 f.)

6 Na 1, 520, S. 185.

7 Wiggershaus ist der Ansicht, dass sich diese Einschätzung auf die marxistische wie auf die theologische Terminologie bezieht. Wiggershaus: *Die Frankfurter Schule*, S. 349.

8 »I wonder now whether we should give copies to Grossman, Neumann and Kirchheimer. My feeling is that Marcuse will write to Neumann about the copies and that Neumann will be offended if he will not get one. On the other hand, it is of the utmost importance that the last article does not fall into wrong hands. If you think we should give Neumann a complete copy you may give him one but only if you feel certain that you can prevent Neumann from showing it to anybody. Otherwise I would advise that you give him only the incomplete one, but I think Neumann will understand. The great problem is only how to handle Grossman and Kirchheimer. The last article in Grossman's hands may cause trouble one day.« (Na 1, 539, S. 146) Und so weiter und so fort.

9 Na 1, 636, S. 16. In der publizierten Fassung: HGS 5, S. 303.

10 Na 1, 539, S. 146.

11 Na 1, 82, S. 111.

12 File Number 62-88217, Section 11. Federal Bureau of Investigation. Freedom of Information Act.

Summer School der Kritischen Theorie

1 Tiedemann (Hg.): *Frankfurter Adorno Blätter* VII, S. 123.
2 Schönberg (Hg.): *Apropos Doktor Faustus*, S. 77.
3 Brecht: *Journale 2*, S. 85.
4 Zitiert nach Gall: *Hanns Eisler goes Hollywood*, S. 12.
5 Eisler: *Briefe 1907–1943*, S. 220.
6 Ebd., S. 213.
7 Ebd., S. 228.
8 Wizisla: »Originalität vs. Tuismus. Brechts Verhältnis zu Walter Benjamin und zur Kritischen Theorie«, S. 217.
9 HGS 12, S. 576.
10 Brecht: *Journale 2*, S. 120.
11 Adorno: *Briefe an die Eltern*, S. 207 f.
12 Adorno: »*So müßte ich ein Engel und kein Autor sein*«, S. 501.
13 Brecht: *Journale 2*, S. 12.
14 Ebd., S. 94.
15 Marx: *Das Kapital*, MEW Band 23, S. 85.
16 Ebd., S. 84.
17 Braunstein: *Adornos Kritik der politischen Ökonomie*, S. 105.
18 Na 1, 805, S. 300.
19 Na 1, 801, S. 125.
20 Na 1, 805, S. 296.
21 Siehe dazu Fuchshber: *Rackets*.
22 »a president who is almost too perfectly cast as a protagonist in a racketeering narrative«. Jay: »Trump, Scorsese, and the Frankfurt School's Theory of Racket Society«.
23 HGS 12, S. 260.
24 HGS 17, S. 371.
25 AGS 3, S. 56.
26 AGS 2, S. 80.
27 AGS 3, S. 16. Axel Honneth beschreibt die Figur des Chiasmus als wesentliches rhetorisches Instrument der *Dialektik der Aufklärung*. Diese Figur ist eine stilistische Konsequenz der Struktur des dialektischen Bildes. Honneth: *Das Andere der Gerechtigkeit*, S. 85.

Autos zusammenbasteln. Oder kaputtfahren?

1 Arendt: *Schreib doch mal ›hard facts‹ über Dich*, S. 195.

2 Ebd., S. 43.
3 Na 1, 571, S. 118.
4 Na 1, 539, S. 6.
5 HGS 17, S. 333.
6 HGS 17, S. 332.
7 Brecht: *Journale 2*, S. 106.
8 Sohn-Rethel: *Das Ideal des Kaputten*, S. 37.
9 Ebd., S. 36.
10 Ebd., S. 37.
11 Adorno; Berg: *Briefwechsel* 1925-1935, S. 165.
12 Rubin: »The Adorno Files«, S. 174.
13 AGS 14, 42.
14 AGS 3, S. 145.
15 Sohn-Rethel: *Das Ideal des Kaputten*, S. 38.
16 AGS 29, S. 533.
17 Benjamin: *Das Kunstwerk im Zeitalter seiner technischen Reproduzierbarkeit*, S. 372.
18 Kracauer: *Die Angestellten*, S. 15.
19 Lethen: *Verhaltenslehren der Kälte*, S. 235-243.
20 AGS 3, S. 332.
21 AGS 3, S. 333.
22 Ein Beispiel: In der Filmmusik wird Adorno zufolge beständig nach Melodie und Wohllaut verlangt. In der Musik diene das dem Ausdruck des Individuums, dem »Aussingen der Seele«, was im Widerspruch zum Film steht, wenn er sich den Alltag, das vorfindliche Leben vornimmt (was er laut Adorno tut). Die Poesie des Wohllauts steht somit im Widerspruch zur Prosa des »fotografierten Lebens«, also sollte man musikalische Ausdrucksformen finden, die Letzterem adäquat sind. (AGS 15, S. 16 ff.)
23 AGS 10.2, S. 736 f.
24 Siehe Mittelmeier: *Adorno in Neapel,* S. 281, oder Hindrichs: »Kulturindustrie«.
25 Na 1, 802, S. 113.
26 Schon im Typoskript und auch in der publizierten Version (AGS 3, S. 151) steht »macht« statt »sagt«, was aber wohl ein Schreibfehler ist.
27 AGS 3, S. 166. Hier ist zu sehen, dass es eingefügt wurde: Na 1, 802, S. 135.

Komponierte Texte

1 Marcus: *Schoenberg and Hollywood Modernism,* S. 82. Siehe auch Feisst: *Schoenberg's New World,* S. 121 ff.
2 Viertel: *Das unbelehrbare Herz*, S. 265.
3 Mann: *Die Entstehung des Doktor Faustus*, S. 440.
4 Adorno; Kracauer: »*Der Riß der Welt geht auch durch mich*«, S. 38.
5 AHB II, S. 34.
6 Schönberg (Hg.): *Apropos Doktor Faustus*, S. 202.
7 Ebd.
8 Ebd., S. 203.
9 Ebd., S. 51.
10 Ebd., S. 51 f.
11 AHB II, S. 212.
12 AGS 12, S. 68 f.
13 HGS 16, S. 219.
14 Adorno; Berg: *Briefwechsel 1925–1935*, S. 44.
15 In der gedruckten Version, in der das Typoskript von 1941 über Schönberg nur der erste Teil des Buches ist (ein zweiter zu Strawinsky kam später hinzu), hat dieser Teil vier Abschnitte. Das liegt aber daran, dass es auch im ersten Teil gegen Ende hin viele Hinzufügungen gab (siehe z.B. AGS 12, S. 77-08 nicht in TWA Ts 1343, AGS 12, S. 91 unten bis 92 nicht in TWA Ts 1356) und Abschnitte in den Fließtext überführt wurden, die vorher Fußnoten waren (AGS 12, S. 85-88 war Fußnote in Ts 1350-1351 – AGS 12, S. 92 f. war Fußnote in Ts 1356). In dem ursprünglichen Typoskript, das keine Leerzeilen aufweist, ist die für Adorno charakteristische strukturelle Dreiteilung gegeben. Siehe dazu ausführlicher Mittelmeier: *Adorno in Neapel*, S. 120 ff. Im Kapitel »Begriff der Aufklärung« ist die Kennzeichnung der Dreiteilung im Typoskript durch Sternchen noch stärker gewesen: Ts 0498, S. 18 u. S. 33.
16 AGS 3, S. 44.
17 AGS 3, S. 45.
18 AGS 11, S. 571.
19 Z.B. Habermas: *Der philosophische Diskurs der Moderne*, S. 144, oder Sandkaulen: »Begriff der Aufklärung«, S. 13 ff.
20 AGS 3, S. 28.
21 Zwei andere Beispiele, die einen Absatz mit dem Paukenschlag eines

poetischen Bildes oder einer rhetorischen Zuspitzung beenden, die ebenfalls vom Mechanismus des dialektischen Bildes provoziert werden: »Mit der Ausbreitung der bürgerlichen Warenwirtschaft wird der dunkle Horizont des Mythos von der Sonne der kalkulierenden Vernunft aufgehellt, unter deren eisigen Strahlen die Saat der neuen Barbarei heranreift. Unter dem Zwang der Herrschaft hat die menschliche Arbeit seit je vom Mythos hinweggeführt, in dessen Bannkreis sie unter der Herrschaft stets wieder geriet.« (AGS 3, S. 49) Und: »Demgegenüber involviert Anpassung an die Macht des Fortschritts den Fortschritt der Macht, jedes Mal aufs neue jene Rückbildungen, die nicht den mißlungenen sondern gerade den gelungenen Fortschritt seines eigenen Gegenteils überführen. Der Fluch des unaufhaltsamen Fortschritts ist die unaufhaltsame Regression.« (AGS 3, S. 53).

22 HGS 16, S. 219.

Hass auf die Aristokratie

1 Lenhard: *Friedrich Pollock*, S. 224.

2 Kant: *Kritik der reinen Vernunft*, S. 190. (A 141 f.). Adorno: *Kants »Kritik der reinen Vernunft«*, S. 390.

3 AGS 3, S. 145.

4 AGS 3, S. 103.

5 AGS 3, S. 303.

6 Kant: »Beantwortung der Frage: Was ist Aufklärung?«, S. 481. AGS 3, S. 100.

7 HGS 4, S. 378.

8 HGS 4, S. 76.

9 Dieser Apparat vermöge zwar »wichtige Dienste beim Verständnis dieser Prozesse zu leisten« (HGS 4, S. 80), dennoch benötigt Horkheimer viele Seiten, um das von Freud abzuwehren, das seinem Fazit gerade widersprechen würde. Dass der irrationale Hass, der sich im Terror der Französischen Revolution äußert, eben nicht von einem irgendwie biologisch festgesetzten Destruktionstrieb herrühre, sondern gesellschaftlich bedingt sei. »Die Verwirklichung der Sittlichkeit, eines menschenwürdigen Zustandes von Gesellschaft und Individuen, ist kein bloß seelisches, sondern ein geschichtliches Problem« (HGS 4, S. 83), stellt Horkheimer klar.

10 Gorer: *The revolutionary ideas of the Marquis de Sade*, S. 233. Siehe auch Schmid Noerr: »Wie die ›dunklen Schriftsteller des Bürgertums‹ die Dialektik der Aufklärung erhellen«.
11 AHB II, S. 286.

Die Gottesanbeterin

1 Siehe Eidelpes: *Entgrenzung der Mimesis.*
2 Caillois: *Méduse & Cie.*
3 AGS 3, S. 50.
4 AGS 3, S. 132.
5 AGS 3, S. 132 f.
6 AGS 3, S. 139.
7 AGS 3, S. 140.

Liebe ist … wenn er ihr seine Affären diktiert

1 HGS 5, S. 351.
2 Marcuse: *Mein zwanzigstes Jahrhundert*, S. 266.
3 Ebd., S. 268.
4 Kreisler: *Lola und das Blaue vom Himmel*, S. 16.
5 Adorno: *Briefe an die Eltern*, S. 187.
6 Ebd., S. 201.
7 Siehe Nell: *Gestern ist lange vorbei.*
8 Theodor W. Adorno Archiv (Hg.): *Adorno. Eine Bildmonographie*, S. 184 f.
9 Adorno: *Briefe an die Eltern*, S. 190.
10 Na 1, 569, S. 174. Alice H. Maier zitiert Horkheimer: »Sie müssen sich darauf gefaßt machen, daß wir samstags arbeiten, sonntags arbeiten, nachts arbeiten.« Erd (Hg.): *Reform und Resignation*, S. 100.
11 AGS 4, S. 242.
12 Adorno, Gretel; Benjamin: *Briefwechsel 1930-1940*, S. 267.
13 Ebd., S. 281.
14 Adorno: *Briefe an die Eltern*, S. 200.
15 Maier: *Die Universität*, S. 117 f.

Forschungsthema Frau

1 Benjamin: *Gesammelte Schriften*, Band II.1, S. 93.

2 Benjamin: *Gesammelte Schriften*, Band I, S. 676.
3 In Benjamins Übersetzung heißt es »Der sehr verschwiegne Blick der Kurtisane/ Der auf uns gleitet gleichend dem Erblassen/Lüsternen Monds im welligen See [...]«. Benjamin: *Gesammelte Schriften*, Band IV.1, S. 76.
4 Na 2, XXIII 30, S. 218.
5 Ebd., S. 233.
6 Ebd.
7 AHB I, S. 543.
8 Ebd., S. 544.
9 AGS 10.1, 107 f.
10 AGS 10.1, S. 108.
11 AHB I, S. 545.
12 Nell: *Gestern ist lange vorbei*, S. 37.
13 Gorer: *The revolutionary ideas of the Marquis de Sade*, S. 93 f.
14 HGS 16, S. 625.
15 HGS 16, S. 626.
16 AGS 3, S. 127.
17 AGS 3, S. 128.
18 AGS 3, S. 129.
19 AGS 3, S. 129 f.
20 AGS 10.2, S. 736.

Romaneskes Intermezzo

1 HGS 12, S. 329 ff.
2 Na 1, 540, S. 323.

Wo Milch und Honig in Strömen fließen

1 Granach: *Da geht ein Mensch*, S. 331.
2 Schöttker: *Arendt und Benjamin*, S. 145.
3 Schönberg (Hg.): *Apropos Doktor Faustus*, S. 48 f.
4 »11 Allies condemn Nazi War on Jews«, *New York Times*, 18.12.1942, S. 10 (Fortsetzung von der Titelseite).
5 HGS 17, S. 385.
6 AHB II, S. 84.
7 HGS 17, S. 268.

8 HGS 17, S. 441.
9 HGS 17, S. 425 f.
10 Na 1, 579, S. 421.
11 Erd (Hg.): *Reform und Resignation*, S. 121.
12 Adorno: *Briefe an die Eltern*, S. 225.
13 Lee: *The fine art of propaganda.*
14 HGS 17, S. 537.
15 Adorno: *Briefe an die Eltern*, S. 234.
16 AGS 3, S. 196.
17 HGS 5, S. 200.
18 AHB II, S. 101.
19 AGS 3, S. 204.
20 AGS 3, S. 210.
21 AGS 3, S. 198.
22 AGS 3, S. 40.
23 AGS 3, S. 203 f.
24 Granach: *Da geht ein Mensch*, S. 37.

Auf der Couch der Kritischen Theorie

1 Siehe Rothe: *Zur Erinnerung an Karl Landauer.*
2 HGS 7, S. 454.
3 Siehe dazu und zum Folgenden Schröter: »Vor der Schwelle zum Lehrinstitut«.
4 »Es war ein schwerer innerer Kampf, als ich während Deiner Analyse dringend zu Fromm riet. Am liebsten hätte ich Dir damals vorgeschlagen, daß ich mit euch zusammen arbeiten könnte.« (HGS 16, S. 698) Allerdings wird auch Löwenthal die Kontaktanbahnung zugeschrieben: HGS 17, S. 179.
5 Horkheimer: »Brief an Sigmund Freud«, S. 287.
6 AGS 3, S. 229.
7 AHB II, S. 193.
8 HGS 5, S. 435.
9 AGS 7, S. 489 f.
10 AGS 3, S. 60.
11 AGS 3, S. 99.
12 AGS 3, S. 138.
13 AGS 3, S. 225. Axel Honneth sieht eine Strategie der *Dialektik der*

Aufklärung darin, dass »durch radikale Neubeschreibung unsere Sicht der sozialen Realität so verändert wird, daß auch unsere Wertüberzeugungen davon nicht unberührt bleiben können.« Honneth: *Das Andere der Gerechtigkeit*, S. 82. Diese radikale Neubeschreibung sieht er durch stilistische Mittel geleistet. Mit der Beschreibung des dialektischen Bildes, seiner Anordnung in der kompositorischen Konstellation und der Struktur des psychoanalytischen Erschreckens habe ich versucht, diese stilistischen Mittel und ihren strategischen Einsatz detailliert aufzufächern.

Hoffnung im cis

1 Mann: *Die Entstehung des Doktor Faustus*, S. 442.
2 Mann: *Doktor Faustus*, S. 84.
3 Ebd., S. 84 f.
4 Mann: *Die Entstehung des Doktor Faustus*, S. 443.

Ein Geschenk zum Fünfzigsten

1 Adorno: *Briefe an die Eltern*, S. 189.
2 Zu den Einzelheiten der Produktion siehe Schmidt: »The Making and the Marketing of the Philosophische Fragmente: A Note on the Early History of the Dialectic of Enlightenment«. Dort sind auch die Quellen dafür angeführt, dass es sich um eine Mimeo- statt um eine Hektografie handelte und dass die Auflage 300 Stück statt 500 war, wie an anderen Stellen aufgeführt.
3 »Yesterday I completed my study of your manuscripts on mythology and the other parts of the book. I am very deeply impressed by the intensity of the writing and the width of the material you use«, schrieb Pollock an Horkheimer im Oktober 1943. Na 1, 580, S. 196.
4 Na 1, 569, S. 142.
5 Zum Vergleich: Die Sekretärin Alice H. Maier berichtet davon, dass Sekretärinnen durchschnittlich 12-15 Dollar pro Woche verdienten. Sie und Margot von Mendelssohn verdienten deutlich mehr (45 bzw. 30 Dollar). Erd (Hg.): *Reform und Resignation*, S. 100 und Na 1, 568, S. 343.
6 Na 1, 543, S. 59.

7 AGS 3, S. 60.
8 AGS 3, S. 335.
9 AGS 3, S. 245.
10 AGS 3, S. 247.
11 AGS 3, S. 296.
12 Na 1, 543, S. 84.
13 AGS 3, S. 162.

Ein Handbuch für Juden

1 Zwischenzeitlich hatte das Institut bei einer weiteren jüdischen Organisation, dem Jewish Labor Committee, Fördermittel für ein weiteres Projekt eingeworben, der Untersuchung des Antisemitismus in der Arbeiterschaft. Es wurde zugunsten der Zusage des AJC zurückgestellt und ist bis heute nicht veröffentlicht. Siehe Ziege: *Antisemitismus und Gesellschaftstheorie.*
2 AHB III, S. 17.
3 AHB II, S. 380.
4 AHB III, S. 466.
5 AHB I, S. 375.
6 Adorno: *Briefe an die Eltern*, S. 354.
7 Ebd., S. 353.

Kreuzchen mit Gummistempel

1 Mann: *Gesammelte Werke*, Band 12, S. 941 f.
2 Mann: *Briefe*, Band 2, S. 346.
3 Mann: *Tagebücher 1944-1946*, S. 120.
4 Na 1, 569, S. 123.
5 Adorno: *Briefe an die Eltern*, S. 294.
6 AGS 3, S. 227.
7 AGS 3, S. 226.
8 AGS 3, S. 227.
9 AGS 3, S. 233.
10 AHB II, S. 390.
11 Guggenheim an Adorno, 26.2.45. Adorno: Box: 45, Folder: 2. USC (University of Southern California) Libraries Special Collections.

Eine deutsche Affäre in Amerika

1 AHB III, S. 43.
2 Na 2, 118 S. 231.
3 AGS 4, S. 17.
4 In der Druckfassung ist dieser Aphorismus der dritte und sein Titel wurde zu »Fisch im Wasser« geändert (AGS 4, S. 23).
5 TWA, Ts 2192.
6 Ebd.
7 Wiggershaus: *Die Frankfurter Schule*, S. 401.
8 ABH II, S. 437. Meine Übersetzung, MM.
9 Siehe Eva-Maria Ziege in der Einleitung des von ihr herausgegebenen Adorno: *Bemerkungen zu »The Authoritarian Personality«*.
10 Wiggershaus: *Die Frankfurter Schule*, S. 402.
11 Siehe Koch: *Die Einstellung ist die Einstellung*, S. 54-113.
12 ABH II, S. 347.
13 Adorno: *Studien zum autoritären Charakter*, S. 46.
14 Ebd., S. 48.
15 Ebd., S. 50.
16 Ebd., S. 53.
17 AGS 10.2, S. 727.
18 AGS 10.2, S. 724.
19 Na 1, 550, S. 276.
20 Adorno: *Briefe an die Eltern*, S. 311.
21 Ebd., S. 315.
22 TWA, Br 497/36. Siehe auch Spitz: *Theodor W. Adorno/Hermann Grab: Bericht einer unveröffentlichten Korrespondenz*.

Am Grauen vorbeidefilieren

1 Mann: *Doktor Faustus*, S. 696.
2 Mann: *Deutsche Hörer!*, S. 36.
3 Ebd., S. 37.
4 Mann: *Doktor Faustus*, S. 697.
5 In einer frühen Fassung des Vorworts war gleich im zweiten Absatz von den »Advokaten des totalitären Mordens« (Na 1, 803, S. 203) die Rede, die zu »Advokaten der totalitären Ordnung« abgeändert wurden (im Buch werden sie dann zu »eisernen Faschisten«). In der zur

Buchfassung hinzugefügten siebten These zu den »Elementen des Antisemitismus« ist zwar von »Zyklonfabriken« die Rede, allerdings provokant lapidar in einen Argumentationsgang hineinverwoben. Die explizite Benennung des »universalen Rassemordes« zu Beginn der These fiel ebenfalls einer Korrektur zum Opfer. Na 1, 803, S. 4.

6 AGS 3, S. 225.

Höllenklänge

1 Adorno; Mann: *Briefwechsel*, S. 20.

2 Ebd., S. 21.

3 Ebd., S. 25.

4 Ebd.

5 AGS 2, S. 120.

6 ABH I, S. 607.

7 AGS 10.1, S. 273.

8 AGS, 10.1, S. 286.

9 Benjamin: *Gesammelte Schriften*, Band I, S. 406-409.

10 Adorno: *Bemerkungen zu »The Authoritarian Personality«*, S. 48.

11 Dieselbe Gedankenfigur, dass es das sich nicht übersteigern lassende Experiment braucht, hatte Pierre Klossowski, einer der Mitglieder des Collège de Sociologie, in einem Essay angewandt, das radikaler als Horkheimer das Werk de Sades in die Gegenwart zu holen versucht. De Sade enthüllt dann nicht mehr nur, wie in Horkheimers Kapitel der *Dialektik der Aufklärung*, die Amoralität funktionalistischer Vernunft. Vielmehr forciert er dieses Amoralische, denn laut Klossowski muss für de Sade »das Böse ein für alle Mal ausbrechen, das Unkraut muß aufblühen, damit der Geist es ausreißen und ausrotten kann. Mit einem Wort, das Böse muß auf der Welt ein für alle Mal zur Vorherrschaft gebracht werden, damit es sich selber zerstört und Sades Geist endlich seinen Frieden findet.« (Klossowski: *Sade – mein Nächster*, S. 79) Gershom Scholem entdeckt, als er über vergessene häretische Strömungen des Judentums forscht, ebenfalls Traditionen, in denen »der Messias in das Reich des Bösen und der Unreinheit herabsteigen muß, um die ›Schalen des Bösen von innen her zum Platzen zu bringen‹.« (Scholem: *Die jüdische Mystik in ihren Hauptströmungen*, S. 341). Siehe Wasserstrom: »Defeating Evil from Within«.

Das Raubtier Charlie Chaplin

1 Adorno: *Briefe an die Eltern*, S. 396.
2 ABH I, S. 132.
3 AGS 10.1, S. 363 ff.
4 »Im Gegensatz zu vielen unserer Freunde habe ich die Schlußrede Chaplins im Dictator nicht für verfehlt gehalten«, schreibt Horkheimer (HGS 17, S. 23).
5 Zitiert nach https://www.charliechaplin.com/en/articles/244-Speech-from-Monsieur-Verdoux. (zuletzt abgerufen am 22.07.2021).
6 Mann: *Die Entstehung des Doktor Faustus*, S. 573.
7 AGS 11, S. 341.
8 Mann: *Die Entstehung des Doktor Faustus*, S. 573.
9 Mann: *Doktor Faustus*, S. 711.
10 Na 1, 543, S. 56.
11 HGS 12, S. 604.
12 HGS 12, S. 594.
13 HGS 12, S. 597.
14 HHS 12, S. 604.
15 HGS 3, S. 10 f.
16 HGS 18, S. 285.
17 Na 1, 562, S. 321.

Die Fragmente werden zur Dialektik

1 Das Copyright ist von 1947, aber wegen technischer Verzögerungen konnte das Buch erst 1948 ausgeliefert werden.
2 Adorno: *Briefe an die Eltern*, S. 400.
3 Na 1, 82, S. 109.
4 Ebd., S. 107.
5 Ebd., S. 103.
6 Ebd., S. 116.
7 HGS 5, S. 23.
8 Weil: *Argentine riddle.*
9 HGS 17, S. 275.
10 HGS 5, S. 22.
11 Walter: *Fritz H. Landshoff und der Querido Verlag 1933-1950*, S. 216.
12 HGS 5, S. 191. Aus den »Monumentalbauten des Monopols, Wrigleys

und Rockefellers Hochhäuser« wurden die »Monumentalbauten der Größten«.

13 HGS 5, S. 200.

Rückkehr?

1 HGS 18, S. 16.

2 Erazo Heufelder: *Der argentinische Krösus*, S. 164. HGS 17, S. 765 f.

3 HGS 17, S. 767.

4 ABH III, S. 81.

5 Ebd., S. 438.

6 Adorno; Kracauer, *»Der Riß der Welt geht auch durch mich«*, S. 459.

7 Reiche: »Sexuelle Revolution – Erinnerung an einen Mythos«, S. 46.

8 Ebd.

9 Felsch; Mittelmeier: »Ich war ehrlich überrascht und erschrocken, wie umfangreich Sie geantwortet haben«, S. 180.

10 Pasero; Bauer: »Aufklärung auf Italienisch«, S. 4.

11 Es gab z. B. einen verbreiteten Raubdruck 1955 von der Edition »Emigrant« Lichtenstein, 1968 einen aus der »Schwarzen Reihe« des Amsterdamer Verlages De Munter und einen aus dem Verlag »Zerschlagt das bürgerliche Copyright«, Standorte: Berlin, Hamburg, Havanna.

12 Nach Kraushaar: *Frankfurter Schule und Studentenbewegung*, Band 3, S. 71.

13 Alice Maier an Horkheimer am 17.11.1968. Deutsche Nationalbibliothek, Deutsches Exilarchiv 1933-1945, Frankfurt am Main, Nachlass Joseph und Alice Maier (EB 96/250).

Abkürzungen

AGS Theodor W. Adorno: Gesammelte Schriften in 20 Bänden, hg. von Rolf Tiedemann unter Mitwirkung von Gretel Adorno, Susan Buck-Morss und Klaus Schlutz, Frankfurt am Main: Suhrkamp Verlag 1986.

AHB Theodor W. Adorno, Max Horkheimer: Briefwechsel 1927–1969. 4 Bände, hg. von Christoph Gödde und Henri Lonitz. Frankfurt am Main: Suhrkamp Verlag 2003 f.

HGS Max Horkheimer: Gesammelte Schriften in 19 Bänden, hg. von Alfred Schmidt und Gunzelin Schmid Noerr. Frankfurt am Main: Suhrkamp Verlag 1985 ff.

MEW Marx-Engels-Werke in 44 Bänden, hg. vom Institut für Marxismus-Leninismus beim Zentralkomitee der SED. Berlin: Dietz Verlag 1956 ff.

Na 1 Nachlass Max Horkheimer, Archivzentrum der Universitäts- und Stadtbibliothek Frankfurt am Main.

Na 2 Nachlass Friedrich Pollock, Archivzentrum der Universitäts- und Stadtbibliothek Frankfurt am Main.

TWA Theodor W. Adorno Archiv, Frankfurt am Main/Berlin.

ZfS Zeitschrift für Sozialforschung, Jahrgang 1–9 (1932–1941), Photomechanischer Nachdruck, München: dtv 1980.

Literaturverzeichnis

Gretel Adorno, Walter Benjamin: *Briefwechsel 1930–1940*, hg. von Christoph Gödde, Frankfurt am Main: Suhrkamp 2005.

Theodor W. Adorno: *Gesammelte Schriften in zwanzig Bänden*, hg. von Rolf Tiedemann. Frankfurt am Main: Suhrkamp 1997 ff.

Theodor W. Adorno: *Studien zum autoritären Charakter*, Frankfurt am Main: Suhrkamp 1973.

Theodor W. Adorno: *Kants »Kritik der reinen Vernunft«*, hg. von Rolf Tiedemann, Frankfurt am Main: Suhrkamp 1995.

Theodor W. Adorno: *Traumprotokolle*, hg. von Christoph Gödde, Frankfurt am Main: Suhrkamp 2005.

Theodor W. Adorno: *Bemerkungen zu »The Authoritarian Personality«*, hg. von Eva-Maria Ziege, Berlin: Suhrkamp 2019.

Theodor W. Adorno, Walter Benjamin: *Briefwechsel 1928–1940*, hg. von Henri Lonitz, Frankfurt am Main: Suhrkamp 1994.

Theodor W. Adorno, Max Horkheimer: *Briefwechsel 1927–1969*. Vier Bände, hg. von Christoph Gödde und Henri Lonitz. Frankfurt am Main: Suhrkamp Verlag 2003 f.

Theodor W. Adorno, Peter Suhrkamp, Siegfried Unseld: *»So müßte ich ein Engel und kein Autor sein«. Adorno und seine Frank-*

furter Verleger, hg. von Wolfgang Schopf, Frankfurt am Main: Suhrkamp 2003.

Clemens Albrecht (Hg.): *Die intellektuelle Gründung der Bundesrepublik. Eine Wirkungsgeschichte der Frankfurter Schule*, Frankfurt am Main: Campus 2000.

Hannah Arendt, Günther Anders: *Schreib doch mal »hard facts« über Dich. Briefe 1939 bis 1975, Texte und Dokumente*, hg. von Kerstin Putz, München: C. H. Beck 2016.

Hannah Arendt, Gershom Scholem: *Der Briefwechsel,* hg. von Marie Luise Knott, Berlin: Jüdischer Verlag 2010.

Dirk Auer (Hg.): *Arendt und Adorno,* Frankfurt am Main: Suhrkamp 2003.

Ehrhard Bahr: *Weimar on the Pacific. German Exile Culture in Los Angeles and the Crisis of Modernism,* Berkeley: University of California Press 2008.

Lothar Baier (Hg.): *Die Früchte der Revolte. Über die Veränderung der politischen Kultur durch die Studentenbewegung*, Berlin: Klaus Wagenbach 1988.

Günter C. Behrmann: »Die Theorie, das Institut, die Zeitschrift und das Buch: Zur Publikations- und Wirkungsgeschichte der Kritischen Theorie 1945 bis 1965«, in: *Die intellektuelle Gründung der Bundesrepublik. Eine Wirkungsgeschichte der Frankfurter Schule*, hg. von Clemens Albrecht, Frankfurt am Main u. a.: Campus 2000, S. 247–311.

Walter Benjamin: *Gesammelte Schriften*, hg. von Rolf Tiedemann, Hermann Schweppenhäuser u. a., Frankfurt am Main: Suhrkamp 1972 ff.

Walter Benjamin: *Über den Begriff der Geschichte,* hg. von Gérard Raulet, Christoph Gödde u. a., Berlin: Suhrkamp 2017.

Alban Berg, Theodor W. Adorno: *Briefwechsel 1925-1935,* hg. von Henri Lonitz, Frankfurt am Main: Suhrkamp 1997.

Thomas Blubacher: *Paradies in schwerer Zeit. Künstler und Denker im Exil in Pacific Palisades und Umgebung*, München: Sandmann 2011.

Dirk Braunstein: *Adornos Kritik der politischen Ökonomie*, Bielefeld: transcript 2015.

Bertolt Brecht: *Journale 2*. Große kommentierte Berliner und Frankfurter Ausgabe, Band 27, hg. von Werner Hecht, Frankfurt am Main: Suhrkamp 1995.

Roger Caillois: *Méduse & Cie*, Berlin: Brinkmann & Bose 2007.

Mike Davis: *City of quartz. Excavating the Future in Los Angeles*, London: Verso 2006.

Amy Dawes: *Sunset Boulevard. Cruising the Heart of Los Angeles*, Los Angeles: Los Angeles Times Books 2002.

Helmut Dubiel: *Wissenschaftsorganisation und politische Erfahrung. Studien zur frühen Kritischen Theorie*, Frankfurt am Main: Suhrkamp 1978.

Helmut Dubiel (Hg.): *Wirtschaft, Recht und Staat im Nationalsozialismus. Analysen des Instituts für Sozialforschung 1939–1942*, Frankfurt am Main: Europäische Verlagsanstalt 1981.

Rosa Eidelpes: *Entgrenzung der Mimesis. Georges Bataille – Roger Caillois – Michel Leiris*, Berlin: Kulturverlag Kadmos 2018.

Hanns Eisler: *Briefe 1907-1943*, hg. von Jürgen Schebera u. Maren Köster, Wiesbaden u. a.: Breitkopf & Härtel 2010.

Rainer Enskat: »Dialektik der Aufklärung? Revisionen diesseits und jenseits des Bannkreises eines Buches«, in: *Aufklärung 24*, Hamburg: Felix Meiner 2012, S. 385–424.

Jeanette Erazo Heufelder: *Der argentinische Krösus. Kleine Wirtschaftsgeschichte der Frankfurter Schule*, Berlin: Berenberg 2017.

Rainer Erd (Hg.): *Reform und Resignation. Gespräche über Franz L. Neumann*, Frankfurt am Main: Suhrkamp 1985.

Ernst Federn (Hg.): *Aus dem Kreis um Sigmund Freud. Zu den*

Protokollen der Wiener Psychoanalytischen Vereinigung, Frankfurt am Main: Fischer 1992.

Sabine Feisst: *Schoenberg's New World. The American Years*, Oxford: Oxford University Press 2011.

Philipp Felsch, Martin Mittelmeier: »‹Ich war ehrlich überrascht, wie umfangreich Sie geantwortet haben›. Theodor W. Adorno korrespondiert mit seinen Lesern«, in: *Kultur und Gespenster Nr. 13*, Gustav Mechlenburg (Hg.), Hamburg: Textem 2012, S. 159–199.

Erich Fromm: *Arbeiter und Angestellte am Vorabend des Dritten Reiches. Eine sozialpsychologische Untersuchung*, Stuttgart: Deutsche Verlags-Anstalt 1980.

Thorsten Fuchshuber: *Rackets. Kritische Theorie der Bandenherrschaft*, Freiburg, Wien: ça ira 2019.

Johannes C. Gall: *Hanns Eisler Goes Hollywood. Das Buch »Komposition für den Film« und die Filmmusik zu »Hangmen Also Die«*, Wiesbaden: Breitkopf & Härtel 2015.

Gerald Gardner: *The Censorship Papers. Movie Censorship Letters from the Hays Office, 1934–1968*, New York: Dodd, Mead 1987.

Nigel Gibson (Hg.): *Adorno. A Critical Reader*, Oxford: Wiley 2002.

Geoffrey Gorer: *The Revolutionary Ideas of the Marquis de Sade*, London: Wishart 1934.

Hubert Grabitz: *Freud unterm Protokoll. Zu den Diskussionen in der Wiener Psychoanalytischen Vereinigung WPV*, Berlin: Simon Verlag für Bibliothekswissen 2015.

Alexander Granach: *Da geht ein Mensch. Autobiographischer Roman*, München: btb 2007.

Holger Gumprecht: *»New Weimar« unter Palmen. Deutsche Schriftsteller im Exil in Los Angeles*, Berlin: Aufbau TB 1998.

Jürgen Habermas: *Der philosophische Diskurs der Moderne. 12 Vorlesungen*, Frankfurt am Main: Suhrkamp 1985.

Jeffrey Herf: »Dialectic of Enlightenment Reconsidered«, in: *New German Critique* 117, 2012, S. 81–89.

Ernst Herhaus: *Notizen während der Abschaffung des Denkens*, Frankfurt am Main: März 1970.

Gunnar Hindrichs: »Kulturindustrie«, in: *Max Horkheimer/ Theodor W. Adorno: Dialektik der Aufklärung*, hg. v. Gunnar Hindrichs, Berlin, Boston: De Gruyter 2017, S. 61–80.

Gunnar Hindrichs (Hg.): *Max Horkheimer/Theodor W. Adorno: Dialektik der Aufklärung*, Berlin, Boston: De Gruyter 2017.

Axel Honneth: *Das Andere der Gerechtigkeit. Aufsätze zur praktischen Philosophie*, Frankfurt am Main: Suhrkamp 2000.

Max Horkheimer: *Gesammelte Schriften*, 19 Bände, hg. von Alfred Schmidt und Gunzelin Schmid Noerr, Frankfurt am Main: S. Fischer 1985 ff.

Max Horkheimer: *Studien über Autorität und Familie. Forschungsberichte aus dem Institut für Sozialforschung*, Lüneburg: zu Klampen 1987.

Max Horkheimer: »Brief an Sigmund Freud«, in: *Soziologie* 3, 2012, S. 283–288.

Max Horkheimer: *Zur Kritik der instrumentellen Vernunft. Aus den Vorträgen und Aufzeichnungen seit Kriegsende*, Frankfurt am Main: S. Fischer 1985.

Max Horkheimer, Theodor W. Adorno: *Dialektik der Aufklärung. Philosophische Fragmente*, Amsterdam: de Munter 1968.

Max Horkheimer, Theodor W. Adorno (Friedrich Pollock zum 50. Geburtstag): *Dialektik der Aufklärung. Philosophische Fragmente*, Edition »Emigrant« Lichtenstein 1955.

Max Horkheimer, Theodor W. Adorno, Friedrich Pollock: *Dialektik der Aufklärung. Philosophische Fragmente*, Verlag Zerschlagt das bürgerliche Copyright: Berlin, Hamburg, Havanna 1968.

Martin Jay: *Dialektische Phantasie. Die Geschichte der Frankfurter Schule und des Institutes für Sozialforschung 1923–1950,* Frankfurt am Main: S. Fischer 1976.

Martin Jay: »Trump, Scorsese, and the Frankfurt School's Theory of Racket Society«, in: *Los Angeles Review of Books, 5. April 2020,* https://lareviewofbooks.org/article/trump-scorsese-and-the-frankfurt-schools-theory-of-racket-society (zuletzt abgerufen am 22.07.2021).

Immanuel Kant: »Beantwortung der Frage: Was ist Aufklärung?«, in: *Berlinische Monatsschrift,* 1784, 12, S. 481–494.

Immanuel Kant: *Kritik der reinen Vernunft,* Werke in sechs Bänden. Band II, hg. von Wilhelm Weischedel, Darmstadt: WBG 2016.

Pierre Klossowski: *Sade – mein Nächster,* Wien: Passagen 1996.

Gertrud Koch: *Die Einstellung ist die Einstellung. Visuelle Konstruktionen des Judentums*, Frankfurt am Main: edition suhrkamp 1992.

Albrecht Koschorke: *Wahrheit und Erfindung. Grundzüge einer allgemeinen Erzähltheorie*, Frankfurt am Main: S. Fischer 2013.

Siegfried Kracauer: *Die Angestellten. Aus dem neuesten Deutschland*, Frankfurt am Main: Suhrkamp 2017.

Wolfgang Kraushaar (Hg.): *Frankfurter Schule und Studentenbewegung*, Band 3, Hamburg: Rogner & Bernhard 1998.

Georg Kreisler: *Lola und das Blaue vom Himmel. Eine Erinnerung*, Hürth bei Köln: Edition Memoria 2002.

Alfred McClung Lee, Elizabeth Briant Lee: *The Fine Art of Propaganda. A Study of Father Coughlin's Speeches,* New York: Harcourt, Brace and Co 1939.

Philipp Lenhard: »An Institution of Nazi Statesmanship: Friedrich Pollock's Theoretical Contribution to the Study of Anti-Semitism«, in: *New German Critique* 43, 2016, S. 195–214.

Philipp Lenhard: *Friedrich Pollock. Die graue Eminenz der Frankfurter Schule*, Berlin: Jüdischer Verlag Suhrkamp 2019.

Helmut Lethen: *Verhaltenslehren der Kälte. Lebensversuche zwischen den Kriegen*, Frankfurt am Main: Suhrkamp 2006.

Leo Löwenthal: *Mitmachen wollte ich nie. Ein autobiographisches Gespräch mit Helmut Dubiel*, Frankfurt am Main: edition suhrkamp 1980.

Georg Lukács: *Die Theorie des Romans. Ein geschichtsphilosophischer Versuch über die Formen der großen Epik*, Neuwied: Luchterhand 1963.

Andreas Maier: *Die Universität*, Berlin: Suhrkamp 2018.

Thomas Mann: *Deutsche Hörer! 55 Radiosendungen nach Deutschland*, Stockholm: Bermann-Fischer 1945.

Thomas Mann: *Die Entstehung des Doktor Faustus. Roman eines Romans*, Große kommentierte Frankfurter Ausgabe, Band 19.1, hg. von Herbert Lehner, Frankfurt am Main: S. Fischer 2009.

Thomas Mann: *Doktor Faustus*, Große kommentierte Frankfurter Ausgabe, Band 10, hg. von Ruprecht Wimmer, Frankfurt am Main: S. Fischer 2009.

Thomas Mann: *Briefe*. Band 2, hg. von Erika Mann, Frankfurt am Main: S. Fischer 1963.

Thomas Mann: *Tagebücher*, hg. von Peter de Mendelssohn, Frankfurt am Main: S. Fischer 1982.

Kenneth H. Marcus (Hg.): *Schoenberg and Hollywood Modernism*, Cambridge: Cambridge University Press 2016.

Ludwig Marcuse: *Mein zwanzigstes Jahrhundert. Auf dem Weg zu einer Autobiographie*, München: List 1960.

Mathias Mayer (Hg.): *Der Philosoph Bertolt Brecht*, Würzburg: Königshausen & Neumann 2011.

Hans Mayer: *Ein Deutscher auf Widerruf*, Frankfurt am Main: Suhrkamp 1982.

Ulrike Migdal: *Die Frühgeschichte des Frankfurter Instituts für Sozialforschung*, Frankfurt am Main: Campus 1981.

Martin Mittelmeier: »Es gibt kein richtiges Sich-Ausstrecken in der falschen Badewanne. Wie Adornos berühmtester Satz wirklich lautet – ein Gang ins Archiv«, in: *Recherche. Zeitung für Wissenschaft* 4, 2009, S. 3.

Martin Mittelmeier: *Adorno in Neapel. Wie sich eine Sehnsuchtslandschaft in Philosophie verwandelt*, München: Siedler 2013.

Renée Nell: *Gestern ist lange vorbei. Autobiographie einer Epoche 1910–1939*, Regensburg: Regensburger Skripten zur Literaturwissenschaft 2005.

Francis Nenik, Sebastian Stumpf: *Seven Palms. The Thomas Mann House in Pacific Palisades, Los Angeles*, Leipzig: Spector Books 2021.

Nicole Nottelmann: *Ich liebe dich. Für immer. Greta Garbo und Salka Viertel*, Berlin: Aufbau 2011.

Herman Nunberg (Hg.): *Protokolle der Wiener Psychoanalytischen Vereinigung*, Frankfurt am Main: S. Fischer 1981.

Jean-Michel Palmier: *Weimar in Exile. The Antifascist Emigration in Europe and America*, London: Verso 2006.

Nico Pasero, Rudolph Bauer: »Aufklärung auf Italienisch«, in: *Diskus* 17/5, 1967 (Diskus-Extra-Blatt), S. 4.

Friedrich Pollock: *Die planwirtschaftlichen Versuche in der Sowjetunion 1917–1927*, Leipzig: Hirschfeld 1929.

Friedrich Pollock: »Staatskapitalismus«, in: *Wirtschaft, Recht und Staat im Nationalsozialismus. Analysen des Instituts für Sozialforschung 1939–1942*, hg. von Helmut Dubiel, Frankfurt am Main: Europäische Verlagsanstalt 1981, S. 81–109.

Andreas Reckwitz: »Verblendet vom Augenblick«, in: *Die Zeit*, 10. Juni 2020, S. 45.

Reimut Reiche: »Sexuelle Revolution – Erinnerung an einen Mythos«, in: *Die Früchte der Revolte. Über die Veränderung der politischen Kultur durch die Studentenbewegung*, hg. von Lothar Baier, Berlin: Wagenbach 1988, S. 73–92.

Hans Reichenbach: *Atom und Kosmos. Das physikalische Weltbild der Gegenwart*, Berlin: Deutsche Buch-Gemeinschaft 1930.

Hans Reichenbach: *Die philosophische Bedeutung der modernen Physik,* in: *Erkenntnis* 1, 1930, S. 49–71.

Michael A. Rosenthal: »Art and the Politics of the Desert: German Exiles in California and the Biblical ›Bilderverbot‹«, in: *New German Critique* 118/120, 2013, S. 43–64.

Hans-Joachim Rothe: *Zur Erinnerung an Karl Landauer,* Materialien aus dem Sigmund-Freud-Institut Frankfurt, Band 4, Frankfurt am Main 1987.

Andrew Rubin: *The Adorno Files,* in: *Adorno. A Critical Reader,* hg. v. Nigel Gibson, Oxford: Blackwell 2002, S. 172–190.

Birgit Sandkaulen: *Begriff der Aufklärung,* in: *Max Horkheimer/ Theodor W. Adorno: Dialektik der Aufklärung*, hg. von Gunnar Hindrichs, Berlin, Boston: De Gruyter 2017, S. 5–22.

Wolfgang Schivelbusch: *Entfernte Verwandtschaft. Faschismus, Nationalsozialismus, New Deal 1933–1939*, München, Wien: Hanser 2005.

Gunzelin Schmid Noerr: »Wie die ›dunklen Schriftsteller des Bürgertums‹ die Dialektik der Aufklärung erhellen, in: *Zeitschrift für Kritische Theorie* 44/45, 2017, S. 10–32.

James Schmidt (Hg.): »The Making and the Marketing of the Philosophische Fragmente: A Note on the Early History of the Dialectic of Enlightenment«, https://persistentenlightenment.com/2017/01/09/philfrag1/ (zuletzt abgerufen am 22.07.2021).

Gershom Scholem: *Die jüdische Mystik in ihren Hauptströmungen*, Frankfurt am Main: Suhrkamp 1985.

Randol Schoenberg (Hg.): *Apropos Doktor Faustus. Briefwechsel Arnold Schönberg – Thomas Mann, Tagebücher und Aufsätze 1930–1951*, Wien: Czernin 2009.

Detlev Schöttker (Hg.): *Arendt und Benjamin. Texte, Briefe, Dokumente*, Frankfurt am Main: Suhrkamp 2006.

Erwin Schrödinger: *Was ist ein Naturgesetz? Beiträge zum naturwissenschaftlichen Weltbild*, München, Wien: R. Oldenbourg 1962.

Michael Schröter: »Vor der Schwelle zum Lehrinstitut, oder: Zwischen lokaler Selbstbehauptung und zentralistischer Unterordnung. Karl Landauer und das alte Frankfurter Psychoanalytische Institut«, in: *Psyche* 68, 2014, 2, S. 122–161.

Alfred Sohn-Rethel: *Das Ideal des Kaputten*, hg. von Carl Freytag, Bremen: Wassmann 1992.

Alfred Sohn-Rethel: *Soziologische Theorie der Erkenntnis*, hg. von Jochen Hörisch, Frankfurt am Main: Suhrkamp 1985.

Jörg Später: *Vansittart. Britische Debatten über Deutsche und Nazis 1902–1945*, Göttingen: Wallstein 2003.

Malte Spitz: *Theodor W. Adorno/Hermann Grab: Bericht einer unveröffentlichten Korrespondenz*, Berlin: Institut für Geschichtswissenschaften, Humboldt-Universität zu Berlin 2017.

Alexander Stephan: *Im Visier des FBI. Deutsche Exilschriftsteller in den Akten amerikanischer Geheimdienste*, Berlin: Aufbau 1998.

Theodor W. Adorno Archiv (Hg.): *Adorno. Eine Bildmonographie*, Frankfurt am Main: Suhrkamp 2003.

Rolf Tiedemann (Hg.): *Frankfurter Adorno Blätter*, München: edition text + kritik 2021.

Willem van Reijen (Hg.): *Grand Hotel Abgrund. Eine Photobiographie der Frankfurter Schule*, Hamburg: Junius 1990.

Salka Viertel: *Das unbelehrbare Herz. Erinnerungen an ein Leben mit Künstlern des 20. Jahrhunderts*, Frankfurt am Main: Eichborn 2011.

Hans-Albert Walter: *Fritz H. Landshoff und der Querido Verlag 1933–1950*, Marbach am Neckar: Deutsche Schillergesellschaft 1997.

Steven Wasserstrom: »Defeating Evil from Within: Comparative Perspectives on ›Redemption through Sin‹«, in: *The Journal of Jewish Thought and Philosophy* 6, 1997, S. 37–57.

Felix Weil: *Argentine Riddle,* New York: The John Day Company 1944.

Rolf Wiggershaus: *Die Frankfurter Schule. Geschichte, theoretische Entwicklung, politische Bedeutung*, München, Wien: Hanser 1986.

Erdmut Wizisla: »Originalität vs. Tuismus. Brechts Verhältnis zu Walter Benjamin und zur Kritischen Theorie«, in: *Der Philosoph Bertolt Brecht*, hg. von Mathias Mayer, Würzburg: Königshausen & Neumann 2011, S. 199–226.

Eva-Maria Ziege: *Antisemitismus und Gesellschaftstheorie. Die Frankfurter Schule im amerikanischen Exil*, Frankfurt am Main: Suhrkamp 2009.

Personenregister

Bildnachweis

Akademie der Künste, Bertolt-Brecht-Archiv, Berlin: 15
Alamy Stock Foto: 256 (The Hollywood Archive/PictureLux)
Archivzentrum der Universitätsbibliothek Frankfurt am Main: 45 (Nachlass Friedrich Pollock), 87 (Fotograf unbekannt)
Arnold Schönberg Center, Wien: 150, 153
bpk: 147 (Bayerische Staatsbibliothek)
ETH-Bibliothek Zürich, Thomas-Mann-Archiv: 221 (Fotograf unbekannt/TMA_3072)
Getty Images: 67 u. (Apic), 117 (The LIFE Images Collection/Ralph Crane)
Konkret. Unabhängige Zeitschrift für Kultur und Politik, Ausgabe 13, 1958, 1. Oktober, Titelblatt: 269
Privatbesitz Christiane Thim-Mabrey: 178
Süddeutsche Zeitung Photo: 66 o. (Scherl)
Thomas Mann House, Los Angeles: 33 (Fotograf unbekannt)
Theodor W. Adorno Archiv, Frankfurt am Main: 39, 71, 101, 103, 176, 182
Wikimedia Commons: 66 u. (Fortepan), 67 o. (La Photolith)

Aus: Max Horkheimer, Theodor W. Adorno: *Dialektik der Aufklärung. Philosophische Fragmente,* Frankfurt am Main: S. Fischer Verlag GmbH 1969, S. 2. Alle Rechte vorbehalten S. Fischer Verlag GmbH, Frankfurt am Main 2021: 143
Aus: Alfred McClung Lee, Elizabeth Briant Lee: *The Fine Art of Propa-*

ganda: A Study of Father Coughlin's Speeches, Institute for Propaganda Analysis, New York: Harcourt, Brace and Co, 1939, S. 115: 203

Was hat Aristoteles uns heute noch über das gute, glückliche Leben zu sagen? Erstaunlich viel, wie Edith Hall in diesem klugen und unterhaltsamen Buch zeigt. In zehn Lektionen erklärt sie, wie die Ideen des außergewöhnlichen Denkers uns glücklicher machen können. So kann uns seine Rezeptur für das Glücklichsein nicht nur bei der Entscheidungsfindung und der richtigen Partnerwahl helfen, sondern auch unsere Kommunikation verbessern oder unseren Umgang mit dem Tod verändern. Jeder kann sich dafür entscheiden, glücklicher zu werden – und dieses Buch ist der erste Schritt dazu.

»Wundervoll und aktuell. […] Ein Aristoteles für unsere Zeit. Absolut empfehlenswert!« Stephen Fry

Siedler